Élie ......y

La Formation du radicalisme philosophique

Tome II. L'Évolution de la doctrine utilitaire de 1789 à 1815

ISBN : 978-3-98881-984-0

10 9 8 7 6 5 4 3 2 1

Élie Halévy

La Formation du radicalisme philosophique

Tome II. L'Évolution de la doctrine utilitaire de 1789 à 1815

Table de Matières

Avant-propos

Au moment où éclate la Révolution française, Bentham vient de publier son *Introduction aux principes de morale et de législation* ; dans le tumulte universel, le livre passe inaperçu. L'année qui précède, il a confié à Dumont de Genève le soin de publier l'édition française de ses *Principes de droit civil et pénal : les Traités de législation* devront attendre la fin de la période révolutionnaire, quatorze années plus tard, pour paraître à Paris. Bentham est un disciple d'Adam Smith en matière d'économie politique, et sa *Défense de l'usure* a eu du succès : dans la réaction qui sévit en Angleterre, des années devront s'écouler avant que les idées d'Adam Smith redeviennent populaires. Il s'est fait connaître, à côté de Howard, comme l'auteur d'un projet de réforme du système pénitentiaire : mais d'autres préoccupations agitent maintenant l'esprit public, et le *Panopticon* ne sera pour Bentham qu'une cause de déceptions et de ruine. Comment s'étonner dès lors que, même dans la maison de lord Lansdowne, un des chefs de la faction « jacobine », même lorsqu'il entretient des relations avec les révolutionnaires de la Constituante et de la Convention, Bentham, victime de la Révolution française, s'obstine dans une hostilité systématique au principe égalitaire et démocratique ? En fait, à partir de 1789, il y a comme une suspension dans l'histoire de la pensée de Bentham.

Mais ce qui est vrai de la pensée de Bentham n'est pas vrai de la doctrine de l'utilité : à côté de Bentham, et indépendamment de lui, elle se développe, se transforme, s'enrichit chaque jour de principes nouveaux. La Révolution et la crise européenne qu'elle détermine posent devant l'opinion, avec urgence, la question de savoir s'il n'y a pas lieu de répartir plus équitablement entre les citoyens, soit l'exercice du pouvoir politique, soit la jouissance de la richesse sociale. Une longue polémique s'engage, provoquée par les événements de France, à laquelle prennent part Burke, Mackintosh, Paine, Godwin, Malthus, dans des ouvrages demeurés classiques. Or tous, à quelque parti qu'ils appartiennent, Godwin aussi bien que Burke, Malthus aussi bien que Godwin, sont des adeptes du principe de l'utilité. Il est visible que la doctrine de l'utilité devient, en Angleterre, la philosophie universelle, et que les réformateurs devront parler la langue de l'utilité, s'ils veulent non pas même faire accepter, mais faire seulement comprendre leurs opinions par le public auquel ils s'adressent.

En matière politique, Burke se fonde sur le principe de l'utilité pour développer une philosophie traditionaliste qui finit par confiner au mysticisme ; Bentham, et, à ses côtés, son disciple Dumont, pour réfuter, point par point, la Déclaration des Droits de l'Homme. Mais, d'autre part, chez Mackintosh, chez Paine et chez Godwin, le principe de l'identité des intérêts tend constamment à l'emporter sur le principe de l'égalité des droits. Leur utilitarisme laisse pressentir le futur radicalisme philosophique.

En matière économique, Godwin se fonde sur le principe de l'utilité pour espérer la venue d'un état de société où, par la disparition du droit de propriété individuelle, tous les individus se trouvent également et abondamment pourvus des subsistances dont ils ont besoin. Malthus lui répond en se fondant sur le principe de l'utilité et en insistant, pour l'aggraver, sur cette loi du travail qui a toujours été fondamentale dans l'économie politique selon Adam Smith. Le nombre des consommateurs tend constamment, si les hommes ne savent réprimer leur instinct, à croître plus vite que la quantité des subsistances disponibles : les conditions auxquelles le bonheur humain est soumis sont pénibles. Or, des deux utilitarismes, c'est celui de Malthus, non celui de Godwin, qui est appelé à devenir la doctrine orthodoxe.

Maintenant donc, pour que le principe de l'utilité devienne le moule où viendront prendre forme toutes les idées réformatrices, il suffira d'un fait général : le peuple anglais redevenant, à partir de la guerre d'Espagne, le défenseur de la liberté européenne contre le despotisme napoléonien. Dès lors, les idées libérales reprenant crédit en Angleterre, n'est-il pas nécessaire qu'elles s'expriment dans le langage utilitaire, puisque c'est, à des degrés divers, le langage que parle tout le monde ? D'autre part, pour que Bentham prenne la direction du mouvement, il faudra une circonstance particulière : la rencontre, en 1808, de James Mill et de Bentham. James Mill, depuis longtemps un whig avancé, convertit Bentham à la cause du libéralisme, puis du radicalisme politique. James Mill endoctrine Ricardo : c'est sous sa direction, et comme sous sa surveillance, que Ricardo assimile, à l'économie politique d'Adam Smith, les deux lois d'évolution de Malthus, pour servir à unifier et à systématiser la doctrine économique tout entière. Enfin James Mill se fait, par tous les moyens de publicité disponibles, le propagandiste acharné du benthamisme. Depuis longtemps, et dès le XVIIIe siècle, des individus isolés propageaient les idées éparses qui viennent maintenant seulement, grâce à James Mill et sous l'invocation de Bentham, se concentrer dans l'école utilitaire.

Chapitre I : Le problème politique

La révolution de France rappelle, en 1789, d'une façon pressante, l'attention du public anglais sur le problème politique, négligé depuis quelques années. La guerre redevient ardente entre les partis, une brillante et violente polémique se prolonge entre les écrivains de la faction aristocratique, appuyée sur l'immense majorité de la population, et ceux de la faction jacobine, qui plaident la cause impopulaire de l'étranger. De même qu'en 1776, le principe de l'utilité apparaît, chez certains, chez Burke et chez Bentham lui-même, comme un principe hostile aux principes révolutionnaires. Mais, à la différence de ce qui se passait en 1776, la philosophie républicaine elle-même est envahie, d'une façon constamment croissante, par l'esprit utilitaire. Ceux mêmes qui continuent à parler le langage des « droits de l'homme » paraissent ne plus bien comprendre le sens juridique et spiritualiste de l'expression : c'est ainsi que, sous un régime républicain, nous continuons à faire nos échanges avec des monnaies frappées à l'effigie de monarques déchus, sans y prendre garde et sans y attacher d'importance. Enfin Godwin fonde une politique purement démocratique sur une application rigoureuse et systématique du principe de l'utilité, à l'exclusion du principe de l'égalité des droits. Ainsi se prépare, sous des formes imparfaites et utopiques, à côté de Bentham et à son insu, la future identification du principe utilitaire avec le principe démocratique.

I. Le principe de l'utilité contre la déclaration des droits de l'homme.
Burke et Bentham.

Le 4 novembre 1789, au jour anniversaire de la Révolution de 1688, que les églises dissidentes ont gardé la coutume de célébrer solennellement, le docteur Price, l'ami de lord Lansdowne, a prononcé, au *meeting-house* de Old Jewry, une sorte de discours-sermon, sur « l'amour de notre patrie » (*on the love of our country*), et qui pourrait être intitulé « du vrai et du faux patriotisme ». Le vrai patriotisme n'implique ni la conviction de la supériorité des lois et de la constitution de notre pays sur les lois et les constitutions des pays voisins, ni la haine des autres nations. Il signifie seulement « que nos affections sont plus fortes envers certains individus du genre humain qu'envers les autres, en proportion de leur degré de proximité par rapport à nous, et de notre pouvoir de leur être utiles » ; il exige de nous que nous fassions effort pour rendre notre pays chaque jour plus riche en *vérité*, en *vertu*, en *liberté*. La Révolution de 1688 a été une première révolution de liberté, elle a consacré les trois droits fondamentaux : « le droit à la liberté de conscience en matière religieuse ; — le droit de résister au pouvoir quand il en est abusé ; — le droit de choisir nos propres gouvernants, de les casser pour mauvaise conduite, et de former un Gouvernement pour nous-mêmes ». Le roi d'Angleterre est en Europe, le seul roi légal, le seul qui dérive son autorité du consentement de son peuple. Mais l'Angleterre ne jouit encore ni d'un régime où la tolérance religieuse soit absolue, ni d'un régime où le droit de suffrage soit également réparti entre tous. C'est en Amérique, c'est en France que Price croit voir naître les temps nouveaux ; et il termine son sermon politique par un « Nunc dimittis » triomphant. « J'ai vécu pour voir une diffusion du savoir, qui a miné la superstition et l'erreur. — J'ai vécu pour voir les droits de l'homme mieux compris que jamais, et des nations anxieuses d'être libres, qui semblaient avoir perdu l'idée de liberté. — J'ai vécu pour voir *trente millions d'hommes*, indignés et résolus, repoussant l'esclavage et réclamant la liberté d'une voix irrésistible : leur roi conduit en triomphe, et un monarque absolu se rendant à ses sujets. — Après avoir eu ma part des bienfaits d'une Révolution, il m'a été réservé d'être le témoin de deux autres Révolutions, toutes deux glorieuses. Et maintenant il me semble voir la passion de la liberté gagner du terrain et s'étendre ; une réforme générale commencer dans les affaires humaines ; la domination des rois se transformer, pour devenir la domination des lois, et la domination des prêtres céder la place à la domination de la raison et de la conscience ».

Malgré le caractère sacré du lieu, les assistants éclatent en applaudissements ; le lendemain, ils se réunissent, décident l'envoi d'une adresse à la Constituante, l'envoient effectivement, et la Constituante répond aux *dissenters* par un document officiel. Cette correspondance des révolutionnaires des deux pays émeut Burke, le détermine à répondre par une réfutation des principes de la Révolution française. Au bout d'un an de travail, paraissent ses retentissantes *Réflexions sur la Révolution française*, qui peuvent être considérées comme le premier acte décisif de la campagne qu'il va mener, sept ans durant, contre la Révolution française, et qui font de lui le philosophe attitré de la contre-révolution. Historiquement, il n'a pas de peine à démontrer, contre Price, que la Révolution de 1688 n'a été ni une révolution démocratique ni une révolution philosophique, qu'elle a été une « révolution de stabilité », devenue nécessaire, à un moment donné, pour défendre une tradition aristocratique menacée. Mais c'est bientôt le problème philosophique posé par la révolution dont il aborde la discussion. La philosophie, la « métaphysique » de la Révolution française, c'est la théorie des droits de l'homme, énoncée dans une déclaration solennelle : les hommes apportent avec eux, en entrant dans une société, un certain nombre de droits inaliénables, pour la défense desquels la société politique a été instituée. Au nombre de ces droits il faut compter celui que posséderaient les citoyens de se gouverner eux-mêmes, ou de choisir eux-mêmes des gouvernants qui, n'étant que leurs délégués, doivent exécuter leurs volontés, sous peine d'être cassés. — Or, contre cette théorie, Burke n'essaie pas de restaurer l'ancienne théorie de Filmer, la « métaphysique » du droit divin des rois. Théorie surannée, seuls les « fanatiques de servitude » la défendent encore : « les rois sont en un sens incontestablement les serviteurs du peuple, parce que leur pouvoir n'a d'autre fin rationnelle que l'intérêt général (*general advantage*) ». C'est donc du principe de l'utilité, comme Bentham, que Burke se réclame. Il se plaçait au même point de vue déjà, en 1774, lorsqu'il était, au Parlement, l'avocat en titre, l'« agent payé »des colons d'Amérique révoltés, se refusant à soulever la question de droit, insistant sur ce point que la seule question en jeu était une question d'opportunité politique (*political expediency*). En 1782, il réfutait, en se plaçant au point de vue du principe de l'utilité, la théorie « juridique » des « droits de l'homme en tant qu'homme ». C'est, dira-t-il encore plus tard, par les conséquences pratiques qu'il faut juger les doctrines politiques : « les problèmes politiques ne sont pas primitivement relatifs à la vérité et à l'erreur, ils sont relatifs au bien et au mal ; ce qui vraisemblablement produira des conséquences mauvaises est politiquement faux, et ce qui produira des conséquences bonnes, politiquement vrai ». D'où l'intérêt de sa doctrine politique, pour qui veut suivre l'évolution historique de la notion d'utilité, au moment où elle va rejoindre, mais n'a pas encore rejoint, l'idée démocratique.

A la définition de Price, selon qui le gouvernement civil est une institution de la prudence humaine pour défendre contre toute atteinte les droits égaux de tous les hommes, Burke préfère cette autre définition : « la société est une invention de la sagesse humaine en vue de pourvoir à ses besoins humains ». Ces besoins, si l'on veut, peuvent être appelés des droits ; ou, plus précisément, la libre satisfaction de chacun de ces besoins peut être considérée comme un droit. Mais, si l'homme civil, l'homme social (*the civil social man*) a besoin de liberté, il a également besoin de contrainte. Burke adopte la théorie du contrat social, convenablement interprétée et inclinée dans le sens autoritaire. Il faut qu'une contrainte soit imposée à nos passions, si l'on ne veut pas qu'elles aient des conséquences nuisibles, soit pour les autres, soit encore pour nous-mêmes. Or une contrainte suppose nécessairement une puissance extérieure et supérieure à ceux qui subissent la contrainte. Donc, si la contrainte est l'élément essentiel de la société, l'acte par lequel un homme peut être conçu comme entrant dans une société est un acte d'abdication, de renoncement à l'exercice de ses facultés actives. Hume, Adam Smith et Bentham avaient critiqué la notion de contrat social parce qu'ils l'associaient avec la notion du droit de résistance ; Burke l'adopte parce qu'il y trouve une raison de condamner le recours à l'insurrection. Le contrat social signifie que les hommes sont liés, et non pas que la majorité est libre de s'affranchir, à son gré, du lien social. Car le dogme de la souveraineté du peuple est faux, pour qui se place au point de vue de l'utilité générale : « nul ne doit être juge dans sa propre cause ». Rien ne prouve qu'il y ait coïncidence entre la volonté d'une majorité et son intérêt. La souveraineté du peuple, le pouvoir absolu de la majorité, est aussi arbitraire en droit, peut être aussi néfaste dans ses conséquences, que la souveraineté du monarque, le pouvoir absolu d'un seul.

D'une philosophie utilitaire Burke déduit une politique anti-démocratique ; la théorie des droits de l'homme est, à ses yeux, une « métaphysique » irréelle, œuvre des gens de lettres, des philosophes, qui sont les auteurs responsables de la Révolution française. Or, trente ou quarante ans plus tard, ce sont les écrivains du parti réactionnaire qui seront devenus, à bien des égards, les « métaphysiciens ». Avec Coleridge, qui est imbu de philosophie allemande, ils verront dans la société une entité distincte des individus qui la composent, une sorte d'« idée » platonicienne ; les utilitaires seront, au contraire, les démocrates. Comment expliquer cet échange de positions, entre les deux philosophies rivales ? C'est que la science politique, une fois conçue comme science de l'utilité, peut encore être entendue de deux manières très différentes : comme science démonstrative et déductive (c'est ainsi que l'entendront les utilitaires réformateurs de 1832), ou comme science expérimentale (c'est ainsi que l'entend Burke, utilitaire conservateur). « L'homme, disait Burke dans un de ses discours parlementaires, agit d'après des motifs adéquats qui se rapportent à son intérêt, et non sur des spéculations métaphysiques ». Et la phrase pourrait être de Bentham, aussi bien que de Burke ; mais Burke ajoute : « Aristote, le grand maître du raisonnement, nous avertit, avec beaucoup de poids et de sagesse, de nous défier de cette espèce de précision géométrique, si décevante dans les arguments moraux, comme du plus trompeur de tous les sophismes ». Or ce sophisme, si c'en est un, est le sophisme fondamental de toute la philosophie de Bentham, qui a voulu introduire dans le langage de la morale l'exactitude de la géométrie, ou l'« arithmétique ». « La science politique, écrit Burke dans ses *Reflections*, est une science expérimentale, comme la médecine, la physiologie, et qui ne peut pas être enseignée *a priori* ». L'observation des sociétés existantes, telle est la méthode que doit employer le philosophe politique. Qu'une société existe, c'est déjà une présomption en sa faveur, un commencement de preuve qu'elle satisfait à des besoins et, par conséquent, répond à la fin même de l'État. Qu'une nation, une forme de gouvernement ait longtemps duré, c'est une preuve de plus à son actif : elle a résisté à l'action des forces hostiles, elle exprime l'*expérience* accumulée des générations. Philosophie politique essentiellement empirique, et par là conservatrice, deux théories la résument : la théorie du *préjugé*, la théorie de la *prescription*.

Le *préjugé*, d'abord, selon Burke, est un ingrédient nécessaire de notre constitution morale. Un homme qui voudrait résoudre tous les problèmes de la vie pratique sans préjugé serait obligé, à chacune des décisions qu'il se verrait tenu de prendre, de remonter aux premiers principes, de se refaire toute une philosophie : il se condamnerait donc à une incapacité complète d'agir. C'est le préjugé, l'opinion préconçue, l'idée toute faite, qui met l'unité et la continuité dans la vie de l'honnête homme, transforme la vertu en habitude. Le préjugé joue en morale le même rôle que le capital en économie politique : sorte de capital moral faute duquel l'action manque de base. Capital que l'épargne individuelle ne suffit pas à accumuler en quantité suffisante : il y faut la collaboration de plusieurs générations, les préjugés sont l'expérience accumulée de la race. L'homme vertueux aime les préjugés « parce qu'ils sont des préjugés » ; le véritable philosophe, à la différence du faux philosophe de France qui fait la critique des préjugés pour les détruire, les étudie, au contraire, afin de découvrir ce qui s'y cache de sagesse profonde.

La religion est « le premier de nos préjugés, non pas un préjugé dénué de raison, mais un préjugé qui implique une sagesse profonde et étendue ». Ce préjugé consiste, d'une façon générale, dans l'optimisme moral, dans la conviction que l'univers, et, dans l'univers, la société humaine, sont issus de la volonté d'un Dieu bon, qui poursuit le bonheur de l'homme : la société se trouve donc, par la religion, justifiée, *consacrée*. Burke se défend d'ailleurs de revenir à la théorie de la religion « bonne pour le peuple » : dire que la religion est un préjugé nécessaire ne revient pas à la confondre avec une erreur utile. La religion est vraie dans la mesure où elle est antique, où elle repose sur une expérience prolongée, où elle répond à ce qu'il y a de plus profond et de plus durable dans la nature humaine. Elle est en nous, avec la morale qui ne s'en sépare pas, ce qui porte le plus la marque de l'éternité. Le tort des Français a été de vouloir innover en religion et en morale. Il y a des innovations, des révolutions, dans l'ordre des sciences mathématiques et physiques ; mais « il n'y a pas d'innovations en morale ».

Le préjugé nobiliaire, ou aristocratique, est, à deux égards, presque aussi essentiel et fondamental que le préjugé religieux.

Il introduit, d'abord, dans la constitution de la société un élément héréditaire dont elle ne saurait se passer. C'est l'erreur des théoriciens des droits de l'homme de considérer la société comme consistant uniquement dans une collectivité d'individus, dans une somme d'individus actuellement vivants ; de croire que la société n'existe que par et pour la génération présente. « Les intérêts individuels, écrit Bentham, sont les seuls intérêts réels. Prenez soin des individus... Conçoit-on qu'il y ait des hommes assez absurdes pour aimer mieux la postérité que la génération présente, pour préférer l'homme qui n'est pas à celui qui est, pour tourmenter les vivants, sous prétexte de faire le bien de ceux qui ne sont pas nés et qui ne naîtront peut-être jamais ? » Burke, parti du même principe, raisonne autrement. La génération présente est solidaire des générations mortes, dont l'expérience est précieuse, et des générations à naître, dont les intérêts sont aussi respectables que les siens ; et cette solidarité du présent avec le passé et l'avenir est la société elle-même. Des institutions aristocratiques donnent à une société le caractère d'une famille : et une nation est bien l'image d'une famille. Tel est le mérite de la constitution anglaise. « Nous avons une couronne héréditaire, une pairie héréditaire et une chambre des communes et un peuple qui héritent leurs privilèges, leurs franchises et leurs libertés d'une longue lignée d'ancêtres ». Cette politique paraît à Burke être le résultat d'une réflexion profonde ; ou plutôt l'heureux effet de suivre la nature, qui est la sagesse privée de réflexion, ou supérieure à elle. Un esprit d'innovation suppose un tempérament égoïste et des vues étroites : ceux-là ne jetteront pas les yeux en avant du côté de la postérité, qui ne regardent jamais en arrière vers leurs ancêtres. On peut encore comparer une nation à une corporation, avec ses règles traditionnelles, legs des générations passées aux générations futures. Les théoriciens ont beau refuser à une corporation une personnalité, si ce n'est à titre de fiction, déclarer que « les hommes en tant qu'hommes sont des individus, et pas autre chose », les théoriciens ont tort. En matière économique, les idées de Burke sont celles d'Adam Smith ;

il est donc un individualiste, ennemi de l'esprit de coalition et de corporation : se rend-il compte que le principe de l'utilité, interprété comme il l'interprète, le conduit à des doctrines politiques diamétralement opposées aux doctrines économiques qui sont généralement tenues pour être les conséquences logiques du même principe ? « Les nations, dit-il, sont des corporations ».

Pour justifier le préjugé aristocratique, Burke invoque d'autres considérations, — considérations non de doctrinaire, mais de psychologue social, de sociologue. Lorsque des distinctions de rang sont, dans une société, consacrées par une longue coutume, elles cessent d'inspirer l'orgueil au supérieur, à l'inférieur le sentiment de l'envie. Car le supérieur jouit sans crainte d'une distinction qui n'est contestée par personne, et l'inférieur n'a même pas l'idée d'envier une position à laquelle il ne songe pas à aspirer. Dans la mesure où de pareilles distinctions de rang sont rendues inébranlables par la vivacité du préjugé aristocratique, il se produit, de classe à classe, une sorte d'union, d'alliance sentimentale qui constitue l'esprit chevaleresque. Mais, hélas, avec l'égalitarisme révolutionnaire, « l'âge de la chevalerie est passé ; celui des sophistes, des économistes et des calculateurs lui a succédé ; et la gloire de l'Europe est éteinte à jamais ». De sorte que la morale de l'utilité conduit Burke à des vues sociales profondément différentes de celles auxquelles elle conduisait Bentham : elle aboutit non plus à la condamnation, mais bien au contraire à la glorification, du sentiment. Ce que Burke regrette du temps passé, c'est ce « système mixte d'opinion et de sentiment », constitutif du régime féodal, ce sont « toutes les illusions plaisantes, qui donnaient au pouvoir un caractère de mansuétude, et à l'obéissance un caractère de libéralité, qui harmonisaient les diverses nuances de la vie, et qui assimilaient et incorporaient paisiblement à la société politique les sentiments qui embellissent et adoucissent la société privée ». On voit la différence entre la morale du doctrinaire et celle du sociologue. Celui-ci se préoccupe toujours de défendre les sentiments sociaux, dont l'expérience locale lui révèle l'existence actuelle, esprit de corps, esprit de famille, esprit de tradition : aussi bien Burke était déjà un aristocrate au temps où, orateur du parti whig, il plaidait la cause des Américains. Celui-là voit dans la société un objet de science exacte, au sujet duquel il est possible de déterminer des lois universellement valables, abstraction faite des traditions locales : il y a déjà des affinités d'esprit entre Bentham et les jacobins de France, quoique Bentham reste encore un tory et s'occupe en ce moment même, comme nous verrons, à réfuter les principes de la Révolution de 1789.

Est-il, d'ailleurs, possible d'abolir toutes les inégalités ? Celles qui, étant toutes morales, peuvent être condamnées à titre de préjugés superstitieux, assurément. Mais il en subsiste d'autres, qui sont naturelles, et les plus brutales de toutes. D'abord l'inégalité de fortune : nivelez toutes les conditions, l'argent doit continuer à faire une différence. Burke constatait, en Angleterre, la sympathie presque universelle des « nababs », des aventuriers enrichis des Indes orientales pour la cause jacobine : « ils ne peuvent endurer de voir que leur importance positive n'est pas proportionnée à leur richesse ». Le même phénomène s'était produit en France, où les fermiers généraux, alliés aux gens de lettres, avaient détourné sur les biens du clergé et les privilèges nobiliaires la colère du peuple. Sans doute, dès 1791, Burke sera forcé de reconnaître que l'aristocratie financière périt en France dans le même naufrage que toutes les aristocraties. Mais une autre inégalité subsiste, contre laquelle la théorie des droits de l'homme reste impuissante : l'inégalité de la force. Dans la dissolution de tous les pouvoirs constitués en France, un pouvoir reste fort entre tous, parce qu'il est armé ; c'est le pouvoir militaire.

Traduisez maintenant sous forme juridique la théorie du préjugé, elle devient la théorie de la *prescription*. « La prescription est le plus solide de tous les titres, non seulement à la propriété, mais à ce qui doit garantir cette propriété, au Gouvernement ».

En matière de droit privé, d'abord, la prescription fonde le droit de propriété. Il existe, chez tout homme un sentiment très vivace, qui est le sentiment de l'attente. Or tout homme s'attend naturellement à conserver ce qu'il possède ; il est déçu s'il le perd. D'autant plus déçu que la possession a été de plus longue durée. Infiniment déçu, si la possession a été de si longue durée que la mémoire de l'origine s'est perdue. La justice, ainsi entendue dans un sens purement conservateur, se réduit donc au respect des droits acquis, et la propriété est justifiée dans la mesure où le droit de propriété se fonde sur une prescription prolongée. On reconnaît la théorie de

Hume, qui est aussi la théorie de Bentham. Cependant Bentham avait tempéré, dans sa théorie de la propriété, le principe de la sûreté par le principe de l'égalité : le tempérament fait défaut dans la théorie, purement conservatrice, de Burke. Il ne convient jamais de se demander, étant donné un titre de propriété, s'il a été jadis acquis légitimement ou par la violence ou la fraude : le point de vue de la prescription légale, c'est le point de vue de l'indifférence aux origines. Voyez, dans la *Lettre à un noble lord*, l'apostrophe au duc de Bedford, un des meneurs de la faction jacobine. Que le duc de Bedford, au lieu de reprocher à Burke une pension honorablement gagnée au service de son roi, considère l'origine de ses titres de noblesse et de propriété : le premier duc de Bedford a pris sa part, sous Henri VIII, des dépouilles du clergé. Qu'il prenne garde au jour où, la philosophie des jacobins venant à triompher en Angleterre, on réviserait les titres de propriété, et où la nation s'arrogerait le droit de confisquer des biens-fonds jadis constitués par des confiscations. Mais, quant à Burke, contre cette politique de confiscation, dont le duc de Bedford se fait imprudemment le fauteur, il défendra, au profit du duc de Bedford, le principe de la prescription légale : le temps rend légitime ce qui était illégitime, juste ce qui était injuste.

Ce qui était vrai du droit privé se trouve encore vrai du droit public. L'excellence de la constitution anglaise, c'est d'être une « constitution prescriptive », « une constitution dont la seule autorité consiste à avoir existé du temps immémorial ». Les sujets anglais ne songent pas à se demander pourquoi la constitution de leur pays est mixte, à la fois monarchique, aristocratique et populaire ; ils ont oublié le temps où cette constitution a été formée. Ils l'acceptent, comme l'individu accepte sa nature physique. Voilà pourquoi Burke a, dès avant la Révolution française, repoussé toute réforme du droit de suffrage fondée sur la théorie des droits de l'homme ; et voilà pourquoi il a également refusé d'adhérer à cette théorie plus subtile, selon laquelle le respect de la tradition elle-même rend une réforme urgente. C'est seulement, dit-on, en apparence que la constitution demeure immuable : car, l'aspect moral du pays changeant tandis que la constitution reste immuable, le rapport de la constitution à l'état du pays n'est plus le même qu'à l'origine : pour qui va au fond des choses, la constitution a changé. Mais répond Burke, l'erreur commise est toujours la même, et prouve qu'on n'a pas compris le vrai sens de la notion de prescription légale. On suppose qu'à un moment donné la constitution a été l'œuvre d'une volonté consciente, se conformant à une théorie abstraite dont la constitution n'aurait dévié que par la suite. C'est une hypothèse gratuite : « un gouvernement prescriptif n'a jamais été l'œuvre d'un législateur, n'a jamais été formé sur une théorie préconçue ». Il ne faut jamais poser, au sujet d'un droit établi, ni la question d'origine ni la question de fin ; ou bien l'on recommence à raisonner sur les choses de la politique, au lieu d'adopter cette méthode, dont la nature nous enseigne la sagesse, qui consiste à accepter les institutions existantes, parce qu'elles existent, comme elles existent. L'infériorité de la philosophie révolutionnaire, de la philosophie des droits de l'homme, lorsqu'on la compare à la philosophie conservatrice et traditionaliste, c'est, pourrait-on dire, que la philosophie de la politique révolutionnaire commande à celle-ci d'être logique, tandis que la logique de la politique conservatrice lui permet d'être illogique.

Bref, la philosophie politique de Burke est un empirisme, une philosophie de l'expérience : la durée soit d'une idée, soit d'une institution, sa persistance dans le temps, est une *présomption* en faveur de cette idée, ou de cette institution. Théorie du préjugé : entre une opinion ancienne, qu'une longue expérience, chez une longue suite de générations, n'a pas ébranlée, et une opinion nouvelle, née dans le cerveau d'un penseur solitaire, la présomption est en faveur de l'idée ancienne, du préjugé. Théorie de la prescription : entre un droit ancien, consacré par une prescription séculaire ou plusieurs fois séculaire, et un droit nouveau, qui se fonde sur des principes prétendus rationnels, la présomption est en faveur du droit ancien, qui se réclame de la prescription, c'est-à-dire de l'expérience. — C'est par là que l'argumentation de Burke est profonde. Nous sommes inépuisables en raisons pour justifier les institutions présentes, pour leur découvrir un caractère systématique ; mais ces raisons sont toujours mauvaises, et la scolastique juridique de Pufendorf et de Blackstone est, pour Bentham, un thème de plaisanteries faciles. Si les institutions existantes étaient autres, nous trouverions aisément d'autres raisons. L'argument décisif en faveur du donné, contre toutes les conceptions imaginables d'un avenir seulement possible, c'est qu'*il existe*, et qu'il est la conséquence nécessaire du passé. — Ainsi le principe de l'utilité, pour la première fois formulé par Hume, en même temps qu'il aboutit, chez Adam Smith, chez Bentham, en matière économique et juridique, à une doctrine réformatrice, et prépare le radicalisme des doctrinaires de 1832, bifurque en quelque sorte chez Burke, prépare ce qu'on peut appeler l'empirisme théologique de Joseph de Maistre et de Haller, et même la métaphysique théologique de Coleridge. Mais, pendant la période révolutionnaire, Bentham lui-même n'est pas encore un « radical ». Burke est illustre, il est le prophète de tous les clergés et de toutes les noblesses d'Europe. Bentham est obscur, et les œuvres de ce philanthrope méconnu sont en grande partie inédites. Burke, au spectacle des violences dont Paris est le théâtre, perd tout sang-froid : ses discours au Parlement, ses écrits polémiques, depuis les *Réflexions*, depuis la grande séance de rupture avec Fox jusqu'aux *Pensées sur une paix régicide*, en passant par l'*Appel des nouveaux aux anciens whigs*, par les *Pensées sur les affaires de France* et la *Lettre à un noble lord*, portent les marques, constamment plus visibles, de l'aliénation mentale proprement dite. Bentham reste de sang-froid, garde le silence, ne prend, publiquement, aucune part à la polémique ouverte par le sermon de Price et le livre de Burke. Cependant l'attitude qu'il adopte n'est pas sans analogie avec l'attitude adoptée par Burke. On peut la définir en deux mots : une attitude d'indifférence hostile.

Le problème à résoudre, c'est de comprendre comment Bentham, hôte et ami intime de lord Shelburne, devenu lord Lansdowne, a pu résister à l'influence du milieu qui l'entoure, et ne pas devenir un jacobin. Lord Shelburne a quitté le pouvoir en 1783 ; et lorsque, après la chute du ministère de coalition de Fox et de North, le roi a chargé William Pitt de constituer le nouveau ministère, Pitt n'a pas voulu, près de lui, d'un subordonné aussi considérable que lord Shelburne, l'ami et le lieutenant de son père, son premier ministre d'il y a deux ans ; il a cru s'acquitter suffisamment de sa dette de reconnaissance envers lord Shelburne en le faisant marquis de Lansdowne. On comprend dès lors les sentiments mêlés qu'inspire à lord Lansdowne la politique suivie par Pitt, pendant les cinq années qui précèdent 1789. C'est à Shelburne House que Pitt a emprunté au docteur Price l'idée du *sinking fund* ; c'est là encore, dans la compagnie de l'abbé Morellet et du doyen Tucker, qu'il s'est initié aux idées d'Adam Smith. Lord Lansdowne ne peut blâmer l'application d'idées qui sont les siennes ; il ne peut, d'autre part, se réjouir de les voir plagiées, accaparées par un autre. Quoiqu'il vienne au Parlement appuyer le projet de traité de commerce avec la France, il mène une vie retirée et isolée : le triomphe de Pitt semble l'exiler à jamais de la vie active. Oswald est mort en 1784 ; l'alderman Townshend, bientôt après ; Barré devient aveugle. Lord Lansdowne se fait collectionneur de livres, de manuscrits, de statues antiques ; il est « le sage Sylvain que Bowood tient en réserve pour gouverner un âge plus pur ». Les questions sociales ne cessent pas de l'intéresser cependant ; il recueille des documents relatifs aux questions commerciales et industrielles, entretient des relations suivies avec Paris. En 1789 l'abbé Morellet, Benjamin Vaughan, son fils lord Wycombe, Dumont de Genève, le tiennent au courant des événements de France. Car voici que la Révolution française bouleverse, en Angleterre, la politique des partis. Insensiblement, contre sa volonté consciente, contre la tradition du parti tory, Pitt se trouve rejeté dans la vieille politique de guerre à l'ennemi héréditaire ; insensiblement, lord Lansdowne se rapproche de son perpétuel ennemi, Charles Fox, jusqu'au moment où, en 1794, ils se trouveront, l'un et l'autre, à la tête de la nouvelle opposition whig, du parti démocratique et « jacobin ».

C'est une illusion commune en Angleterre à tous les amis de la France que la Révolution de 1789 est une révolution à l'anglaise, imitée de la Révolution de 1688, inspirée par des idées anglaises ; ce sont les idées mêmes de Tucker et d'Adam Smith, leurs critiques du régime féodal, déclare lord Lansdowne, en 1793, à la Chambre des Lords, que l'on déteste bien à tort sous le nom de « principes français ». Il semble donc que la France nouvelle s'offre comme un champ d'expériences à tous les réformateurs anglais. Les deux amis de lord Lansdowne, Romilly et Bentham, s'érigent en conseillers de l'Assemblée Constituante.

C'est d'abord Romilly qui, avec la collaboration de Bentham et de Trail, rédige, sur la demande du comte de Sarsfield, à l'usage des États Généraux, un compte rendu des règles de procédure appliquées dans la Chambre anglaise des Communes ; et l'ouvrage, envoyé au duc de La Rochefoucauld, ami de lord Lansdowne, sera traduit et publié après la mort du comte de Sarsfield, par Dumont et Mirabeau.

Peu de temps après, Bentham entreprend un travail très proche de celui-là. Il rédige ce qu'il appelle « un essai de tactique politique ; une enquête sur la discipline et le mode de procédure qu'il convient d'observer dans les assemblées politiques ; appliquée principalement à la pratique du Parlement Britannique, et à la constitution et à la situation de l'Assemblée Nationale de France ». La tactique, c'est étymologiquement l'art de mettre en ordre. Tout *ordre* suppose une *fin* ; et Bentham pose ici, pour la première fois, le principe de ce qu'il appellera la théorie du « droit adjectif ». « Dans cette branche du Gouvernement, comme dans beaucoup d'autres, la fin est, pour ainsi dire d'un *caractère négatif*. L'objet est d'éviter les inconvénients, de prévenir les difficultés, qui doivent résulter du fait qu'une grande assemblée d'hommes est invitée à délibérer en commun. L'art du législateur est limité au soin de prévenir tout ce qui pourrait faire obstacle au développement de leur liberté et de leur intelligence. » Une nouvelle distinction est nécessaire. Car le bien ou le mal qu'une assemblée peut faire dépend de deux causes générales. La plus puissante et la plus palpable est sa *composition* (Bentham s'abstient de publier son *Essai sur la représentation*, et de prendre parti pour ou contre la démocratie) ; l'autre est sa *Méthode d'action*. Ainsi se trouve à la fois défini dans ce qu'il a de spécial, et rattaché à la doctrine générale de l'utilité, le problème de la procédure parlementaire. Problème important. « Dans ce recoin, un œil observateur reconnaîtra le terrain où germa, pour la première fois, la liberté anglaise : c'est en ce point jusqu'ici négligé que les graines de ce produit sans prix ont germé et poussé jusqu'à leur point actuel de maturité, sans être à peine remarquées par celui qui les soignait, sans être soupçonnées par celui qui les détruisait. » En 1791, il publiera, isolément, le chapitre VI de son *Essai*, « sur la manière dont une assemblée politique doit procéder dans la formation de ses décisions », donnant d'abord sur chaque point les règlements que prescrit l'utilité, puis les *raisons* justificatives de chaque règlement, puis la *pratique anglaise*, enfin la *pratique française*, empruntée aux États généraux et aux États provinciaux. Il fait donc à la fois de la législation utilitaire et de la législation comparée. D'ailleurs, comme Romilly, il propose en modèle à la France les institutions parlementaires anglaises, déclare sur presque tous les points la pratique anglaise conforme aux prescriptions de l'utilité. D'où précisément le peu de succès obtenu en France par les deux ouvrages. « Je ne vous promets pas un prompt succès, écrit Dumont à Bentham, car les Français ne sont encore que des enfants qui bégaient, dans leur Assemblée Nationale ». Mais ces enfants dédaignent de suivre les traditions de la vieille Angleterre ; lorsque Mirabeau avait déposé sur le bureau des Communes, à l'ouverture des états généraux, le travail de Romilly : « nous ne sommes pas des Anglais, lui aurait-il été répondu, et nous n'avons pas besoin des Anglais ».

Bentham ne borne pas, cependant, à cette question très particulière, l'attention qu'il porte, comme toute la société de Lansdowne House, aux affaires de France. L'Assemblée Constituante réforme révolutionnairement l'organisation judiciaire en France ; et c'est probablement l'étude qu'il fit du projet de réforme de la Constituante qui amena Bentham, vers cette époque, à élargir le cercle de ses études, à étudier non plus seulement les problèmes de droit civil et de droit pénal, mais encore les problèmes de procédure et d'organisation judiciaires.

Le 1er avril 1790, lord Lansdowne signale au duc de La Rochefoucauld un nouvel ouvrage de celui qu'il connaît déjà comme l'auteur d'une brochure sur *La tactique politique* et d'une *Défense de l'usure* : il s'agit d'une étude critique sur le projet d'un nouveau code français d'organisation judiciaire, ou, plus précisément, d'un « projet de code pour l'organisation du système judiciaire en France ; avec des observations critiques sur le projet proposé par le comité de l'Assemblée Nationale, sous forme d'un commentaire perpétuel ». Bentham vient d'en envoyer cent exemplaires au président de l'Assemblée. « Ce que je vous demanderais, monsieur le Duc, conclut lord Lansdowne, serait de bien comprendre que l'auteur n'est pas une personne ordinaire, que son temps a de la valeur, et que certainement son travail mérite plus qu'une attention banale ». Dans ce travail, où Bentham reprend, article par article, le projet français, commentant, approuvant ou modifiant successivement chaque article, déjà l'on reconnaît les idées maîtresses qu'il développera de nouveau avec plus de succès, trente ou quarante années plus tard : sur l'importance suprême de la publicité des débats, sur le système du juge unique, sur la division géographique et non logique des juridictions, sur l'opposition, en matière de procédure, du système naturel et du système technique. Mais surtout la réforme de la Constituante a une importance politique. Elle supprime tous les privilèges en matière de juridiction : « Heureuse France ! où la tyrannie aristocratique est jetée bas, pendant qu'en Angleterre elle jette chaque jour de nouvelles racines ». Au juge nommé par le pouvoir exécutif, la Constituante substitue le juge élu ; et Bentham est appelé à se prononcer sur la valeur de cette réforme.

Le comité de la Constituante propose que le juge soit élu « par des électeurs que choisissent les citoyens actifs du territoire dont il doit être le juge, de la même manière qu'un membre du corps administratif de ce territoire » ; mais il ajoute : « Les juges seront nommés par le roi, après que la présentation lui aura été faite de deux candidats choisis pour chaque poste vacant ». Bentham supprime la deuxième phrase, et fait dépendre le juge du corps électoral, sans contrôle aucun du pouvoir exécutif. En outre, le « pouvoir d'amotion » que Bentham confère au corps électoral, en sus du « pouvoir d'élection », accentue le caractère démocratique de son système : le juge est amovible, et l'« amotion » pourra être prononcée, soit « par une majorité du nombre total des membres du corps administratif, immédiatement supérieurs dans l'ordre hiérarchique, sur le territoire dont il est juge », soit « par les suffrages de la majorité du nombre total des électeurs autorisés à voter à la dernière élection antérieure, générale ou particulière, tenue pour le choix d'un magistrat, ou d'un membre du corps administratif de son territoire ». L'indépendance du juge est ainsi diminuée ; mais la qualité essentielle chez un juge, c'est la *probité*, non l'*indépendance*. L'indépendance du juge est bonne dans une mauvaise constitution, funeste dans une bonne constitution ; mieux vaut voir l'*individu* souffrir quelquefois par la faute de la *multitude*, que la *multitude* continuellement par la faute d'un *individu*. D'ailleurs, ajoute Bentham, « je n'ai pas cette horreur du peuple. Je ne vois pas en lui ce monstre sauvage dont rêvent ses détracteurs. Les injustices des Athéniens, eussent-elles été dix fois plus fréquentes qu'elles n'ont été, n'ont rien à voir, à mon point de vue, avec la question. Les Athéniens avaient-ils des corps représentatifs ? avaient-ils les lumières de deux mille années d'histoire pour les guider ? l'art de l'imprimerie pour répandre ces lumières ? Quand les Athéniens étaient cruels et injustes, les Denys et les Artaxerxès l'étaient-ils moins ? » Il ne faut pas juger davantage la justice populaire sur les actes accomplis par quelques individus inconnus, en temps de révolution ; et d'ailleurs, si l'on veut des exemples, l'exemple de l'Amérique n'est-il pas décisif, et favorable à la thèse de l'élection des juges ?.

En apparence, Bentham semble donc avoir été converti, par l'exemple de la France, à l'opinion démocratique. Au fond, Bentham, pour l'instant, n'est pas un démocrate sincère. Il apporte, au système de l'élection certaines restrictions nouvelles, qui sont de son invention. Le « pouvoir de députation », par lequel il donne au magistrat, une fois élu, la faculté de se désigner un suppléant permanent, non rétribué, implique le « principe de promotion graduelle » : c'est parmi ces suppléants (juges députés) que le corps électoral sera obligé de choisir les magistrats. Les parties choisiront leurs avocats : le plus sûr parti, en vertu de ce principe que « chaque homme est le meilleur juge de son intérêt », c'est de n'imposer aucune condition restrictive à ce choix. Mais les parties ne choisiront pas leurs juges : il y a lieu de restreindre ici, « sans componction », le principe de l'élection populaire. Car « la renommée publique dira qui s'est montré le meilleur juge, après épreuve ; les relations privées seules peuvent dire, avant épreuve, qui, entre des hommes jeunes et non éprouvés encore, se montrera *vraisemblablement* un bon juge ». Là où les apprentissages étaient sans utilité, on a institué des apprentissages ; là où des apprentissages auraient dû être tenus pour nécessaires, il n'en existe pas. — Surtout le principe de l'« enchère patriotique », dont Bentham semble avoir, indirectement, emprunté l'idée au discours de Burke sur la réforme économique, constitue une double restriction au principe égalitaire et au principe électif. Le système de l'enchère patriotique, qui invite les candidats, avant l'élection, à offrir de payer, au moment de leur entrée en charge, une somme d'argent inférieure, égale ou même supérieure, au traitement espéré, laisse bien le corps électoral libre, en un sens, de son choix ; mais tout est calculé pour qu'il soit tenté de choisir le candidat assez patriote assurément, mais encore assez riche pour mettre l'enchère la plus forte. — Enfin,

Bentham a soin d'avertir que, s'il retient le principe électif en matière d'organisation judiciaire, ce n'est pas là une thèse dont il se tient pour l'inventeur, c'est une *hypothèse* qu'il accepte, et dont il demande qu'on tire au moins toutes les conséquences logiques. Il reconnaît que c'est une « expérience audacieuse » de confier au peuple entier le choix des juges ; il aurait hésité, quant à lui, entre le roi et les assemblées représentatives. Mais, puisque le comité a eu le courage de regarder l'idée en face, il demande, mû par une sorte de curiosité de savant, si l'on a décidé quelque part de faire l'expérience, qu'on la fasse loyalement et intégralement. Il déclarera, un peu plus tard, n'avoir considéré l'adoption du principe électif que comme une concession nécessaire dans les circonstances, et n'avoir fait la concession qu'« à contre-cœur ».

La Révolution cependant se précipite. Elle décourage, en Angleterre, d'abord ceux de ses adhérents qui confondaient la Révolution de 1789 avec une autre Révolution de 1688, et s'attendaient à voir la France se donner un régime mixte et une monarchie whig. Elle découragera bientôt ceux qui la confondaient avec la Révolution de 1776 et s'attendaient à voir prévaloir en France une constitution démocratique à l'américaine. En moins de cinq ans, le cycle est accompli, et déjà les militaires menacent la République. Quelle est, pendant la durée de la crise, l'attitude du groupe des amis du marquis de Lansdowne, de lord Lansdowne lui-même, de Romilly et de Bentham ?

Lord Lansdowne est un politicien : meneur d'un parti parlementaire, il apporte, à plaider la cause que défend son parti, la bonne foi, relative et professionnelle, de l'avocat. Il a été un des premiers Anglais assez perspicaces pour pressentir la puissance militaire de la France révolutionnaire, un des premiers hommes du Parlement à comprendre le caractère universel de la Révolution. Il félicite Bentham de « prendre en main la cause du peuple de France : rien ne peut servir autant la cause de l'humanité et de la civilisation que l'intérêt pris par les individus d'un pays à la prospérité d'un autre ». Et il continue, comme si la philosophie nouvelle des droits de l'homme ne se distinguait pas de la philosophie de l'utilité : « Je pense depuis longtemps que le peuple n'a qu'un intérêt par tout le monde — ce sont les souverains qui ont des intérêts différents... Si les peuples des différents pays pouvaient une bonne fois se comprendre, et être amenés à adopter une demi-douzaine de principes généraux, leurs serviteurs ne s'aventureraient pas à leur jouer de pareils tours ». Il se fait d'abord illusion, sans doute, sur l'étendue des réformes dont la France aura besoin. Il pense, le 10 juillet 1789, que la liberté de la presse, l'abolition des lettres de cachet, l'institution d'assemblées provinciales, une borne mise aux dépenses publiques suffiraient. Mais il accepte ensuite les faits accomplis. « Les biens d'Église une fois vendus ne pourront jamais être restitués... L'absurdité féodale ne pourra jamais être ressuscitée. Le peuple ne pourra jamais être imposé sans le consentement de quelque corps représentatif consistant en une ou deux Chambres. La Bastille ne pourra pas être reconstruite. L'administration de la justice et le régime féodal ne pourront jamais être réconciliés. Ces points fondamentaux, je les appelle la Révolution : ils doivent assurer l'essence de la liberté. » Sans relâche, il préconise une politique de paix, dénonçant le caractère « métaphysique » de la guerre, taxant de pharisaïsme les accusations portées contre l'immoralité française. Il reste fidèle à la cause de la réforme parlementaire et proteste quand, en 1792, Grey ayant déposé au Parlement une motion favorable à la réforme, une proclamation royale est publiée contre la publication et la propagation d'écrits séditieux, visant la « Société des amis du peuple », dont Grey est membre, et qui propage les idées en question. Il scandalise volontairement l'opinion, lorsque, proposant au Gouvernement d'intercéder en faveur du roi de France, il le désigne sous le nom de « Louis XVI » ; il accuse un agent provocateur d'avoir lancé la pierre qui brise la vitre du carrosse royal, dans les rues de Londres, en octobre 1795 ; il résiste tant qu'il peut à l'adoption des lois d'exception, et c'est grâce à ses efforts que les clauses du *Traitorous Correspondence Bill* qui privent le prévenu de ses moyens de défense sont atténuées à la Chambre des Lords. Les caricaturistes le représentent présidant, en compagnie de Fox, une exécution capitale à la guillotine ; dansant des rondes patriotiques au cri de « Vive Barrère » ; déguisé en gamin crieur de journaux, et colportant dans Berkeley Square « le dernier mensonge rapporté par Malagrida de Paris » ; tirant un coup de fusil dans le carreau de la voiture royale. En 1801, après la démission de Pitt, peu s'en faut qu'un ministère soit constitué, dont Lansdowne et Fox seraient les chefs. Lord Lansdowne meurt trop tôt pour faire partie du ministère Grenville-Fox de 1806.

Romilly, plus indépendant et plus sentimental à la fois, passe de l'enthousiasme au dégoût. En 1789, il publie des *Pensées sur l'influence de la Révolution française*, où l'on reconnaît, à bien des expressions, l'influence directe de Bentham, et qui sont inspirées par un optimisme absolu. Il attend de la Révolution française l'avènement du cosmopolitisme et la fin des guerres : « les vrais intérêts d'une nation n'ont jamais été en opposition avec les intérêts généraux de l'humanité, et il ne peut jamais arriver que la philanthropie et le patriotisme imposent à personne des devoirs inconciliables ». En ce qui concerne plus particulièrement les intérêts anglais, la fin du despotisme en France signifie, pour l'Angleterre, la fin des guerres avec la France ; et d'ailleurs le succès de la Révolution de France pourra, par le prestige de l'exemple, diminuer la haine des nouveautés qui caractérise l'esprit anglais ; car « le singulier avantage d'avoir une constitution libre nous a habitués à regarder avec dédain des institutions qui, si sages qu'elles puissent être en soi, ne pouvaient pas, croyait-on, mériter d'être imitées, parce qu'elles étaient établies sous des gouvernements despotiques... L'excellence relative de notre constitution en a empêché l'excellence réelle. » Tous les abus seront critiqués et corrigés ; et ceux-là seuls auront des motifs de s'alarmer, « qui ont, ou du moins pensent avoir, des intérêts distincts, ou même contraires, de ceux de la nation prise dans son ensemble », le pair orgueilleux, le fonctionnaire qui cumule, le concussionnaire colonial, l'homme de loi, « qui a rempli sa mémoire, et surchargé son entendement de tout le fatras des lois positives », et « tremble à la seule pensée d'une réforme du droit, qui rendrait inutile sa vaste érudition et supprimerait la nécessité d'avoir recours à lui pour guider les hommes dans le labyrinthe des statuts ambigus et des décisions incohérentes ». Mais, dans la péroraison, les notions de liberté et de droit viennent de nouveau se substituer à la notion d'utilité : « heureuse la génération naissante, qui est destinée à vivre en des temps où se lever pour la défense des droits égaux de l'humanité ne sera plus tenu pour un juste objet de dérision, où il ne sera plus considéré comme chimérique de vouloir assurer à l'humanité la pleine jouissance de ces droits ; où le génie s'efforcera non d'amuser l'imagination, ou d'exciter les plus dangereuses passions, mais de concerter les moyens les meilleurs et les plus efficaces pour donner aux hommes, de tout ordre, la liberté, la sécurité et le bonheur ». En 1790, il plaide contre un de ses correspondants français la cause de l'Assemblée Nationale : il n'est pas d'assemblée humaine depuis la création qui ait fait moitié autant pour le bonheur de l'espèce humaine. « J'admets la violence, ou, si vous voulez, l'égoïsme des meneurs de l'Assemblée Nationale ; mais que des hommes doivent agir sous l'inspiration du pur motif de faire le bien d'autrui, sans aucune considération pour eux-mêmes, c'est, j'en ai peur, plus qu'on n'est en droit d'attendre, même sous le gouvernement le plus parfait que la sagesse humaine puisse désirer, à bien plus forte raison sous un gouvernement comme celui sous lequel s'est formé le caractère de tous les hommes qui jouent maintenant un rôle politique en France ». En 1791, il se réjouit que le succès du livre fameux de Thomas Paine sur les *Droits de l'homme* ait annulé le succès, à ses yeux déplorable, des *Reflections* de Burke. En mai 1792, il tient encore bon : « même la conduite de l'Assemblée actuelle n'a pas été capable d'ébranler sa conviction que c'est l'événement le plus glorieux, et le plus heureux pour l'humanité, qui ait jamais eu lieu depuis qu'on recueille l'histoire des affaires humaines ». Mais la journée du 10 août, les massacres de septembre, le désabusent tout d'un coup. « Autant penser à établir une république de tigres dans quelque forêt d'Afrique, qu'à conserver un gouvernement libre parmi de tels monstres ».

Bentham, lui aussi, avait paru, un instant, incliner au républicanisme ; mais cette crise avait été extrêmement courte, extrêmement peu profonde. Déjà le « délire », l'« éloquence passionnée » des orateurs de la Constituante l'agacent. Dans la confiscation des biens de l'Église, dans la restitution, aux descendants des protestants persécutés sous Louis XIV, des biens de leurs ancêtres, il voit des atteintes au principe de la sûreté. Lorsqu'une association se forme, en Angleterre, pour réagir contre les sociétés de propagande républicaine, Bentham est sur le point d'adhérer : c'est Romilly, rencontré par hasard dans la rue, qui l'en dissuade. En faveur de sa prison modèle, il sollicite les ministres : lord Lansdowne lui en sait mauvais gré, et Bentham, à partir de 1792, cesse ses visites à Bowood. Envoyant au ministre Dundas, en 1793, les opuscules qu'il a fait imprimer depuis quatre ans : « Quelques-uns d'entre eux, écrit-il, pourraient vous amener à me prendre pour un républicain — si je l'étais, je ne le dissimulerais pas : le fait est que je suis en train d'écrire contre la réforme parlementaire elle-même, et cela sans changer de sentiment ». Sans doute, il tient compte du fait que la France est un pays ouvert, en raison de la situation révolutionnaire, à toutes les expériences novatrices. Il adresse à la France son essai de tactique parlementaire, son projet de code d'organisation judiciaire. Sa *Défense de l'Usure* vient d'être traduite à Paris. En 1791, il envoie à L'Assemblée nationale son travail sur le *Panopticon*, s'offrant à organiser et diriger lui-même en France une prison construite sur le modèle qu'il préconise : la France, « vers qui tous les yeux sont tournés, et d'où sont exportés des modèles pour les diverses branches de l'administration » n'est-elle pas « le pays, par-dessus tous les autres, où une idée nouvelle — pourvu qu'elle soit utile — est le plus facilement pardonnée ? » Et l'Assemblée vote l'impression d'un extrait de l'ouvrage, déjà traduit en français, que Bentham a expédié avec le livre. En 1793, avant le départ de Talleyrand, il lui remet un exemplaire d'un opuscule intitulé : *Émancipez vos colonies*, dans lequel, en partant des principes, il s'efforce de démontrer que la possession d'un empire colonial est non seulement injuste, au point de vue de la doctrine des droits de l'homme, mais inutile et nuisible aux intérêts de la nation colonisatrice et de la colonie. Lord Lansdowne partage sur ce point l'opinion de Bentham. Pourquoi, demande-t-il aux lords, en 1797, cette folie d'attaquer les possessions de l'Espagne dans l'Amérique du Sud ? En trois ou quatre années, elles se détacheraient d'elles-mêmes de l'Espagne. « Un plus grand bien ne pourrait pas être fait à l'Espagne que de la soulager du fléau de ces établissements, et d'en faire un peuple industrieux comme ses voisins ; un plus grand mal ne pourrait arriver à l'Angleterre que de les ajouter à nos possessions déjà excessives ». Il semble même que lord Lansdowne, si nous en croyons sa propre affirmation, ait emprunté à Bentham cette opinion révolutionnaire : c'est là, disait Bentham, la thèse d'un de mes jacobinismes. Mais, ce jacobinisme économique mis à part, Bentham reste un antijacobin.

Lorsque, grâce à l'intervention de son ami et admirateur Brissot, président de la commission qui choisit les noms, il est fait citoyen français par l'Assemblée, en compagnie de Paine, de Priestley, de Wilberforce, de Mackintosh, il accueille avec ironie la nouvelle.

Dans la lettre par laquelle il accuse réception à l'ambassadeur Chauvelin de la lettre du ministre Roland lui notifiant sa nomination, il spécifie qu'il veut bien devenir citoyen français à Paris, à condition de rester citoyen anglais à Londres, et devenir républicain à Paris, à condition de rester royaliste à Londres. C'est le moment précis où le pavillon qu'il habite dans la capitale est devenu un « hôpital pour émigrés », et Bentham ajoute que, si quelque chose pouvait diminuer la joie qu'entraîne l'acquisition d'un titre aussi honorable, ce serait la vue de tant d'êtres infortunés qui ont à en déplorer la perte : ne pourrait-on « rédiger une déclaration — ou même un serment — par où, sans entreprendre sur leur conscience ou leur faiblesse, la République obtiendrait d'eux toutes les sécurités que la nature des choses permet d'obtenir ? » En 1796, il suggérera, à Wilberforce, l'idée d'une mission que, forts de leur titre de citoyens français, ils pourraient assumer en France, afin de préparer un rapprochement des deux nations ; mais, dans la même lettre, il parlera, sur un ton plaisant, de ce titre de citoyen français. Comment a-t-on égaré les noms de Wilberforce et de lui-même parmi tant de noms de *républicains* ? Et les noms de Paine, de Priestley, de Bentham, pourquoi les a-t-on séparés par un point et virgule d'avec toute la cohue qui suit, « les Wilberforce, les Washington, *fortemque Gyan fortemque Cloanthum ?* » Il traite la France de *pandémonium*, les Français de *pandémoniens*. « En vérité, s'ils lisaient une analyse que j'ai chez moi de leur *chère Déclaration des droits*, il n'y a pas, peut-être, un seul être sur terre qui serait moins le bienvenu chez eux que je pourrais m'attendre à l'être ; mais le papier dort ici, avec bien d'*autres* papiers, qui leur seraient également désagréables, très tranquillement sur mes rayons. »

Depuis 1789, la théorie des droits de l'homme offusque Bentham. Au début de cette même année, il ajoute à son *Introduction* une note finale, dans laquelle il critique les « déclarations des droits » américaines, et en particulier les « déclarations » de la Virginie et de la Caroline. Ces deux déclarations affirment, dans un premier article, « qu'il y a certains droits naturels dont les hommes, quand ils forment un pacte social, ne peuvent priver ou dévêtir leur postérité, au nombre desquels sont la jouissance de la vie et de la liberté, avec les moyens d'acquérir, de posséder et de protéger la propriété, et de chercher et d'obtenir le bonheur et la sécurité ». Ce qui revient à dire que « toute loi ou tout commandement qui *prive un homme de la jouissance de la vie et de la liberté* est nulle » ; en d'autres termes, que toutes les lois pénales, sans exception, sont nulles. Comment ne pas déplorer que les insurgés d'Amérique aient fait reposer une cause aussi rationnelle sur d'aussi mauvaises raisons ? C'est toujours la même scolastique des partis : « chez des hommes qui sont unanimes et ardents au sujet des *mesures* à prendre, rien de si faible qui ne puisse être accepté à titre de *raison*, et ce n'est pas le premier exemple dans le monde, d'un cas où la conclusion a fondé les prémisses, au lieu que les prémisses fondent la conclusion. »

Mais voici que la France suit l'exemple de l'Amérique et Bentham le déplore. « Je regrette, écrit-il à Brissot, que vous ayez entrepris de publier une Déclaration des Droits. C'est une œuvre métaphysique — le *nec plus ultra* de la métaphysique. Cela peut avoir été un mal nécessaire, ce n'en est pas moins un mal. La science politique n'est pas assez avancée pour qu'une telle déclaration soit possible. Quels que soient les articles, je me porte garant qu'ils peuvent être classés sous trois chefs : 1/ inintelligibles ; 2/ faux ; 3/ à la fois l'un et l'autre. Vous ne pourrez jamais faire une loi contre laquelle on ne puisse alléguer que, par elle, vous avez abrogé la Déclaration des Droits ; et l'allégation sera irréfutable ». Bentham résume, en 1795, ses observations critiques à ce sujet dans des manuscrits qu'il intitule « Sophismes anarchiques ; ou examen des déclarations des droits publiés pendant la Révolution française » : Burke, cinq ans auparavant, n'appelait-il pas déjà la Déclaration des Droits le Digeste de l'anarchie ? Toute déclaration des droits est inutile, car, quel en est l'objet ? D'imposer des limites au pouvoir de la couronne ? Un code constitutionnel suffit à cet objet. D'imposer des limites au pouvoir des divers corps constitués ? Quand on les a placés sous la dépendance du corps électoral et de l'opinion publique, on a limité leur pouvoir de la seule manière qui soit efficace. Un peuple ne peut pas se lier soi-même. Le bon plaisir du peuple, voilà le seul contrôle (*check*) auquel nul autre contrôle ne peut ajouter rien, qu'aucun autre contrôle ne peut annuler. Après ces observations préliminaires, Bentham fait porter sur deux points l'effort de sa critique.

En premier lieu, la langue de la Déclaration des Droits est fautive. On nous dit que les hommes *sont* égaux, que la loi *ne peut pas* aliéner la liberté des citoyens. C'est faux, et la preuve, c'est que les hommes font des révolutions pour rétablir l'égalité supprimée, pour défendre la liberté menacée. Ce que la Déclaration énonce à l'indicatif, il faut le mettre à l'impératif, et dire, si l'on veut, que les hommes *doivent* être égaux, que la loi ne *doit* pas violer la liberté. Voilà la différence entre le « censeur rationnel » des lois et l'anarchiste, entre le modéré et l'homme de violence. Le censeur rationnel admet l'existence de la loi qu'il désapprouve, et en demande l'abrogation ; l'anarchiste en nie l'existence, et érige sa volonté et son caprice en une loi devant laquelle l'humanité tout entière est invitée à se courber. *Ce qui est, est*, maxime d'ontologiste, sotte, creuse, mais tout au moins inoffensive. *Ce qui est, n'est pas*, c'est la maxime dangereuse de l'anarchiste, toutes les fois qu'il se présente à lui quelque chose ayant la forme d'une loi qui lui déplaît. La France, qui vient de réformer la langue de la chimie, n'a pas su réformer la langue du droit public ; la phraséologie de Grotius et de Pufendorf est conservée, devient révolutionnaire et dangereuse. Une constitution, qui se donne pour être le dessein réfléchi de toute une nation, est moins sage, moins féconde en bonheur, que le « gâchis » de la constitution britannique.

En second lieu, la Déclaration des Droits de l'Homme admet l'existence de quatre droits naturels : la liberté, la propriété, la sécurité, la résistance à l'oppression. Or, ces quatre « droits naturels » ne coïncident pas avec les quatre buts assignés dans la philosophie de Bentham au droit civil. La liberté ? Il n'est pas de loi qui ne soit une restriction de la liberté, et qui ne constitue, par suite, une atteinte à ce prétendu droit inaliénable. A moins qu'on ne définisse arbitrairement la liberté, comme consistant « à être capable de faire ce qui ne fait pas de mal à un autre ». Mais la liberté de faire le mal, n'est-ce pas encore la liberté ? L'article 11 distingue entre l'usage et l'abus de la liberté de pensée et d'opinion. Mais qui fera la distinction ? « On laisse aux législateurs futurs le soin de déterminer ce qui devra être regardé comme un abus de la liberté. Que vaut la sécurité qui est ainsi donnée à l'individu contre les usurpations du Gouvernement ? Qu'est-ce qu'une barrière que fixe seul le bon plaisir ? ». — La propriété ? Mais c'est la loi qui détermine la propriété. La clause deviendrait claire si l'on admettait que tous les droits de propriété, toutes les propriétés qu'un individu possède, peu importe comment, sont imprescriptibles, et ne peuvent lui être enlevées par aucune loi. Mais il n'est pas d'impôt, pas d'amende, qui ne soit une atteinte au droit de propriété, qui ne justifie, par suite, la résistance et l'insurrection. L'article 13 déclare la propriété inviolable, sauf en cas de *nécessité*. Mais est-ce la nécessité qui commande la construction de nouvelles rues, de nouvelles routes, de nouveaux ponts, de nouveaux canaux ? Une nation pourrait se contenter des moyens de communication naturels qu'elle a reçus de la nature, et continuer à exister : le progrès n'est pas une nécessité. En tout changement, il y a des désavantages à considérer d'un côté, des avantages à considérer de l'autre ; mais que valent tous les avantages du monde, quand on les oppose aux droits de l'homme, *sacrés* et inviolables, dérivés des lois de la nature qui ne sont pas promulguées et ne peuvent être abrogées ? — La *sécurité* ? Toute loi qui impose une contrainte et menace d'une peine est une atteinte à la sécurité. — Quant au quatrième « droit », le droit de résistance à l'oppression, ce n'est pas un droit fondamental au même titre que les autres c'est un moyen que l'on indique au citoyen pour défendre ses droits dès qu'il les tient pour violés. Aussi bien les Français, éclairés par une expérience de six années, ont évité de le mentionner dans la « Déclaration des Droits de l'Homme et du Citoyen » de 1795. La définition de ce droit marque cependant, avec une netteté particulière, le caractère insurrectionnel et antisocial de la théorie. Les passions égoïstes et dissociales, passions utiles, nécessaires même, à l'existence et à la sécurité de l'individu, n'en sont pas moins funestes à la paix publique, quand elles sont provoquées à l'exclusion des autres passions. Mais tel est l'effet produit par la Déclaration des Droits, « telle est la moralité de ce manifeste célèbre, rendu fameux par les mêmes qualités qui ont fait la célébrité de l'incendiaire du temple d'Éphèse ».

En conséquence Bentham, hostile aux principes de la révolution française comme il avait été hostile aux principes de la révolution d'Amérique, reste, bien qu'il ait, à un certain moment, espéré obtenir de la protection de lord Lansdowne un siège au Parlement, indifférent au problème politique. Des réformes de détail le passionnent. Il demeure l'inventeur pratique, l'« homme à projets » qu'il a toujours été.

En 1795, il publie simultanément une « protestation contre les impôts de justice » et un opuscule intitulé *Revenus sans charges, ou « escheat vice taxation »*. Dans le premier opuscule, il demande l'abolition des *law taxes*, qui créent, pour la corporation des juges, un intérêt à prolonger les procès, à rendre dispendieuse l'administration de la justice, et réfute deux arguments qu'il tient pour des sophismes. L'un développé par Adam Smith, suivant lequel « la charge d'une institution doit reposer sur ceux qui en recueillent le bénéfice ». — Soit, répond Bentham, mais non pas au point d'annuler le bénéfice. L'autre, suivant lequel ce genre d'impôt est « un obstacle (*check*) à la chicane ». — Mais la fin directe de l'administration de la justice, c'est de rendre la justice accessible, et non inaccessible à tous. Seulement par quel impôt remplacer l'impôt supprimé ? Le second opuscule répond à la question. Problème : quel est le revenu dont la vingtième partie constitue un impôt, et un impôt pesant, alors que la totalité ne serait pas un impôt, et ne serait senti par personne ? Réponse : une extension du *law of escheat*, le retour à l'État des successions, passé ce degré de parenté où le mariage est interdit.

En 1800 et 1801, un projet financier plus considérable l'occupe. Il propose que l'État émette, à l'exemple des banques privées, des billets pour de petites sommes, mais des billets portant intérêts. « Si cette proposition était énoncée dans les termes suivants : Émettez vos bons du trésor pour de petites sommes, la formule, sans rendre d'une façon complète ni correcte la mesure, exprimerait tout ce qu'elle contient de *nouveau*. La réalisation du projet présenterait de grands avantages économiques. Si les bons portant intérêt dont il s'agit étaient émis, *chaque pauvre pourrait être son propre banquier* ; chaque pauvre pourrait, en plaçant ses petites économies sous cette forme, tirer un profit de banque de son propre argent. Chaque chaumière, chaque petit logement, pourrait, avec cette quantité de profit, et avec un degré de sécurité jusqu'ici inconnu, être une *banque de frugalité* ». Mais la mesure recommandée présente encore des avantages politiques. De même que la Révolution de 1688, par la constitution de la dette nationale, attacha au Gouvernement nouveau toute la classe des rentiers, le *great monied interest*, de même l'*Annuity Note Scheme* de Bentham attacherait au régime établi toute la masse de la population, le *little monied interest*. La dette nationale a sauvé la nation de la *tyrannie* des Stuarts ; la mesure nouvelle, en donnant aux pauvres des intérêts conservateurs, préserverait l'Angleterre de l'*anarchie* révolutionnaire. Bentham donne encore, en 1796, au *Morning Herald*, des observations critiques sur le *Treason Bill* ; en 1797, aux Annales d'Agriculture d'Arthur Young, des observations sur la loi des pauvres, dont la réforme est alors l'objet de discussions parlementaires ; en 1798 et 1799, il rédige, en collaboration avec Colqhoun, des projets de loi pour la réforme de la police de Londres ; en 1800, il s'émeut du grand nombre des condamnations et exécutions pour crime de faux, et, en vue d'éviter ce gaspillage de peines, cherche des moyens propres à prévenir le crime ; il s'occupe, avec presque autant de passion, de l'invention d'un *frigidarium*, appareil réfrigérant pour conserver les fruits et les légumes ; il donne, en novembre 1800, au *Peter Porcupine* de Cobbett, des « Indications relatives au *Population Bill* », où il définit les meilleures méthodes à employer pour dresser un recensement. Mais c'est le *Panopticon* qui absorbe la majeure partie de son temps. Son père est mort en 1792, et lui a laissé, en outre de sa maison de Queen Square Place, à Westminster, un revenu de 500 à 600 livres sterling, qui consiste principalement en fermages. Maître d'une fortune personnelle, Bentham la dépense en frais de propagande, en avances de fonds, comme il perd son temps en démarches. — Bentham est un philanthrope, mais il n'est ni républicain ni démocrate.

Il n'est pas seulement un philanthrope et un homme à projets ; il est l'auteur de tout un nouveau système de philosophie juridique. Une partie du système a été publiée en 1789, dans l'*Introduction aux principes de morale et de législation* ; mais d'autres événements sollicitaient alors l'attention publique, et l'ouvrage a passé inaperçu. L'ensemble des manuscrits de Bentham est entre les mains de Dumont ; mais, pour que Dumont trouve le temps de les rédiger, il faudra que la période révolutionnaire soit tout entière écoulée. De sorte que la Révolution française nuit à la renommée philosophique de Bentham. Ce n'est pas que Bentham ne sente en lui le génie, la vocation de la législation ; il aspire à exercer une action par ses œuvres. Il recueille avec joie un propos qu'aurait, en 1790, dans un cercle de diplomates, tenu Fitzherbert, le qualifiant de « Newton de la législation ». Quand paraît son travail sur l'organisation judiciaire, il se réjouit de le voir lire avec intérêt dans la petite société de Lansdowne House : « Cela contribue, entre autres choses, à la croissance lente de mon école ». Il a donc, dès lors, l'ambition de fonder une école ; mais il est obligé de constater que, semblable aux prophètes, il est encore moins connu dans son propre pays que dans le pays voisin. Dans sa maison de ville de Westminster, dans sa maison de campagne de Hendon, il mène une existence obscure, « ne voyant personne, ne lisant rien, et écrivant des livres que personne ne lit ».

Cependant, même en France, Dumont ne se hâte pas de faire paraître l'édition promise des œuvres de Bentham. Il a toujours été paresseux, et Romilly ne se lasse pas de lui reprocher son indolence. C'est Romilly qui le décide à publier, en 1792, sous le pseudonyme de Groenvelt, un recueil de « lettres contenant un récit de la récente révolution de France, et des observations sur la constitution, les lois, les mœurs et les institutions des Anglais ; écrites pendant la résidence de l'auteur à Paris, Versailles, et Londres, dans les années 1789 et 1790 » ; et ce curieux ouvrage peut être considéré comme étant chronologiquement le premier livre benthamique qui ait paru. C'est au *Fragment on Government* que Dumont emprunte la matière de sa XVIe lettre, et la critique de la théorie de la division des pouvoirs ; c'est aux manuscrits de Bentham, encore inconnus du public, qu'il emprunte la matière de la XIVe et de la XXe lettre, la critique de la philosophie juridique de Blackstone, du droit criminel anglais, de la procédure criminelle anglaise, de la loi commune. Mais la XIIe lettre est intéressante entre toutes ; datée de Versailles, le 29 août 1789, elle contient une réfutation, fondée sur le principe de l'utilité, de la Déclaration des Droits de l'Homme. Ce document ne présente pas, selon Dumont, l'homogénéité et la simplicité qui sont les marques de la vérité. La Déclaration des Droits est plus sentimentale que rationnelle : au cours des débats « théologiques » dont elle est sortie, « chaque individu, concevant que les droits de l'homme sont fondés sur le sentiment plus que sur la raison, désirait voir les sentiments des autres se conformer strictement au sien propre, et soupçonnait l'insincérité de quiconque ne pensait pas comme lui ». Les droits n'existent qu'en vertu de la loi ; ils ne précèdent pas la société, ils sont produits par elle ; ils ne sont pas antérieurs à la formation du corps politique, ils sont les bénéfices que nous dérivons de notre vie en commun. Il sera donc temps de faire une déclaration des droits, quand la constitution légale du pays sera achevée. En attendant, les expressions de *loi de nature* et de *droit naturel* ne sont qu'un « jargon vide de sens », commode pour le professeur qui veut envelopper son ignorance dans les nuages d'une harangue longue et compliquée. « Le seul principe vrai et immuable, c'est *l'intérêt général*. L'utilité est suprême, qui comprend en soi le droit, la vertu, la vérité et la justice. » Elle seule peut fonder la connaissance de la morale à titre de science objective. « Des hommes qui raisonnent sur le principe de l'utilité peuvent toujours se comprendre l'un l'autre, et il arrivera sans doute rarement qu'ils différeront longtemps d'opinion, parce qu'ils ont toujours la possibilité d'un recours immédiat à l'expérience, et que, la règle qui doit fixer le jugement de chacun étant claire, simple, et susceptible d'une seule interprétation, ils peuvent vite découvrir où réside leur désaccord, ce qui est le grand moyen de trancher toutes les controverses. » Si donc c'est par l'intérêt général qu'on découvre les droits de l'homme, et non pas l'intérêt général par les droits de l'homme, la méthode des rédacteurs de la Déclaration est vicieuse : il fallait s'adresser directement au grand principe de l'*utilité* générale, sans intermédiaire, raisonner dans un langage qui fût intelligible à l'humanité tout entière, et « annihiler avec joie quelques milliers de volumes de métaphysique, de jurisprudence, et de morale ». Il fallait placer, en tête de la constitution, non pas une déclaration des droits de l'homme, mais « un petit nombre de *maximes sociales*, fondées sur l'utilité générale, et montrant avec précision quel est l'objet de la société, et quels sont les devoirs du Gouvernement ». Jamais ces maximes n'auraient prétendu à l'honneur de former le *credo* d'une religion politique.

N'est-ce pas ce même Dumont de Genève, cependant, qui, si nous en croyons son propre témoignage, aurait été un des rédacteurs de notre Déclaration des Droits de l'Homme ? Un comité de cinq membres avait été désigné pour la rédiger. Mirabeau, un des cinq, se chargea du travail, puis confia lui-même à ses secrétaires, Duroverai, Clavière et Dumont, le soin de rédiger le document. Dumont aurait senti dès le début « le faux et le ridicule de ce travail », de cette « fiction puérile ». Il aurait si éloquemment pris parti contre la Déclaration projetée, qu'il aurait entraîné l'opinion de ses collaborateurs et persuadé Mirabeau lui-même. Quand le projet revint devant l'Assemblée, Mirabeau fit des objections, avertit ses auditeurs que « toute déclaration des droits antérieure à une constitution ne serait jamais que l'almanach d'une année ». Mais que vaut, contre l'opinion générale d'un temps et d'un parti, l'opinion d'un individu, même lorsqu'il s'appelle Mirabeau ? L'idée de la déclaration « était une idée américaine, et il n'y avait presque personne qui ne regardât une telle déclaration comme un préliminaire indispensable ». « L'impitoyable bavardage alla son train, et l'on enfanta cette malheureuse Déclaration des Droits de l'Homme ». Par un curieux paradoxe historique, la Déclaration des Droits de l'Homme et du Citoyen aurait donc compté parmi ses auteurs le premier en date, ou peu s'en faut, des disciples de Bentham, le premier, et, longtemps, le seul membre de l'école benthamique, un adepte de la morale de l'utilité, hostile en tant que tel à la théorie des droits de l'homme.

Dumont a repris son travail de rédaction des manuscrits de Bentham : « Je vous remercie, écrit-il à Bentham en octobre, de ce travail qui m'arrache à mon inertie et me sauve des tourments de *l'ennui* ». Mais il retombe bientôt en proie à sa paresse coutumière, puisqu'un an plus tard Romilly en vient à lui demander s'il n'a pas complètement mis de côté les manuscrits de Bentham : « En vérité, Dumont, il faut que vous preniez la résolution de faire quelque chose qui soit utile à la postérité ». Le travail n'est pourtant pas encore abandonné. Voici, en 1795, Bentham qui se plaint d'être tourmenté, par Dumont, d'incessantes demandes de conseils. Puis des fragments de l'ouvrage paraissent dans la *Bibliothèque britannique*. En 1800, Bentham communique à Dumont de nouveaux manuscrits. Le moment de la publication approche. « Je me réjouis extrêmement, écrit Romilly à Dumont, le 9 janvier 1802, d'apprendre que vous et Bentham allez, dans si peu de temps, faire votre apparition en public. Il est très divertissant d'entendre comme Bentham en parle. Il se dit fort impatient de voir le livre, parce qu'il est très curieux d'apprendre quelles sont ses propres opinions sur les sujets dont vous traitez ». En février, en mars, Dumont tient Bentham au courant des progrès de l'impression. Enfin paraissent à Paris, en juin 1802, les *Traités de législation civile et pénale*, ouvrage extrait des manuscrits de M. Jérémie Bentham, jurisconsulte anglais, par Et. Dumont, membre du conseil représentatif de Genève ». Trois mois auparavant, la paix d'Amiens a été conclue, mettant fin à la première partie de la grande guerre ; une courte trêve sépare les deux périodes de la crise européenne, la période révolutionnaire et la période impériale ; et c'est au moment où, par la paix d'Amiens, la fin de la période révolutionnaire est, pour ainsi dire, consacrée, que Bentham peut, dans les derniers mois de 1802, faire le voyage de Paris.

II. Mackintosh, Paine et Godwin.

Au nom d'une philosophie demi-empiriste, demi-mystique, qui se fonde sur le principe de l'utilité, Burke dénonce la Révolution française et donne le signal de la croisade européenne contre le pays des droits de l'homme. Au nom du principe de l'utilité, Bentham et son disciple Dumont réfutent la « Déclaration des Droits de l'Homme et du Citoyen ». Mais la faction démocratique trouve des écrivains à opposer à Burke. Les *Vindicae Galliae*, dans lesquelles le jeune Mackintosh s'attache à rectifier l'historique partial et passionné que Burke avait présenté de la première année de la Révolution française, et à justifier contre ses dénonciations l'œuvre de la Constituante, peuvent être considérées comme la réponse du parti whig à Edmund Burke, du parti whig, ou plus exactement de cette portion du parti qui reste fidèle à Fox. Les deux parties, publiées à quelques mois d'intervalle, des *Droits de l'Homme* de Thomas Paine expriment l'opinion de ces sociétés d'agitation démocratique, qui, après avoir une première fois surgi au temps de la Révolution d'Amérique, viennent de ressusciter et de se multiplier après 1789 : manifeste révolutionnaire, œuvre du journaliste qui combattit pour l'idée républicaine successivement en Amérique, puis en Angleterre, puis en France, l'ouvrage, mis en vente au profit de la propagande démocratique, se vend, en moins de deux années, à deux cent mille exemplaires, motive, par l'alarme que soulève ce succès prodigieux, les premiers procès pour délits de presse et d'opinion, la proscription de Thomas Paine, et donne, en Angleterre, le signal de la réaction politique et religieuse. Puis, en 1793, William Godwin, ami de Thomas Paine, publie son *Enquête sur la justice politique, et son influence sur le monde et le bonheur* : ouvrage à la fois trop volumineux et trop abstrait pour trouver un public à beaucoup près aussi étendu que le livre de Paine. Mais il exerce une influence profonde sur un groupe de lettrés, de jeunes étudiants d'université, d'agitateurs politiques ; le livre fait scandale un instant, et agit d'un façon profonde pour toujours. Ainsi se prolonge, d'année en année, la polémique que Burke avait ouverte, tirant prétexte du sermon de Price, et qui fournit, en trois ans, à la littérature politique de l'Angleterre, quatre ouvrages classiques.

Les doctrines respectives de Mackintosh, de Paine et de Godwin, présentent d'abord un trait commun qu'il est intéressant de noter parce qu'il les rapproche de Bentham. Tous trois sont d'accord avec lui pour critiquer la théorie, à laquelle Burke a donné un éclat nouveau, du gouvernement mixte, fondé sur la division des pouvoirs.

Burke, dans ses *Réflexions sur la Révolution française*, vient de développer cette vue que, la nature humaine étant essentiellement multiple et complexe, une bonne constitution politique doit être complexe, afin de se modeler sur la complexité de la nature humaine. La complication de la machine constitutionnelle rend impossible les révolutions précipitées, oblige à adopter une politique de compromis et de tempéraments, met un obstacle aux violences du pouvoir arbitraire. En ceci consiste l'avantage des constitutions séculaires, comme la constitution anglaise, qu'elles sont libérales en même temps que compliquées. « Nous compensons, nous concilions, nous équilibrons. Nous sommes en mesure d'unir en un tout cohérent les anomalies diverses et les principes hostiles qui se trouvent dans les esprits et les affaires des hommes. Il résulte de là une excellence non de simplicité, mais, ce qui vaut bien mieux, de composition ». Et voilà où réside la différence profonde de la constitution nouvelle de la France avec les autres constitutions d'Europe. La variété des constitutions anciennes est cause à la fois de leur faiblesse et de leur libéralisme. La simplicité de la constitution nouvelle de la France, subite et systématique, est cause en même temps de sa puissance militaire et de son caractère despotique. « Le dessein est coupable, immoral, impie, tyrannique ; mais il est courageux, audacieux ; il est systématique ; il est simple dans son principe ; il présente un caractère parfait d'unité et de cohérence. L'individualité est laissée en dehors de leur plan de gouvernement. L'État est tout. Tout se rapporte à la production de la force ; puis on se fie, pour toute chose, à l'emploi de la force. L'État est militaire dans son principe, dans ses maximes, dans son esprit, et dans tous ses mouvements. Il a la domination et la conquête pour seuls objets ; la domination des esprits par le prosélytisme, des corps par les armes ». Ce qui frappe Burke, ce n'est pas le fait que l'erreur est variée, et la vérité une ; ce qui le frappe, c'est que, pour un être vivant et libre, les conditions d'existence sont complexes et variées. Montesquieu, écrivain classique en Angleterre, n'avait-il pas dit que les lois simples conviennent aux États despotiques ?

Il y a donc, sur un point au moins, quelque analogie entre la thèse despotique et la thèse démocratique. Car il suffisait à Paine, dès 1776, dans son « Sens commun » d'observer que, « plus une chose est simple, moins elle est susceptible d'être dérangée, et plus elle est facilement réparée, lorsqu'elle a été dérangée », pour critiquer la constitution mixte de l'Angleterre. De même Mackintosh et Godwin. Étant donné le principe du gouvernement représentatif, il ne convient pas d'instituer des règles pour empêcher l'exécution de la volonté nationale : car, s'il peut arriver, occasionnellement, que la majorité des citoyens se trompe sur ses intérêts vrais, il est certain, d'autre part, que l'intérêt général sera l'objet de l'opposition systématique de tout corps privilégié, de toute corporation politique. Pourquoi, en effet, tous les apologistes du régime aristocratique se trouvent-ils être aussi les avocats des constitutions complexes ? Autant demander pourquoi les corporations industrielles donnent, aux procédés de leur art, le caractère de secrets dont la connaissance est inaccessible au public, pourquoi les églises présentent aux laïques les vérités de la religion comme constituant des mystères. La théorie trouve son explication dans un intérêt de caste ; les castes nobiliaire, industrielle, ecclésiastique pourront accaparer la connaissance de la vérité, à dater du jour où elles auront su persuader aux foules que la vérité, en soi, est complexe et obscure. De sorte que, selon Mackintosh et Godwin, la théorie du gouvernement complexe repose chez Burke sur le même principe que la théorie du préjugé. Elle revient à affirmer que l'*imposture politique* est utile. « Dire que les hommes doivent être gouvernés seulement par le prestige, c'est diffamer l'entendement humain et consacrer les fraudes qui ont exalté les Despotes et les Muftis, les Pontifes et les Sultans, sur la ruine de l'humanité dégradée et opprimée. Mais la doctrine est aussi fausse qu'elle est odieuse. Les vérités politiques premières sont peu nombreuses et simples ». Sur ce point, Godwin reprendra les idées et les expressions mêmes de Mackintosh. Paine, Mackintosh et Godwin pensent, contrairement à l'opinion de Burke, en matière de droit constitutionnel, comme le pensait déjà Bentham en matière de droit privé, que les principes de la morale sont à la fois clairs et simples, accessibles au sens commun et capables de fonder une science.

Mais quels sont ces principes ? C'est ici que l'accord cesse, entre les trois adversaires d'Edmund Burke ; et leurs divergences sont particulièrement intéressantes, au point de vue où nous nous plaçons, si nous voulons comprendre comment, vers la fin du XVIIIᵉ siècle, chez les avocats du régime démocratique, la théorie de l'utilité générale se substitue insensiblement à la théorie spiritualiste des droits naturels.

Les *Vindiciae Gallicae* sont un livre principalement historique ; il est cependant impossible à Mackintosh de réfuter Burke sans remonter à la discussion des principes. Or, le principe que Mackintosh oppose à Burke, est-ce le principe de l'utilité ou le principe « métaphysique » des droits de l'homme ? Nous ne saurions répondre à cette question, car Mackintosh ne paraît pas lui-même avoir conscience d'une divergence logique des deux principes. Sans doute il défend contre Burke l'idée qui a inspiré, en Amérique, puis en France, la rédaction des « Déclarations des droits des hommes » : il y voit un effet de la vigueur juvénile de la raison et de la liberté dans le Nouveau-Monde, où l'esprit humain n'était pas encombré comme en Europe, par cette vaste masse d'usages et de préjugés, débris des siècles barbares. Il reproche à Burke de ne pas savoir, après avoir condamné le principe des droits naturels, éviter l'emploi constant de l'expression. Mais, d'autre part, il associe visiblement le succès des idées révolutionnaires en France avec l'expansion des idées d'Adam Smith : la fin du régime féodal, chanté par Edmund Burke, c'est, à ses yeux, surtout l'avènement de la liberté commerciale et industrielle. Ce qu'il combat dans l'ancien régime politique, comme Adam Smith ou Quesnay dans l'ancien régime économique, c'est le gouvernement des riches, constitués en corporation fermée par leur richesse même ; il est nécessaire qu'ils se syndiquent et se coalisent, nécessaire qu'ils constituent des corps distincts, nécessaire qu'ils gouvernent. Mais le principe qui fonde les spéculations d'Adam Smith, le principe de l'identité naturelle des intérêts, n'a pas de relation logique, malgré certaines obscurités de son langage, avec le principe des droits naturels ; et Mackintosh le reconnaît implicitement, lorsque, après avoir affirmé que les vérités politiques premières sont peu nombreuses et simples, il essaie de les définir : « il est aisé, pense-t-il, de les faire comprendre, et de transporter à la politique *le même égoïsme éclairé qui préside aux autres affaires de la vie*. On peut le faire respecter non parce qu'il est ancien, ou parce qu'il est sacré, non parce qu'il a été établi par les barons, ou applaudi par les prêtres, mais *parce qu'il est utile* ».

C'est, à travers tout l'ouvrage de Mackintosh, la même ambiguïté dans l'expression du principe premier. Presque dans les mêmes termes que Bentham, il n'admet pas qu'il y ait abdication par l'individu de ses droits naturels lorsque celui-ci entre en société avec d'autres individus ; il n'admet pas même qu'il y ait diminution de ces droits. Les droits de l'homme supposent la préexistence du lien social, et toutes les théories qui impliquent l'*existence réelle* d'un état antérieur à l'état social sont ou futiles ou fausses. Il revient cependant aussitôt à la théorie des droits naturels, distingue entre la virtualité et l'actualité de ces droits : il faut une société pour faire passer à l'acte les droits, naturellement égaux, de tous les individus. Mais voici que tout à coup Mackintosh parle, de nouveau, le langage de l'utilité. La grande question, en politique, n'est pas une question d'origine, mais une question de fin ; ce n'est pas une question de droit, c'est une considération d'utilité. Les formes politiques ne sont que les moyens propres à assurer une certaine quantité de félicité publique. Si la fin est atteinte, toute discussion instituée pour savoir si les moyens étaient théoriquement aptes à la produire devient puérile et superflue. Pourquoi donc employer le langage détourné des droits de l'homme ? C'est que ce langage détourné est en même temps un langage abrégé. Tous les agents moraux sont impuissants à estimer l'utilité de tous leurs actes pris en particulier ; mais on peut démontrer de tous les principes généraux de justice qu'ils sont utiles ; et c'est cette utilité seule qui leur confère le caractère d'une obligation morale. « La justice, c'est l'utilité, mais c'est l'utilité s'exprimant par des maximes générales, dans lesquelles la raison a concentré l'expérience de l'humanité... Quand j'affirme qu'un homme a droit à la vie, à la liberté, etc., je veux seulement énoncer une *maxime morale* fondée sur l'*intérêt général*, qui interdit toute atteinte à ses possessions ». D'où l'emploi simultané des deux expressions. Le nouveau gouvernement de France repose sur la base immuable « du droit naturel et du bonheur général ». Une déclaration des droits est le seul expédient concevable « pour tenir éveillée la vigilance publique contre l'usurpation des intérêts partiaux, en mettant perpétuellement sous l'œil du public le droit général et l'intérêt général ». L'attitude logique de Mackintosh est une attitude d'équilibre instable ; il est nécessaire que la balance penche bientôt d'un côté ou de l'autre ; il apparaît même déjà comme nécessaire que le principe de l'utilité l'emporte chez lui sur le principe des droits naturels.

La même contradiction ou, si l'on veut, la même confusion des deux principes se laisse distinguer dans le livre plus fameux de Thomas Paine, et peut-être est-il possible de saisir sur le fait, dans son ouvrage, comment s'effectue la transition du premier au second. Les *Droits de l'Homme* parurent en deux parties successives, à un an d'intervalle. La première partie, dédiée à Washington et parue en 1791, constitue, comme nous dit le sous-titre, « une réponse à l'attaque dirigée par Mr. Burke contre la révolution française », une défense, point par point, de la politique de la Constituante. La seconde partie, dédiée à La Fayette et publiée en 1792, a pour objet de « combiner les principes et la pratique » ; après avoir réaffirmé les *principes* de la philosophie de la révolution, il cherche comment un pays européen quelconque pourra les mettre en *pratique*, comment l'Angleterre, suivant l'exemple donné par l'Amérique et par la France, pourra se donner des institutions et un budget démocratiques. Mais peut-être Paine, à son insu, n'expose-t-il pas, dans l'une et l'autre partie, les mêmes principes ; et peut-être, si notre interprétation est justifiée, est-ce dans la première partie le principe spiritualiste des droits naturels qui prédomine encore, et, dans la seconde, est-ce déjà le principe de l'utilité générale.

Que la terminologie, juridique ou spiritualiste, des droits naturels, prédomine sur la terminologie utilitaire, dans la première partie des *Droits de l'Homme*, il est à peine besoin de le démontrer. Le titre même que Paine a choisi de donner au livre en définit le caractère. L'histoire populaire de la première année de la Révolution, racontée par Paine en vue de corriger les inexactitudes de Burke, est tout entière une histoire des conditions dans lesquelles, péniblement, la « Déclaration » fut élaborée. Une première rédaction, hâtive et enthousiaste, a été adoptée, sur la proposition de La Fayette, à la veille de la prise de la Bastille, afin que, si l'Assemblée nationale devait périr, quelques traces de ses principes eussent chance de survivre au naufrage. C'est parce que le roi hésite à sanctionner la Déclaration, maintenant adoptée sous sa forme complète, que le peuple se porte à Versailles, dans les premiers jours d'octobre, vainqueur à dater du moment où le roi consent à apposer sa signature. Était-il d'ailleurs, pour raconter la révolution des droits de l'homme, un historien mieux qualifié que Thomas Paine, témoin de la chute de la Bastille et chargé de porter à Washington les clefs de la prison rasée, habitant de Paris au moment de la fuite à Varennes et le premier peut-être à proposer l'établissement d'une république, puis membre de la Convention et rédigeant, en collaboration avec Condorcet, une nouvelle déclaration des droits ? Le livre de Paine comprend d'ailleurs une traduction de la « Déclaration », suivie d'observations critiques ; à bien des égards, cette première partie peut être tenue pour une édition anglaise de la Déclaration des Droits de l'Homme, accompagnée d'un commentaire philosophique et historique.

L'individu, en tant qu'individu, possède, par le droit de son existence, un certain nombre de droits naturels : tels sont les droits intellectuels, ou droits de l'esprit, et les divers droits que chaque individu possède d'agir en vue de son bien-être et de son bonheur personnels, dans la mesure où l'exercice de ces droits ne porte pas atteinte aux droits naturels des autres hommes. Les premiers, tels que les droits « de penser, de parler, de former et d'émettre des opinions », subsistent toujours, en vertu de leur essence même, dans leur intégrité ; car ce sont ceux « pour lesquels le *pouvoir* d'exécuter est aussi parfait chez l'individu que le droit lui-même. » Mais il en est d'autres que l'homme est intéressé, lorsqu'il entre en société avec ses semblables, à résigner en partie : ce sont ceux pour lesquels le droit est parfait chez l'individu, mais non le pouvoir d'exécution. Tels les droits à la protection de la personne, à l'acquisition et à la possession de la propriété. Ce sont là des droits civils, ou droits de contrat ; quoiqu'ils soient des droits naturels transformés, ou « échangés », c'est-à-dire dont nous consentons à sacrifier une partie en échange de la libre jouissance du reste, ils se distinguent des droits naturels, en ce que, dans l'exercice des droits civils, nous agissons sous la garantie de la société. Par exemple, l'homme a le droit naturel de juger en sa propre cause ; et, dans la mesure où c'est du droit de l'esprit qu'il s'agit, il n'abdique jamais ce droit. Mais à quoi lui sert le droit de juger, dans les cas où il n'a pas le pouvoir de redresser ? Il emprunte alors le bras de la société dont il est membre, de préférence et en addition au sien propre. Il demande à la société de se faire gouvernement, et d'user de contrainte pour imposer à son prochain le respect de ses droits personnels, en même temps qu'il l'autorise, s'il le faut, à lui imposer à lui-même le respect des droits du prochain. Il a « versé à la masse » une certaine partie de ses droits naturels ; la société ne lui octroie donc rien, à proprement parler. Chaque individu est propriétaire du fonds social, et a le droit d'y puiser dans certaines conditions spécifiées. Or, dans la théorie des droits naturels, telle que l'expose Paine, il est intéressant d'observer certaines analogies avec les idées fondamentales de Bentham.

Pas de gouvernement légitime, selon Paine, sans constitution écrite. Quoique les parlementaires anglais usent et abusent du mot de « constitution », l'Angleterre n'a pas de constitution. Ce qui en tient lieu est à une véritable constitution ce que la « loi commune » est à un droit écrit, seul légitime : et l'on voit, par conséquent, l'analogie que présentent les idées de Paine avec les idées de Bentham. « Une constitution est à un gouvernement ce que les lois faites postérieurement par ce gouvernement sont à une cour de justice. La cour de justice ne fait pas les lois, et ne peut les changer : elle agit seulement en conformité avec les lois une fois faites ; et le gouvernement est de même gouverné par la constitution. » Les États-Unis d'Amérique, soit qu'on les prenne dans leur ensemble, soit qu'on les envisage isolément, ont des constitutions. L'État de Pennsylvanie, en particulier, a la sienne, née du peuple, qui non seulement donne de l'autorité, mais impose une barrière au gouvernement : « C'est la Bible politique de l'État. A peine si une famille ne la possède pas.

Chaque membre du gouvernement en a un exemplaire ; et rien n'est plus commun, lorsqu'une discussion s'élève sur le principe d'un projet de loi ou sur l'étendue d'une forme spéciale de l'autorité publique, que de voir les membres tirer la constitution imprimée de leur poche, et lire le chapitre où la question discutée se trouve traitée ». Bentham ne parlait pas en d'autres termes de son code idéal : et pourquoi ne pas étendre aux lois constitutionnelles le principe pose par Bentham pour les lois civiles et pénales ? Mais Paine ajoute que la constitution, pour conférer au gouvernement un caractère de légitimité, doit être précédée d'une déclaration des droits de l'homme : par où il se sépare de nouveau de Bentham.

De même encore, Paine est individualiste ; et son individualisme s'exprime par les mêmes formules que l'individualisme des utilitaires. « Le bien public, écrit-il, n'est pas un terme qui s'oppose au bien des individus ; au contraire, il est le bien de tous, parce qu'il est le bien de chacun. Car, de même que le corps social consiste dans la collection de tous les individus, de même le bien social consiste dans le bien collectif des individus. Bentham, dans son *Introduction*, ne s'exprimait pas autrement. Paine néglige cette solidarité des générations, que Burke considérait comme le fait social fondamental. Ceux qui ont quitté le monde, ceux qui n'y sont pas encore entrés, sont aussi éloignés les uns des autres que le peut concevoir l'imagination humaine : comment concevoir entre les uns et les autres un rapport d'obligation ? comment peut-on poser en principe et en règle que de deux non-existences (*non-entities*), dont l'une n'existe plus et l'autre n'existe pas encore, l'une domine l'autre jusqu'à la fin des temps ? « Je défends les droits des vivants ; M. Burke lutte pour l'autorité des morts sur les droits et la liberté des vivants ». Bentham, presque dans les mêmes termes, considère le système de Burke, quoique diamétralement opposé au système des démocrates, comme « absurde et malfaisant pour des raisons semblables ; il subjugue les siècles éclairés aux siècles ignorants. De toutes les tyrannies, la plus impitoyable est celle des morts : car elle ne peut être atténuée. De toutes les Folies, la plus incurable est celle des morts : car elle ne peut recevoir d'instruction ». Mais l'individualisme de Paine est un individualisme spiritualiste, fondé sur une théologie : tous les hommes sont égaux en sortant des mains du Créateur, et la seule inégalité qui ne soit pas artificielle, c'est l'inégalité qui sépare le bon d'avec le méchant. A Paris, en 1792, comme à New York en 1776, Thomas Paine reste toujours, même lorsqu'il renonce à l'orthodoxie chrétienne, un quaker ; et, par son intermédiaire, le christianisme révolutionnaire des protestants anglais d'Amérique rejoint l'athéisme révolutionnaire des sans-culottes français. L'individualisme de Bentham ou d'Adam Smith reposait sur un principe tout différent.

Mais les analogies qui existent entre la philosophie politique de Paine et la philosophie de l'utilité sont plus profondes. Elles portent non seulement sur certaines conséquences identiques tirées de principes différents, elles portent sur les principes eux-mêmes. En dépit de quelques allusions aux « droits de l'homme, héréditaires et indéfectibles », la philosophie de la deuxième partie des *Droits de l'Homme* est extrêmement différente de la philosophie spiritualiste et juridique dont Paine avait, dans la première partie, développé les principes. Paine distingue maintenant entre les deux notions de *société* et de *gouvernement* : la notion de gouvernement implique la notion de société, mais, inversement, la notion de société n'implique pas la notion de gouvernement. Il y a une société naturelle, antérieure à la formation des gouvernements et qui continuerait à exister si les formes gouvernementales étaient abolies. Mais cette société primitive constitue l'état de nature des économistes, non des juristes : elle est fondée sur le principe de l'échange, en d'autres termes, sur le principe de l'identité naturelle des intérêts, c'est-à-dire sur une des formes du principe de l'utilité. Paine admet sans doute qu'elle repose en partie sur un système d'affections sociales qui, sans être nécessaires à l'existence de l'individu, sont essentielles à son bonheur. Mais elle repose surtout sur les intérêts égoïstes de l'homme. La nature a donné à l'individu plus de besoins naturels qu'elle ne lui a donné de pouvoir pour les satisfaire. Nul homme n'est capable, sans l'aide de ses semblables, de subvenir à ses besoins ; de sorte que ce sont les besoins eux-mêmes, communs à tous les individus, qui les attirent jusqu'à ce qu'ils forment une société économique, « aussi naturellement que la gravitation agit vers un centre » : c'est, avec la métaphore newtonienne favorite à tous les écrivains de l'école, la théorie de la division du travail, qu'Adam Smith avait mise à la base de sa doctrine. « Le propriétaire foncier, le fermier, l'industriel, le marchand, le commerçant, et les hommes de toutes professions, prospèrent par l'assistance qu'ils reçoivent les uns des autres, et tous de tous ». Du moment que les hommes, à la fois par instinct et par réciprocité d'intérêt, se sont habitués à la vie sociale et civilisée, les principes sociaux sont assez actifs pour suppléer aux formalités gouvernementales absentes. L'homme est si naturellement une créature de la société qu'il est presque impossible de l'en détacher. Toutes les grandes lois sociales sont des lois naturelles, lois d'intérêt mutuel et réciproque : les hommes s'y conforment et leur obéissent, parce que tel est leur intérêt, et non par respect pour les lois que les gouvernements édictent. Bref, la société est capable d'accomplir pour elle-même presque toutes les fonctions qui sont d'habitude attribuées au gouvernement et l'expérience nous enseigne chaque jour à réduire davantage le nombre des fonctions gouvernementales. Voyez ce qui s'est passé en Amérique pendant les premières années de la guerre de l'Indépendance : en l'absence de tout gouvernement régulier, l'identité des intérêts a suffi pour produire la sécurité commune.

Mais alors, comment ne pas apercevoir qu'il y a contradiction formelle entre les deux points de vue auxquels Paine se place tour à tour ? La nature confère à l'individu plus de droits naturels que de pouvoir pour les défendre : donc il est nécessaire d'instituer des gouvernements pour préserver artificiellement l'harmonie des droits. La nature donne à l'individu plus de besoins naturels que de pouvoir pour les satisfaire ; mais, par l'échange, les individus trouvent moyen de satisfaire leurs besoins naturels, sans recours à aucune contrainte, sans sacrifice d'aucun intérêt. Nous avons pu voir, dans la première partie des *Droits de l'Homme* une édition de propagande de la « Déclaration des Droits de l'Homme et du Citoyen » ; dans la seconde partie, il serait plus exact de voir une brochure écrite en vue de propager les idées fondamentales d'Adam Smith, appliquées maintenant à la solution non plus des problèmes économiques, mais encore et par surcroît des problèmes politiques.

La philosophie démocratique rentre donc, avec Paine, dans la tradition de la philosophie de Hume et d'Adam Smith, c'est-à-dire de la philosophie de l'utilité. « Les exemples, écrit Paine, ne manquent pas de circonstances où tout ce que le gouvernement peut utilement ajouter (à la société et à la civilisation) s'est trouvé accompli

par le consentement commun de la *société sans gouvernement* ».
Nous avons rencontré déjà, chez Hume, chez Adam Smith, chez
Priestley, cette tendance à une séparation des deux concepts.
Nous avons vu Thomas Paine en tirer, dès le temps de la révolution d'Amérique, des conséquences révolutionnaires. Il développe
maintenant cette thèse avec une énergie nouvelle : loin que l'abolition de tout gouvernement régulier doive aboutir à la dissolution
de la société, elle agit, selon Paine, en sens contraire, et resserre le
lien social. Car les gouvernements sont militaires par l'origine et
par l'esprit de leur institution. Fondés par des voleurs et des ban-
dits, par des conquérants et des usurpateurs, nés de la guerre, ils
sont organisés pour la guerre et vivent de la guerre. Pourquoi l'origine de tous les gouvernements existants est-elle enveloppée dans
une obscurité profonde ? C'est que les gouvernements ont intérêt
à dissimuler le caractère antisocial de leur origine. Ils trouvent un
intérêt direct à perpétuer les préjugés nationaux, les haines nationales, à empêcher les peuples de comprendre que leurs intérêts
sont en réalité solidaires : telle est la philosophie de la guerre par
opposition à la philosophie du commerce. « La guerre est la table
de pharaon des gouvernements, et les peuples sont les dupes ».
Pourquoi les gouvernements sont-ils si coûteux ? C'est que, pour
justifier leur existence, ils ont besoin de faire la guerre, et que
la guerre coûte cher ; c'est aussi qu'ils transportent, à l'intérieur
même des pays qu'ils gouvernent, le système de rapine qu'ils ont
pris l'habitude de pratiquer contre l'ennemi ; ils font maintenant la
guerre pour trouver des prétextes à l'augmentation de la masse des
impôts : « l'art de gouverner, c'est l'art de conquérir à l'intérieur ».
Avec le progrès de la civilisation, les sociétés européennes devraient apprendre à faire des économies toujours plus grandes sur
les dépenses publiques : le gouvernement démocratique, étant un
minimum de gouvernement, est un gouvernement à bon marché.
Cependant les gouvernements de l'Europe occidentale, en raison
de leur constitution militaire, deviennent constamment plus coûteux. C'est probablement Paine qui doit être considéré comme le
premier auteur, avant Buckle, avant Spencer, de la distinction des
deux régimes, militaire ou gouvernemental, et commercial. Mais,
dans l'Europe occidentale, ces deux régimes coexistent en quelque
sorte ; et le miracle, c'est que la société commerciale, identifiée par

Paine avec la civilisation elle-même, ait pu non seulement subsister, mais encore progresser, sous le régime gouvernemental et militaire qu'elle subit. Il y a chez l'homme une faculté plastique qui lui permet de s'adapter, de s'accommoder à toutes les situations. « L'instinct des animaux n'agit pas avec une force d'impulsion plus grande que ne font, chez l'homme, les principes de la société et de la civilisation » : on reconnaît le naturalisme optimiste de Hume et d'Adam Smith. Pourtant, vers la fin du XVIIIᵉ siècle, avec le progrès des lumières, la contradiction est devenue trop visible à tous entre les deux principes, pour qu'une conciliation reste possible. En Amérique, en France, le temps des révolutions est venu ; c'est par des révolutions que doivent se substituer, à des gouvernements issus de la violence, des sociétés fondées sur l'harmonie naturelle des intérêts, et qu'après « l'âge de la chevalerie » commence, selon l'expression judicieuse à laquelle Burke avait tort de prêter une valeur satirique, « l'âge de économistes politiques ».

Entre la philosophie politique qui se trouve exposée dans la seconde partie des *Droits de l'Homme* et celle que va développer William Godwin, un an plus tard, dans sa *Justice politique*, la distance est courte. D'une part, à côté des passages que nous avons cités, il en est d'autres, dans les *Droits de l'Homme*, où il semble que la critique de Paine porte non contre l'idée même de gouvernement, mais seulement contre la réalité des gouvernements « tels qu'ils ont existé jusqu'à présent dans le monde » : c'est une vérité évidente, nous déclare Paine, qu'un « gouvernement civil est nécessaire », et les deux concepts de société et de gouvernement cesseront d'être en conflit, lorsqu'on se bornera à définir le gouvernement « une association nationale agissant conformément aux principes de la société ». En d'autres termes, Paine semble avoir peur d'aller jusqu'au bout de ses propres idées, et ne conclut pas, comme il le devrait peut-être, à la dissolution radicale de tout gouvernement. D'autre part, et plus profondément, Paine développe tour à tour, dans les deux parties de son ouvrage, l'idée d'une société fondée sur l'obligation de respecter les droits inaliénables de la personnalité humaine, et l'idée d'une société « sans gouvernement », fondée sur l'identité spontanée des intérêts égoïstes ; mais nulle part il ne semble comprendre qu'il est impossible d'adopter sans contradiction les deux doctrines à la fois. Godwin, au contraire, plus isolé, moins directement mêlé à la lutte des partis, et par suite moins dupe des formules politiques à la mode, comprend la nécessité de choisir entre la doctrine de l'égalité des droits et le principe de l'identité des intérêts. Au moment où Paine reste, pour ceux qui le détestent et pour ceux qui l'adorent, pour ceux qui le brûlent en effigie et pour ceux qui propagent son livre comme une Bible, l'incarnation de la doctrine des droits naturels, Godwin, le premier parmi les philosophes du parti démocratique, critique la notion de droit, et fonde sur cette critique la conception radicale d'une « société sans gouvernement » empruntée d'ailleurs elle-même, de l'aveu de Godwin, à Thomas Paine.

La morale de Godwin, c'est la morale de l'utilité ; et les expressions dont il se sert pour la définir sont si voisines des expressions employées, peu de temps auparavant, par Bentham dans son *Introduction*, que l'on serait tenté de croire à une influence directe. Le critérium de la morale, c'est l'utilité. Il faut admettre, dans tout système de morale qui n'est pas infecté de préjugés monastiques, qu'en ce qui nous concerne nous-même, nous ne devons refuser aucun plaisir, si ce n'est dans la mesure où il tend à l'exclusion de quelque plus grand plaisir. D'autres éléments entrent d'ailleurs dans le calcul des plaisirs. Un plaisir moindre ne doit pas être troqué contre un plaisir plus grand, pour nous-même ou pour autrui, ni l'attente certaine ou probable d'un plaisir considérable contre une spéculation aventureuse. Mais il faut tenir compte des plaisirs d'une pluralité d'individus ; et, si la fin de la vertu est d'ajouter à la somme des sensations agréables, le régulateur de la vertu c'est l'impartialité ; nous ne devrons pas faire, pour produire le plaisir d'un individu, cet individu fût-il nous-même, l'effort qui pourrait avoir été employé à produire le plaisir de plusieurs. Bref, la moralité est le système de conduite qui est déterminé par la considération du plus grand bien général ; celui-là mérite la plus haute approbation morale, dont la conduite est, dans le plus grand nombre de cas ou dans les cas les plus graves, gouvernée par des vues de bienveillance ou mise au service de l'utilité publique. Mais Godwin ne cite pas une seule fois le livre de Bentham, qui avait fait peu de bruit, et il n'est pas nécessaire de supposer qu'il le plagie ; car le mouvement général de la pensée contemporaine, les influences subies en commun, suffisent à expliquer tant d'analogies d'expression. Godwin peut avoir subi l'influence de Paley, universellement lu et connu. Il a certainement subi l'influence de Hume, de Hartley, d'Helvétius. A Hume et à Hartley, il a emprunté son déterminisme ; à Hartley, sa théorie de l'association des idées, abandonnant, après Priestley, la théorie des vibrations ; encore à Hartley, comme avant lui Priestley, la théorie du progrès nécessaire et indéfini ; à Helvétius enfin, ce qu'on pourrait appeler son intellectualisme. Pour Helvétius et pour lui, en effet, les différences individuelles, dans le genre humain, s'expliquent toutes, ou presque toutes (Godwin fait sur ce point quelques concessions dans la seconde édition de son livre), non, comme pour Montesquieu, par des causes physiologiques ou physiques, mais par des causes morales, ou sociales. De là, pour l'un comme pour l'autre, l'importance extrême du problème politique, qui se ramène à un problème pédagogique : à la différence de l'éducation proprement dite, qui cesse d'agir après l'enfance, du livre, qui n'atteint qu'une élite, les institutions politiques exercent leur action sur tous, pendant toute la vie. Mais à tous, sans distinction, il emprunte son utilitarisme.

Comment d'ailleurs Godwin interprète le principe de l'utilité, c'est ce qui demeure très incertain. Est-ce qu'il se rallié au principe de l'identité naturelle des intérêts ? Il le semblerait, puisqu'il emprunte à Adam Smith son libéralisme économique, à Hartley sa théorie du progrès indéfini. Tout un chapitre de sa première édition est, d'ailleurs, consacré à démontrer que la pratique de la vertu est le véritable moyen qu'il faut employer en vue d'atteindre le bonheur individuel. Et Godwin a beau supprimer le chapitre dans la seconde édition ; il a beau admettre que ce sont deux choses très différentes de convaincre les hommes qu'une certaine manière de se conduire sera, pour un individu, la plus conforme à l'intérêt général, et de les persuader qu'il faut faire passer après les considérations d'intérêt général toute satisfaction égoïste ; il répète aussitôt, sans transition, que l'égoïsme et le désintéressement, si différents qu'ils soient en eux-mêmes, se trouvent, en dernière analyse, prescrire la même ligne de conduite. Pourtant Godwin considère le système égoïste comme fondé sur une équivoque, et le condamne. Veut-on dire, en effet, avec La Rochefoucauld, que, dans toutes nos actions, nous sommes dirigés par un calcul d'intérêt personnel ? ou bien, que, tout état de conscience comprenant un élément de plaisir ou de peine, la sensation immédiate, agréable ou pénible, doit être regardée comme la cause suffisante et nécessaire de l'action ? Mais, dans le second cas, le motif de l'action agréable peut être désintéressé aussi bien qu'égoïste. C'est, en dernière analyse, le principe de la fusion des intérêts qui prédomine chez Godwin sur le principe de l'identité naturelle des intérêts. Tous les hommes sont raisonnables ; tous les hommes ont conscience que l'homme est un être dont la nature est, chez tous les individus, identique, et sentent qu'il convient que le traitement qu'ils reçoivent l'un de l'autre soit mesuré à une unité commune. Tout homme désire assister son prochain. Même le criminel invente des sophismes pour justifier l'acte qu'il accomplit. Bref, il y a une tendance naturelle chez l'homme à l'application impartiale du critérium de l'utilité, en d'autres termes, à la justice. Ainsi la justice coïncide avec l'utilité : « par *justice* j'entends, dit Godwin, cette façon impartiale de traiter tous les hommes en ce qui concerne leur bonheur, qui se règle exclusivement sur la considération des qualités de celui qui reçoit et des facultés de celui qui donne ». C'est cette tendance à la justice que le moraliste doit développer, en la dégageant de toutes les tendances qui peuvent la contrarier, non seulement des tendances égoïstes, mais des tendances qui imitent la morale. Les affections de famille, le sentiment de la gratitude, peuvent contrarier en nous l'action du principe de l'utilité ; ce sont des sentiments qui peuvent fausser « l'arithmétique morale », et qu'il faut éliminer du calcul.

Mais, si c'est l'utilité générale qui constitue mon devoir, il y a donc incompatibilité entre la notion de devoir et la notion de droit ; ou encore, comme dit Godwin, qui songe au titre du livre de Paine, il y a incompatibilité entre l'idée d'homme et l'idée de droit : « les hommes n'ont pas de droits ». Qu'est-ce, en effet, qu'un droit, si ce n'est la liberté d'agir à sa guise (*to do as we list*) ? Or parmi les actions que nous pouvons accomplir, les unes sont utiles, et doivent être accomplies, les autres sont nuisibles, et ne doivent pas l'être ; il n'existe pas d'actions intermédiaires que la considération de l'utilité générale nous laisse libres d'accomplir ou de n'accomplir pas. Le droit, c'est le pouvoir d'user ou d'abuser ; mais il est absurde de dire que l'abus constitue un droit. Paine a raison de dire que « les princes et les magistrats n'ont pas de droits » : car il n'est pas une situation de leurs vies à laquelle des obligations ne correspondent ;

aucun pouvoir ne leur est confié qu'ils ne soient astreints à exercer exclusivement en vue du bien public. Mais il est singulier qu'après avoir posé ce principe on n'ait pas aperçu la nécessité de l'appliquer aux sujets et aux citoyens pris individuellement ou par groupes. Il est ridicule de dire qu'une congrégation religieuse, qu'une association politique, a le droit d'adopter les statuts ou les cérémoniaux les plus absurdes ou les plus détestables. N'est-il pas légitime, cependant, de parler de « droits à l'assistance mutuelle » ? Mais, quand nous affirmons que « les hommes ont droit à l'assistance et à la coopération de leurs semblables pour l'accomplissement de toute action honnête », nous donnons au mot de droit une acception très différente de l'acception usuelle. Le droit devient la réciproque d'une obligation, il cesse de signifier quelque chose de discrétionnaire et d'essentiellement volontaire ; mieux vaudrait donc éviter l'emploi d'un terme ambigu. Car, au sens courant du mot, la notion de droit est la source de toutes les fausses notions morales : c'est elle qui permet au prodigue de dépenser, à l'avare d'entasser sans utilité sa fortune, et de croire qu'il n'enfreint pas la justice. La morale de l'utilité, parce qu'elle impose des devoirs, ne peut pas conférer des droits.

Faudra-t-il donc condamner, avec les autres droits, les droits à l'exercice du jugement privé et à la liberté de la presse ? Non, mais il faudra critiquer un emploi impropre de l'expression de droit dans certains cas où il y a seulement impossibilité, sans excès de conséquences nuisibles, de restreindre la liberté, mieux encore, dans certains cas, où, pour qui sait bien voir les choses, il y a non pas extension, mais véritablement restriction, de la liberté. Si la liberté de la conscience et de la presse ne souffre pas de restriction, cela ne veut pas dire que les hommes aient le droit de dévier de la ligne que le devoir prescrit, cela veut dire que la société, la totalité des individus, n'a pas le droit d'assumer la prérogative d'un juge infaillible et de rien prescrire impérativement à ses membres en matière de spéculation pure. D'une part, tout homme est faillible : nul homme ne peut affirmer qu'il a raison et imposer son jugement à autrui. D'autre part, quand bien même je posséderais un critérium infaillible de la vérité, je n'aurais pas pour cela le droit d'en imposer, par la force, le respect à mes semblables. Car il est de la nature de la vérité de ne pas pouvoir être imposée par une contrainte extérieure, d'être l'objet d'une adhésion libre. Une vérité imposée n'est pas une vérité, c'est une erreur : tel est le principe du libéralisme, récemment découvert, et dont l'application intégrale doit transformer tout le domaine des institutions politiques. Il a été introduit par Adam Smith dans l'économie politique, et tout le monde considère comme démontré théoriquement que le régime libéral est le plus favorable à la prospérité commerciale. Il s'agit de découvrir maintenant l'application politique du principe. Godwin est démocrate et fait dériver la forme et les actes du gouvernement de la volonté librement exprimée du citoyen, par le fait même qu'il respecte chez tous les individus l'exercice du « jugement privé ». Comment une nation doit-elle être gouvernée ? Conformément, ou contrairement à l'opinion des habitants ? Conformément, sans aucun doute. Non que leur opinion soit un critérium de la vérité, mais parce que, si erronée que cette opinion puisse être, nous ne pouvons pas trouver mieux. Il n'y a qu'une manière d'améliorer les institutions d'un peuple, qui est d'éclairer leurs intelligences. Mais ce respect absolu de l'intelligence humaine implique des conséquences politiques plus radicales que ne serait l'établissement d'un régime représentatif et démocratique. Les philosophes du XVIIIe siècle reprochent aux corporations, religieuses ou industrielles, de durer sans contenir un principe de progrès, et de perpétuer dans un temps les préjugés intellectuels, les procédés industriels d'un autre temps, de faire, par suite, obstacle au progrès de l'esprit humain, qui suppose la libre communication des pensées. Or ce qui est vrai de la constitution d'une corporation est également vrai de toute constitution politique, même la plus démocratique. Toute constitution, toute institution politique permanente est mauvaise ; en vertu du principe de la liberté de conscience, du respect du jugement privé, il faut l'abroger. Une société démocratisée, gouvernée par une assemblée nationale unique, celle dont Paine fait la théorie dans ses *Droits de l'Homme*, celle dont la constitution française de 1793 offre une application réelle, ne constitue encore qu'une étape vers le but final où tend le progrès de la société humaine.

Un gouvernement ainsi constitué doit être conçu, en effet, comme muni du pouvoir législatif, du pouvoir de faire des lois. Mais l'objection qui vaut contre la notion d'une institution politique permanente vaut contre la notion de la loi. Par cette objection, Godwin renouvelle la critique instituée par Hume contre la notion de contrat, de fidélité aux promesses. Si j'exprime, en parvenant par exemple à ma majorité, mon assentiment à un système d'opinions, à un code d'institutions pratiques, cette déclaration doit-elle me lier pour toujours ? M'est-il interdit de compléter et de modifier mon appréciation des choses, pour le reste de ma vie, pour l'année, la semaine, l'heure qui suit ? On fonde le respect des contrats sur l'obligation de tenir ses promesses. Mais nos facultés et nos possessions sont les moyens qui nous permettent de rendre des services aux autres hommes, et c'est dans le temps que ces moyens peuvent développer leurs effets utiles : il n'est donc rien, plus que le temps, dont la libre disposition soit sacrée. Or nous diminuons notre liberté dans l'emploi que nous faisons de notre temps, lorsque nous nous astreignons, aujourd'hui, à nous conduire, dans un temps donné, d'une manière déterminée. Celui qui engage ainsi son capital de savoir n'est pas moins imprévoyant que celui qui engage son capital de fortune. Mais ce qui est vrai des contrats est vrai des lois. La loi, efficace dans la mesure où elle définit des délits arbitrairement choisis, et condamne des actes que le principe de l'utilité ne condamne pas, devient d'autant moins nécessaire que ses prescriptions coïncident davantage avec les prescriptions de l'utilité publique : l'observation directe des phénomènes sociaux suffit alors, sans recours à l'étude d'aucune loi positive. La loi est essentiellement indéfinie : il faut qu'elle multiplie les prescriptions pour essayer d'égaler par sa complexité la multiplicité des cas particuliers. Elle est, par suite, incertaine : elle entraîne des procès sans nombre. Enfin et surtout, elle vise à prédire l'avenir, à prédire les actions humaines futures, à édicter des décisions à leur sujet. Le gouvernement qui fait une loi s'érige en maître de sagesse, si sage qu'il considère n'avoir rien à apprendre de l'avenir, ou bien s'engage, si l'avenir lui apporte des leçons nouvelles, à n'en pas tenir compte. La loi est le lit de Procuste des phénomènes sociaux : au mépris de ce grand principe, qu'il n'y a pas dans l'univers deux atomes indiscernables, elle essaie de réduire les actions humaines, composées de mille éléments fuyants, à un petit nombre de types. Les lois, au même titre que les catéchismes, les credo et les promulgations de dogmes, tendent à immobiliser l'esprit humain dans un état de stagnation : principes de permanence dont l'action contrarie cette perfectibilité incessante qui est la santé de l'esprit.

Bref, Godwin critique, comme Hume ou comme Paley, la théorie contractuelle de la moralité ; mais Hume et Paley, après avoir démontré l'impuissance de la théorie contractuelle à fonder les règles morales et les lois politiques, trouvaient, dans la théorie des règles générales, une sorte de substitut, ou d'équivalent, utilitaire, du contrat originel. Or ce que Godwin déteste précisément dans l'idée du contrat, de la promesse, c'est l'élément de permanence ou de généralité. Pendant que la morale de l'utilité fonde, avec Bentham, une philosophie de la loi et de la règle sociale universelle, elle aboutit, chez Godwin, à cette déclaration très différente, que toute loi est mauvaise, parce que toute loi est une règle générale.

Mais, l'Assemblée nationale étant privée du pouvoir de faire des lois, il lui reste l'exercice du pouvoir exécutif, lequel échappe, semble-t-il, aux objections qui valent contre le pouvoir législatif : car les décisions du pouvoir exécutif s'appliquent à des circonstances particulières données, et ne s'énoncent pas, comme les décisions législatives, sous forme de propositions générales qui engagent l'avenir. D'ailleurs, il paraît que le pouvoir exécutif fait partie de l'essence même du gouvernement ; et, si le gouvernement est un mal, n'est-il pas un mal nécessaire ? Dès à présent, existe-t-il des questions de gouvernement plus importantes que les questions de paix et de guerre, ou d'impôt, et le choix de périodes appropriées pour la réunion des assemblées délirantes ? N'est-il pas possible de concevoir qu'avec le progrès de la civilisation, le pouvoir exécutif tende à devenir tout, pendant que le pouvoir législatif se réduira à rien ? Peut-être, si une difficulté nouvelle ne surgissait.

En effet, pour que les décisions du pouvoir soient exécutées, encore faut-il qu'une sanction en garantisse l'exécution, et que la non-exécution du commandement entraîne l'infliction d'une peine : or Godwin critique la notion de peine, de même qu'il a critiqué la notion de loi. Comme Paley, comme Bentham (et comme Blackstone lui-même), il refuse de voir dans la peine un talion rationnel. La peine ne doit pas être infligée, « parce que l'on suppose une certaine aptitude, une certaine propriété dans la nature des choses, qui fasse de la souffrance, sans considération du bénéfice qui en résultera, l'accompagnement convenable du vice » ; punir en se fondant ainsi sur une notion de convenance, en souvenir du passé, non en prévision de l'avenir, c'est être aussi fou que Xerxès fouettant les vagues de la mer. La peine devait être infligée « parce que l'intérêt public l'exige » ; mais cela même est impossible, et par là Godwin, parti du même principe que Paley et Bentham, dépasse les deux philosophes par les conséquences qu'il en tire. D'une part, il est impossible de proportionner les peines aux délits ; car la fixation de la proportion dépend de la connaissance impossible des motifs de l'acte et de la réaction de la peine sur toute la conduite future du délinquant. Mais, d'autre part, et surtout, la nature de la peine est incompatible avec la nature de l'intelligence humaine. Le but de la peine, c'est d'enseigner aux hommes quelles actions ils doivent tenir pour justes, quelles actions ils doivent tenir pour injustes. Mais enseigner, c'est démontrer. Or punir, ce n'est pas démontrer. Donc punir, ce n'est pas enseigner. Le supérieur qui châtie un inférieur ou bien prétend avoir raison, ou bien prétend seulement être le plus fort. S'il pense avoir raison, qu'il le démontre. S'il se fonde, pour punir, sur la supériorité de sa force, alors la peine légale des temps modernes n'est qu'une forme plus hypocrite de l'*ordalie* du moyen âge, où le plus fort, en tant que tel, était réputé avoir raison. On a reconnu déjà, en matière de religion, que le principe de la peine contredisait le principe de la liberté de conscience. Mais c'est par une inexplicable perversion de la raison que les hommes ont mis une différence entre la religion et la moralité, fait de la religion la province sacrée de la conscience, et abandonné sans restriction la moralité à la discrétion du magistrat. Ce qui fait la valeur des opinions religieuses comme de toute opinion théorique, c'est la tendance morale. Il faut étendre à la moralité l'application du principe libéral, qui a déjà été appliqué à la religion. En matière morale comme en matière religieuse, la tendance directe de la contrainte pénale est de rendre notre intelligence et nos craintes, nos obligations et notre faiblesse contradictoires entre elles. Sur la critique de la notion de mérite, Bentham fonde une théorie positive des peines, Godwin une critique, aux conclusions strictement négatives, de la notion de peine.

Si donc le gouvernement ne peut, sans porter atteinte à la liberté de conscience individuelle, user ni du pouvoir législatif ni du pouvoir exécutif, le seul pouvoir qu'il reste libre d'exercer, c'est un pouvoir d'arbitrage. Ses fonctions se réduisent à celle d'un simple jury arbitral, donnant des avis motivés, en cas de besoin urgent, renonçant à décider, se bornant à inviter. Mais, dès lors, pourquoi conserver au gouvernement le caractère d'une institution permanente ? Pourquoi ne pas lui substituer des jurys, élus par les citoyens dans toutes les occasions où se fait sentir le besoin d'un arbitrage entre des intérêts opposés, ne fonctionnant que pour une circonstance donnée, et dissous immédiatement après ? Cela deviendrait possible du jour où de petites communautés se seraient substituées aux grands États avec lesquels un régime libéral est incompatible. Mais enfin, à quoi bon instituer de tels jurys ? Est-ce que le raisonnement d'un homme sage n'a pas le même poids que celui de douze ? Et l'aptitude d'un individu à instruire ses voisins ne sera-t-elle pas de notoriété suffisante, sans la formalité d'une élection régulière ? « Voilà une des étapes les plus mémorables du progrès humain. Avec quel ravissement tout ami éclairé de l'humanité doit-il prévoir cette ère bénie de la dissolution du gouvernement politique, machine grossière qui a été la seule cause perpétuelle des vices de l'humanité, et qui, comme la chose a été mise abondamment en évidence au cours de cet ouvrage, a des maux de toutes sortes incorporés à sa substance, impossibles à supprimer autrement que par son annihilation absolue. »

La fin du progrès de la société politique, c'est donc, selon Godwin, à proprement parler, l'anarchie. Godwin répudie d'ailleurs cette expression ; il demande expressément que l'on distingue entre l'anarchie et ce qu'il appelle « une forme bien conçue de société sans gouvernement », ou encore, par opposition à la théorie, mise à la mode par Burke, du gouvernement complexe, « une forme simple de société sans gouvernement ». Mais c'est que Godwin entend l'anarchie au sens révolutionnaire de suppression violente des formes gouvernementales établies : or la violence, en vertu des principes fondamentaux de sa philosophie, est un moyen d'action toujours condamnable. La seule manière de convertir des hommes, c'est de les convaincre ; la violence, employée au service de la vérité, va contre sa fin, tandis que la vérité, une fois exprimée, est indestructible. « C'est une tentative dangereuse, disait Paine en 1792, pour un gouvernement quelconque de dire à une nation : *Tu ne liras pas*. La pensée, par un moyen ou par un autre, est lâchée dans le monde, et ne peut subir de contrainte, quand bien même la lecture pourrait en subir une ». De fait, si, en 1793, le démocrate Godwin préconise la doctrine de non-résistance, abandonnant l'ancienne thèse favorite du parti démocratique, la doctrine du droit de résistance, c'est ce qui s'explique tout naturellement par l'état des partis politiques en Angleterre. Les républicains ont besoin, dans l'intérêt de leur cause, de désavouer les excès de la Terreur révolutionnaire, afin de se défendre, en Angleterre, contre les excès de la Terreur contre-révolutionnaire. Dans le fameux plaidoyer qu'il prononça, en décembre 1792, comme avocat de Paine, Erskine racontait l'histoire, empruntée à Lucien, de Jupiter et du paysan. Tant que Jupiter raisonna avec le paysan, il fut écouté, mais le paysan ayant émis un doute, Jupiter se détourna et le menaça de son tonnerre. « Je vois maintenant, Jupiter, dit le paysan, que vous avez tort ; vous avez toujours tort quand vous recourez à votre tonnerre. » — « Tel est mon cas, concluait Erskine ; je puis raisonner avec le peuple anglais, je ne puis pas lutter contre le tonnerre de l'autorité. » Ce sont les expressions de l'agitateur et de l'avocat que Godwin semble reprendre, lorsqu'il proclame à tant de reprises l'« omnipotence de la vérité » : « on ne saurait empêcher dix pages qui contiendraient une démonstration absolue du véritable intérêt des hommes en société de changer la face du globe, autrement que par la destruction littérale du papier sur lequel elles étaient écrites ». — Mais, si l'on se borne à entendre, par une « société anarchique », ce que Godwin appelle une « société sans gouvernement », l'expression constitue une dénomination parfaitement justifiée de son système. La philosophie politique de Godwin, qui débute par la critique d'une des formules principales de Thomas Paine, de la formule, selon lui contradictoire, des « droits de l'homme », s'achève par une adhésion complète à l'autre formule de Paine, celle d'une « société sans gouvernement » ; le seul tort de Paine a été de ne pas voir toutes les conséquences qu'entraîne la séparation des deux concepts de « société » et de « gouvernement ».

Le livre de Godwin fit scandale. Pitt avait argué du prix que coûtaient les deux gros volumes in-quarto pour refuser de poursuivre un livre accessible seulement à une élite ; l'influence de Godwin n'en fut pas moins profonde, pendant deux ou trois ans, sur les milieux intellectuels et lettrés. Les poètes révolutionnaires, Wordsworth, Southey, Coleridge, après avoir été les disciples de

Rousseau, deviennent les disciples de Godwin. Les étudiants, à Londres, à Cambridge, s'enthousiasment pour ce qu'on appelle la « philosophie nouvelle » ou « moderne ». Godwin est un romancier fécond en même temps qu'un théoricien politique ; et son roman de *Caleb Williams*, où il s'attache à réfuter la morale chevaleresque de Burke, la morale de l'honneur, a le même succès que sa *Justice politique*. Puis la réaction se fait ; le moment vient où la cause de la Révolution française est désertée, même par ses plus ardents défenseurs. Mais le nombre des attaques qui sont dirigées contre Godwin prouvent encore sa popularité. Les satiriques le ridiculisent en vers, l'auteur des *Pursuits of Literature*, le jeune Canning dans l'*Antijacobin*. Les pasteurs dénoncent en chaire soit son égalitarisme niveleur, soit certaines thèses particulières de son livre qui font scandale, la critique des affections domestiques et de la cohabitation dans le mariage. Charles Lloyd écrit son roman de *Edmund Oliver* tout exprès pour le réfuter. Mackintosh lui-même, réconcilié avec Burke et brouillé avec la Révolution, répudie expressément la philosophie de Godwin dans ses fameuses leçons de droit, données en 1797 à Lincoln's Inn, et déclare que l'homme abstrait selon Godwin est une chimère au même titre qu'une montagne d'or. Mais les idées survivent même à la popularité du système dont, à l'origine, elles faisaient partie. Il est intéressant, et, dès à présent, aisé de marquer la place qu'occupe Godwin dans l'histoire du principe de l'utilité.

D'un côté, il a été le premier, parmi les théoriciens du parti républicain, à séparer l'idée démocratique d'avec l'idée de droit naturel ; c'est ce qui fait la différence de sa doctrine avec les doctrines, confuses encore, de Priestley, de Mackintosh et de Paine. Assurément, il a été précédé, dans sa critique des notions de contrat originel, d'obligation, de droit naturel, par les premiers théoriciens de la morale de l'utilité, par Hume, Adam Smith et Bentham ; mais ceux-là, dupes encore du langage politique courant, ont confondu dans une même réprobation l'idée de démocratie et l'idée de droit naturel. Godwin s'expose donc, de la part des pasteurs, aux mêmes reproches que jadis Hume. « Ce n'est pas, écrit l'un d'eux, dans la préface d'un sermon où il dénonce la morale de Godwin, au système de Mr. Godwin seulement, c'est au principe d'où ce système est déduit, et qui peut être défini brièvement *la réduction de la moralité à l'utilité*, que j'ai réellement à faire dans les pages qui suivent », principe qu'il déplore de voir adopté à la fois par les défenseurs les plus sincères du christianisme, Law, Brown, et Paley, et par les athées les plus manifestes, à commencer par Hume et Helvétius. Mais Hume, au temps où les presbytériens le persécutaient, était un tory ; Godwin est un républicain, ennemi de tous les gouvernements. Son ouvrage fait à la fois des utilitaires et des démocrates. Tel Francis Place, alors simple ouvrier, bientôt maître tailleur, membre actif des associations politiques de l'époque, qui deviendra plus tard un des plus zélés et des plus intimes disciples de Bentham, mais qui, longtemps avant de connaître Bentham, s'est déjà trouvé converti à une sorte de radicalisme utilitaire par la méditation du livre de Godwin ; c'est Godwin, si nous l'en croyons, qui lui apprit à douter « des droits abstraits ». — On pourrait encore noter bien des traits de ressemblance entre la doctrine de Godwin et la future doctrine utilitaire. Mais ni la critique des affections domestiques et des sentiments irréfléchis, de toutes les tendances morales qui ne sont pas soumises à un calcul exact et impartial de toutes les conséquences possibles, ni le féminisme, dont la femme de Godwin, Mary Wollstonecraft, donne le premier exposé systématique dans sa *Défense des droits de la femme*, ne peuvent être considérés comme ayant été plus tard empruntés à Godwin par les utilitaires : il convient de ne pas oublier que Godwin et Bentham ont subi indépendamment l'influence commune d'Helvétius. Le vrai rôle de Godwin, dans l'histoire de la formation du radicalisme philosophique, c'est d'avoir opéré la fusion de l'idée utilitaire avec l'idée démocratique.

D'un autre côté, bien des doctrines, propres à Godwin, sont incompatibles avec l'esprit de la philosophie de Bentham. Bentham réclame des lois écrites et codifiées, et compte que le principe de l'utilité va permettre de fonder une théorie scientifique des lois civiles et pénales. Godwin travaille à hâter la formation d'une société sans gouvernement, sans lois ni civiles ni pénales. Or, la différence des deux systèmes tient non pas à des interprétations différentes du principe de l'utilité qui serait commun à l'un et à l'autre ; elle tient à ce que Godwin n'est pas un pur utilitaire : car ce n'est pas sur le principe de l'utilité qu'il fonde sa critique des idées de loi et de peine. L'homme n'est pas essentiellement pour lui un être sensible, capable de plaisir et de peine ; il est essentiellement un être « rationnel » ou « intelligent ». Les hommes qui vivent en société sont, à ses yeux, par définition, des êtres qui échangent non des produits, mais des idées. Godwin s'est-il aperçu que ce principe rationaliste constituait un principe distinct du principe utilitaire ? Peut-être pas. Il considère son libéralisme politique absolu comme une simple extension du libéralisme économique d'Adam Smith ; mais, si Adam Smith préconise le libéralisme, c'est parce que, en raison même de l'égoïsme naturel aux individus humains, les intérêts sont naturellement identiques ; tandis que si Godwin le préconise en matière politique, c'est parce que, en raison de la nature de l'intelligence, la vérité ne se laisse pas imposer par la contrainte, et ne peut se propager que librement. Par opposition au système politique de Burke, fondé sur l'imposture politique et le préjugé, Godwin oppose un système moral et politique fondé sur la sincérité absolue ; et, sur sa liste des vertus, la sincérité prend la première place. Par où se manifeste l'opposition du principe rationaliste et du principe utilitaire. Dans les cas où le mensonge est utile, pourquoi ne pas mentir, à moins de tenir la vérité pour sacrée ? Mais, si l'on tient la vérité pour sacrée, la distance est-elle bien grande, de ce principe intellectualiste qui fonde chez Godwin la liberté de conscience au principe spiritualiste des droits de l'homme ? de l'obligation de respecter l'intelligence individuelle à l'obligation de respecter la conscience personnelle ? Godwin ne le reconnaît-il pas implicitement, lorsqu'il réintroduit, dans la deuxième édition de son livre, l'expression de droit, bannie de la première ? Sans doute il persiste à condamner la notion de droit, entendue au sens de pouvoir discrétionnaire, oppose aux droits positifs les droits négatifs, rejette ceux-là et retient ceux-ci seulement, le droit à l'assistance, ou au respect, de son prochain. La concession n'en semble pas moins, à juste titre, caractéristique. Les disciples de Bentham appartiennent trop, par leur inspiration commune, au XVIIIe siècle, pour que l'idée d'émancipation intellectuelle soit absente de leur doctrine ; mais ce n'est pas l'idée fondamentale de leur doctrine, puisque leur thèse fondamentale, c'est la thèse de la mécanique des passions égoïstes. L'idée d'émancipation intellectuelle semble, au contraire, et peut-être à l'insu de Godwin, constituer l'idée fondamentale de son système. Par où il se rapproche, non plus de Bentham ou d'Helvétius, mais des ultra-protestants de la révolution d'Amérique et des auteurs de la « Déclaration de 1789 ».

Chapitre II : Le problème économique

« Quand les riches, écrivait Thomas Paine, dépouillent les pauvres de leurs droits, c'est, pour les pauvres, une leçon qui leur enseigne à dépouiller les riches de leur propriété » : il suffirait donc aux riches, semble-t-il, d'accorder, à tous les citoyens, l'égalité des droits politiques, pour obtenir, par là même, le respect du droit de propriété. Au contraire, l'égalitarisme de Godwin conteste tous les droits, définis comme des pouvoirs d'user et d'abuser, et, par conséquent, entre tous, le droit de propriété. « Le républicanisme n'est pas un remède qui frappe à la racine du mal. L'injustice, l'oppression et la misère peuvent trouver un asile dans ces séjours de prospérité apparente. Mais qui est-ce qui arrêtera le progrès de l'ardeur et de l'amélioration sociales, dans les pays où le monopole de la propriété sera inconnu ? » On ne doit donc pas, selon Godwin, espérer qu'on a résolu, par la suppression des inégalités politiques, le problème social tout entier, car le problème de la misère subsiste. Il se pose non seulement pour le théoricien pur, comme Godwin, mais pour l'observateur des faits contemporains. C'est le moment où, en raison de la guerre elle-même, qui absorbe toute l'énergie des peuples européens et livre à l'Angleterre le monopole du commerce universel, l'Angleterre offre le spectacle, caractéristique de la nouvelle ère industrielle, d'un progrès, en quelque sorte parallèle, de la richesse et de la misère. Pour supprimer la misère, suffit-il de régler la production, de mieux distribuer les richesses ? En fait, la philosophie de l'utilité, sous la forme que lui donne Godwin, vient aboutir au communisme. Ou bien faut-il réprimer l'accroissement excessif de la population ? En 1801, dans un opuscule où il défend son ouvrage contre les critiques multiples qui l'ont accueilli, Godwin fait, parmi ses adversaires, une place à part, pour son impartialité et pour la découverte d'un principe nouveau d'économie politique, dont il admet la vérité, à l'auteur anonyme d'un *Essai sur la population*, où ses vues ont été discutées : il s'agit de Malthus, qui se fonde, comme Godwin, sur le principe de l'utilité.

Ainsi s'enchaîne, avec la polémique soulevée par la théorie des droits de l'homme, la polémique relative au *principe de popula-tion*. Le livre de Malthus est un livre antijacobin, expressément écrit pour réfuter l'utopie égalitaire ; il va cependant être considéré par les radicaux comme le complément nécessaire du livre d'Adam Smith, comme l'achèvement de la nouvelle science économique. Le système de Ricardo, qui est une pièce essentielle de l'utilitarisme intégral, dérive au moins autant de Malthus que d'Adam Smith. Pour l'intelligence complète de la doctrine utilitaire, nous devons comprendre comment cet élément nouveau est venu s'y agréger.

I. Le droit à l'assistance. William Godwin.

Bentham, qui s'inspire de Hume, fonde le droit de propriété sur ce qu'il appelle le principe de la sûreté. Puisque chacun s'attend natu-rellement à conserver ce qu'il a, il est utile que le sentiment naturel de l'attente ne soit pas lésé par le législateur : le respect des droits acquis résume, dans la doctrine de l'utilité, la théorie du droit de propriété. Cependant, pour qui adopte le principe de l'utilité, celui des buts de la loi civile qui passe logiquement avant les autres, ce n'est pas la sûreté, c'est la subsistance. Dès lors, pourquoi ne pas dire, dans la mesure où la doctrine de l'utilité donne un sens à l'expression de droit, que tout homme a droit à l'existence, droit à la subsistance ? Si, d'ailleurs, on objecte que les besoins réels sont indéterminables, et si l'on exige que chaque homme fournisse, par la quantité de travail qu'il sera disposé à donner, la preuve *objective* des besoins dont la satisfaction est nécessaire pour sa subsistance, le droit à la subsistance prend une forme toute différente et devient le droit au travail. Or, le droit à la subsistance et le droit au travail sont inscrits, l'un et l'autre, dans la loi anglaise à la fin du XVIIIe siècle.

Il existe en Angleterre, depuis le règne d'Elisabeth, une sorte de socialisme d'État qui reconnaît au magistrat le droit de fixer le taux des salaires, définit par des dispositions légales les conditions de l'apprentissage, accorde enfin aux indigents, soigneusement distin-gués d'avec les vagabonds, la protection de la société. Dans la plu-part des pays de l'Europe continentale, la charité est abandonnée à la discrétion des individus, et le clergé, sorte d'État dans l'État, dis-pense, ou est supposé dispenser l'État d'assumer les charges de l'assistance publique. En Angleterre, tout au contraire, la loi reconnaît depuis le temps où l'avènement du protestantisme a entraîné la disparition des couvents, que les indigents, les infirmes, les ouvriers en chômage, les travailleurs que leur salaire ne met pas à l'abri du besoin, ont droit à un secours offert par la nation. La législation s'est fixée sur ce point en 1562, en 1572, en 1601. Chaque ville, chaque paroisse a dû prélever, sur un certain nombre d'habitants dont la liste était officiellement dressée, un impôt des pauvres. De même, une liste officielle des pauvres à secourir dut être dressée et des « surintendants » (*overseers*) nommés pour diriger leur travail. C'était la reconnaissance, pour tous les indigents considérés comme incapables de travailler dans les conditions normales, du droit à l'assistance par le travail, offert par la ville ou la paroisse dans des conditions légalement spécifiées.

Mais la loi est destinée à se relâcher constamment : la liste des personnes secourues s'étend sans cesse, les conditions où le secours est accordé se font sans cesse plus faciles. Des protestations s'élèvent, dès le milieu du XVIIe siècle, contre le système du secours à domicile, ou *out-door relief*. L'expédient des maisons de travail, des *workhouses*, est imaginé. Il reçoit, en 1722, la consécration de la loi : les *churchwardens* et les *overseers* sont autorisés, avec le consentement des paroissiens, à établir une maison de travail dans chaque paroisse, autorisés en même temps à refuser l'assistance à tous ceux qui ne l'ont pas acceptée dans la maison de travail et ne se sont pas soumis aux règles de l'établissement. C'est-à-dire que de nouveau la formule plus stricte du droit au travail se substitue à la formule plus relâchée du droit à l'existence ; et le système des *workhouses*, affermés à des entrepreneurs, réussit, non pas en ce sens qu'il fonde des industries prospères, mais en ce sens qu'il diminue les charges de la loi des pauvres.

Puis une nouvelle période de relâchement de la loi commence avec la loi de Gilbert, qui, en 1782, autorise plusieurs paroisses à se grouper pour l'entretien des pauvres, rendant le contrôle financier des fonds de l'assistance publique moins direct, et modifie, dans les paroisses où la loi est appliquée, le système des maisons de travail affermées : l'administration de la loi des pauvres prend l'aspect d'une bureaucratie dispendieuse. D'ailleurs, au moment où Howard visite les prisons et en dénonce les scandales, le mauvais

état sanitaire des *workhouses* attire l'attention : d'où la faveur croissante accordée au secours à domicile, c'est-à-dire sans exigence
d'un travail à fournir en retour. Une loi de 1795 donne pouvoir
aux *overseers* avec approbation soit des paroissiens réunis dans le
conseil de *vestry*, soit d'un juge de paix, de secourir les « pauvres
laborieux » à domicile, dans certaines circonstances de maladie ou
de misère temporaire ; la loi donne, d'ailleurs, aux juges de paix
pouvoir discrétionnaire, avec invitation d'en user avec justice et
mesure (*a just and proper discretion*), d'accorder des secours pour
une durée n'excédant pas un mois, sur demande écrite et motivée.
La même année, un nouveau pas est accompli. La société ne se
borne plus à accorder, en cas de misère extrême, aux indigents re-
connus, le minimum nécessaire à leur subsistance, elle considère
qu'il y a un salaire normal et que, lorsque le salaire réel n'atteint
pas le salaire normal, elle a le devoir de fournir la différence. C'est
à quoi revient la disposition prise en 1795, année de disette, par
certains magistrats du Berkshire, décidant qu'à l'avenir des presta-
tions devront être faites pour le soulagement des ouvriers pauvres
et de leurs familles, et fixant une échelle de secours, proportionnée
au prix du blé et au nombre des enfants. Peu s'en faut que la disposition ne devienne loi : le projet de loi, déposé par Pitt en 1797,
qui généralise les deux systèmes du secours à domicile et du salaire
complémentaire, peut être considéré comme le dernier terme de
cette évolution.

 Le projet de loi déclare que, si un indigent résidant dans une paroisse s'est engagé, avec le consentement préalable de la personne
ou des personnes désignées pour l'administration de la loi des
pauvres dans la paroisse, à travailler contre un salaire insuffisant
pour lui permetre de vivre, seul ou avec sa famille, il sera permis
aux fonctionnaires des pauvres, avec l'approbation d'un ou plusieurs juges de paix du district, de compléter le salaire de l'ouvrier,
sans imposer à l'ouvrier assisté l'obligation d'un travail, sur les
fonds levés en vue de l'assistance publique. Le projet de loi accorde
des secours, dans les mêmes conditions, au père de famille ayant
plus de deux enfants âgés de moins de cinq ans, à la veuve ayant
plus d'un enfant âgé de moins de cinq ans, enfin permet, dans le
cas où un indigent posséderait de la terre, ou bien aurait droit à
la jouissance d'une portion suffisante de biens communaux pour

entretenir une vache ou un autre animal produisant un profit, qu'il lui soit avancé une somme suffisante pour l'achat d'une vache ou d'un autre animal. C'est le « système de la vache », *cow-system*, auquel Arthur Young, trois ans plus tard, se ralliera, demandant qu'il soit garanti à tout travailleur agricole père de trois enfants un demi-arpent pour planter des pommes de terre et assez d'herbe pour nourrir une ou deux vaches. Bref, au moment où la fixation légale du taux des salaires tombe en désuétude, elle reparaît, par un détour, dans la loi des pauvres. Ce n'est plus seulement au pauvre sans travail que la loi vient en assistance, c'est à l'*industrious poor*, au *labouring poor*, à l'ouvrier qui travaille, mais que le salaire de son travail ne suffit pas à faire vivre. Ce n'est plus le droit au travail, c'est le droit direct à la subsistance qui est consacré par la loi.

Il est naturel que les démocrates se rallient à la thèse du droit à la subsistance. Ni Paine, ni Godwin n'éludent le problème ; ni l'un ni l'autre ne se considère comme dispensé d'avoir à résoudre le problème économique, après avoir résolu le problème politique.

Paine, dans ses *Droits de l'homme*, fait le calcul des hommes qui, en Angleterre, après cinquante ans révolus, « peuvent trouver nécessaire ou agréable d'être mieux assistés qu'ils ne s'assistent eux-mêmes, et cela comme une affaire non de grâce et de faveur, mais de droit », et essaie de déterminer cette assistance, qui est, il le dit et le répète, « non pas une aumône, mais un droit ». Il va plus loin dans son ouvrage de 1796, intitulé *Justice agraire, opposée à la loi agraire et au monopole agraire*, réponse à un sermon dans lequel Watson, évêque de Llandaff, avait célébré « la sagesse et la bonté de Dieu lorsqu'il fit les riches et les pauvres ». Mais Paine nie que la distinction des riches et des pauvres soit d'origine naturelle ou divine. La pauvreté est une création de ce qu'on appelle la vie civilisée, elle n'existe pas à l'état naturel ; et comme, d'autre part, l'état de nature est privé de ces avantages qui dérivent de l'agriculture, des arts, des sciences et des manufactures, le but à poursuivre est d'éviter le premier inconvénient en retenant le second avantage. Si la propriété foncière a commencé du jour où le travail a été incorporé au sol, il est néanmoins vrai que c'est la valeur de l'amélioration sociale, et non la terre elle-même, qui est propriété individuelle : c'est pourquoi tout propriétaire du sol cultivé doit à la collectivité une rente foncière (*ground-rent*). Toute accumulation de propriété personnelle au-delà de ce que produisent les mains propres de l'individu lui vient du fait qu'il vit en société ; il doit donc, en vertu de tous les principes de justice, de gratitude et de civilisation, la restitution d'une partie de cette accumulation à la société d'où le tout est venu. Bien plus, on observera que l'accumulation de propriété personnelle est, dans bien des cas, l'effet de ce que le travail qui l'a produite est trop peu rémunéré. « Il est peut-être impossible, ajoute Paine, de proportionner exactement le prix du travail aux profits qu'il produit ; et on dira aussi, en manière d'excuse pour l'injustice, que, si un ouvrier devait recevoir un accroissement quotidien de salaires, il ne le garderait pas pour se défendre contre la vieillesse, et n'en tirerait pas grand avantage dans l'intervalle. Faites donc de la société le trésorier, pour le lui conserver dans un fonds commun ; car ce n'est pas une raison, parce qu'il n'en pourrait pas faire un meilleur usage pour lui-même, pour qu'un autre le lui prenne ». Paine propose, en conséquence, par un impôt proportionnel sur les successions, la constitution d'un fonds national permettant de payer, non pas seulement une pension de dix livres par an à toute personne ayant dépassé la cinquantaine, mais encore une somme de quinze livres à toute personne atteignant l'âge de vingt et un ans. Les individus ainsi assistés « pourraient acheter une vache, et des instruments pour cultiver quelques arpents de sol, et, au lieu de devenir des charges pour la société, comme c'est toujours le cas, là où les enfants sont produits plus vite qu'ils ne peuvent être nourris, seraient mis en mesure de devenir des citoyens utiles et profitables ». Déjà, conclut Paine, se répand la conviction que la théorie du gouvernement représentatif est la vraie ; mais la révolution de France aura un avocat et un allié dans le cœur de tous les hommes, quand un système social, issu de ce système politique, sera organisé dans des conditions telles que tous les hommes et toutes les femmes hériteront du capital nécessaire pour commencer à gagner leur vie, et seront d'autre part assurés d'échapper aux misères qui, sous les autres gouvernements, accompagnent la vieillesse.

Or, trois années plus tôt, Godwin, dont Paine s'inspire, avait, dans sa *Justice politique*, conçu le même espoir, de voir s'achever la révolution politique par une révolution sociale. A la différence de Paine, il n'avait suggéré aucun expédient pratique, propre à réaliser l'idée ; en revanche, il avait soumis l'idée de propriété individuelle à une critique plus rigoureuse, fondée non sur l'idée de droit abstrait, mais sur le principe de l'utilité. — Singulière vicissitude dans l'histoire de la doctrine que nous étudions. Du principe de l'identité naturelle des intérêts, on peut conclure que les inégalités économiques sont justifiées, et que les intérêts des riches et des pauvres sont identiques. Du même principe, Godwin, qui se pose cependant en disciple d'Adam Smith, tire des conséquences inattendues, et aboutit à un système de communisme égalitaire.

La théorie de la propriété, qui remplit le huitième livre de l'*Enquête*, ne subit pas de modification de principe, entre la première et la seconde édition ; elle est cependant beaucoup moins développée dans la première édition où Godwin essaie de supprimer complètement, dans le langage de la philosophie politique, l'expression de *droit*, que dans la seconde, où Godwin admet l'existence, sinon des *droits positifs*, qui sont les droits absolus à l'usage ou à l'abus des choses, au moins des *droits négatifs*, qui sont seulement les réciproques d'autant d'obligations. « Nous n'avons en réalité rien qui soit à parler strictement nôtre. Nous n'avons rien qui n'ait pas une destination prescrite par la voix immuable de la raison et de la justice. » Mais, d'autre part, si c'est une obligation pour chacun d'assister son prochain, chacun a donc inversement « droit à l'assistance de son prochain ». D'où un renversement absolu de la notion vulgaire de propriété. Dans le problème général de la propriété, Godwin distingue deux problèmes spéciaux, qui demandent à être résolus l'un après l'autre. D'abord, quelle est la personne désignée pour l'usage d'un objet particulier ? En second lieu, quelle est la personne aux mains de qui il est plus juste et plus utile que soient confiées la conservation et la distribution d'une quantité quelconque de ces articles ? Ce second problème constitue le problème de la propriété au sens strict.

Au premier problème, le principe de l'utilité ne saurait donner qu'une réponse. Il me commande d'agir constamment de la manière qui sera le plus profitable à l'ensemble de la société : donc chaque membre de cette société a le droit d'exiger que j'agisse de la manière qui lui sera le plus utile, en tenant compte de tous les intérêts engagés sans exception, du sien, du mien propre, et de ceux des autres membres de la société. Plus précisément, « tout homme a droit à cela qui, la possession exclusive lui en étant une fois accordée, lui procurera une plus grande somme d'avantage ou de plaisir, que si l'affectation en avait été faite de toute autre manière ».

Mais, entre le moment où, par l'application du travail humain, un objet a été rendu apte à être consommé, et le moment de la consommation, il s'écoule un intervalle, et, pendant cet intervalle, il est nécessaire que l'objet ne soit pas abandonné au hasard, mais qu'il en soit pris quelque soin pour le conserver jusqu'au moment de la consommation. Qui doit être, pendant cet intervalle, l'entrepositaire (*factor or ware-houseman*) chargé de veiller à la conservation et à la distribution de l'objet ? C'est le problème de la propriété. Car je n'appelle pas l'homme qui s'assied accidentellement à ma table le propriétaire de ce qu'il y mange : « la propriété implique quelque permanence de possession extérieure, et comprend en soi l'idée d'un compétiteur possible ». Or il faut distinguer, dans la propriété, trois degrés.

Le premier degré, ou la première forme de la propriété, se déduit directement du principe de l'utilité : c'est « mon droit permanent aux choses d'où, l'usage m'en étant attribué, une somme plus grande d'avantage ou de plaisir résultera, que s'ils avaient été appropriés autrement ». Le droit de propriété ainsi entendu peut s'énoncer par l'adage : « A chacun selon ses besoins ».

Le deuxième degré, c'est « l'empire accordé à chaque homme sur le produit de son industrie, même sur cette partie du produit qui ne devrait pas lui être appropriée » : à chacun selon son travail. Un pareil droit doit être entendu comme un droit négatif, une forme particulière du droit de liberté individuelle : il résulte de l'obligation où sont les autres de ne jamais m'imposer, par voie de contrainte, une certaine disposition déterminée des produits de mon industrie. Il ne peut pas être considéré comme un droit positif : je n'ai pas le droit de disposer à ma fantaisie du produit de mon travail. Cette seconde espèce de propriété est donc moins fondamentale que la première. Elle constitue une sorte d'usurpation. Elle m'investit du soin de veiller à la conservation et à la distribution de ce qui, en droit complet et absolu, appartient non pas à moi, mais bien à un autre que moi.

Enfin le troisième degré de la propriété, c'est « un système, établi d'une manière quelconque, par lequel un homme obtient la faculté de disposer du produit de l'industrie d'un autre homme ». C'est le système établi dans tous les pays civilisés, le système de la propriété héréditaire. Nous disons que nos ascendants nous lèguent notre propriété : c'est une imposture grossière. « La propriété est produite par le travail quotidien des hommes qui sont maintenant en existence. Tout ce que leurs ancêtres leur ont légué, c'est un parchemin moisi (*a mouldy patent*), qu'ils montrent comme un titre pour extorquer de leurs voisins ce que le travail de ces voisins a produit ». Cette troisième espèce de propriété est en contradiction directe avec la seconde.

Telle est la doctrine. Elle établit une double distinction : d'une part, entre le degré de propriété où il est attribué à chacun selon ses besoins, conformément au principe de l'utilité, et celui où il est accordé à chacun selon son travail, sans considération des besoins ; — d'autre part, entre le degré de propriété où il est attribué à chacun selon son travail, et celui où chacun dispose du produit du travail d'autrui. Or cette double distinction est conforme aux principes traditionnels de la philosophie de l'utilité.

La première distinction se rencontrait déjà chez Locke ; et Godwin fonde, comme Locke, le droit de propriété sur la considération directe de l'utilité. Mais il est plus logique que Locke, puisque celui-ci, à peine après avoir fondé la propriété sur l'utilité, la fondait sur le travail, en partant de cette considération que le travail règle la valeur des choses dans l'échange, et en admettant implicitement ce postulat, que la nature est juste.

Quant à la seconde distinction, elle se rencontre chez Adam Smith, qui traite la question à un point de vue strictement théorique, mais ne peut faire autrement que d'y introduire constamment des notions de justice. Il s'attache à montrer comment s'est effectué le passage entre l'état social primitif où la propriété se fonde sur le travail, et la constitution actuelle de la propriété ; et Godwin peut-être s'est inspiré non pas seulement de la pensée mais des expressions mêmes d'Adam Smith. « Le prix réel de toute chose, disait Adam Smith, ce que toute chose coûte réellement à l'homme qui veut l'acquérir, c'est le travail et la peine nécessaires pour l'acquérir ». Il disait encore que « le travail fut le premier prix, la monnaie originelle qui fut payée contre toutes choses », — et que, dans cet état de choses primitif, antérieur à l'accumulation du capital et à l'occupation du sol, « *le produit total du travail appartient au travailleur* ». Mais, « aussitôt que le capital s'est accumulé entre les mains de personnes déterminées, quelques-unes l'emploieront naturellement à *mettre au travail des hommes industrieux*, qu'elles fourniront de matériaux et de subsistances, en vue de tirer un profit de la vente de leur travail ajouté à la valeur des matériaux ». Profit qui ne doit pas être confondu avec un salaire particulier, le salaire du travail d'inspection et de direction. Les profits « *sont absolument différents, sont réglés par des principes tout à fait différents, et ne sont pas proportionnés à la quantité, la difficulté, ou l'ingéniosité de ce prétendu travail* d'inspection et de direction ». Et de même, « aussitôt que le sol d'un pays est devenu tout entier propriété privée, *les propriétaires*, comme tous les autres hommes, *aiment à récolter là où ils n'ont jamais semé*, et exigent une rente en échange même du produit naturel du sol ». Le système social existant est donc bien, pour Adam Smith comme pour Godwin, « un système par lequel un homme obtient la faculté de disposer du produit du travail d'un autre ». De même encore, lorsque Godwin condamne le langage imposteur, selon lequel la « propriété », la « richesse », sont des choses que les riches possèdent et se transmettent de père en fils, ne veut admettre dans le monde d'autre richesse que le travail de l'homme, et ne voit, dans ce qu'on appelle à tort richesse, qu'« un pouvoir confié par les institutions sociales à certains individus déterminés pour contraindre les autres à travailler à leur avantage », il ne fait que reprendre, leur donnant seulement une forme en quelque sorte plus dramatique, des propositions d'Adam Smith. Richesse, c'est pouvoir. Non pas le pouvoir politique, civil ou militaire, quoiqu'elle puisse accidentellement servir à l'acquérir. « Le pouvoir que cette possession confère immédiatement et directement, c'est le pouvoir d'acheter ; une certaine faculté de commander à tout le produit du travail qui est alors sur le marché. La fortune est plus ou moins grande, dans la mesure précise de ce pouvoir, ou de la quantité soit du travail d'autres hommes, soit, ce qui revient au même, du produit du travail d'autres hommes, qu'elle lui permet d'acheter ou de commander. » Ainsi s'exprimait Adam Smith. Maintenant Godwin ne s'exprime pas autrement.

Mais alors comment les mêmes idées exprimées presque dans les mêmes termes peuvent-elles chez des auteurs différents, aboutir à des conséquences aussi différentes. Il est curieux de comprendre la nature de la crise logique que subit, vingt ans après la publication du livre classique d'Adam Smith, vingt ans avant l'apparition du livre également classique de Ricardo, le principe de l'identification naturelle des intérêts. Le problème peut, semble-t-il, se résoudre comme il suit. Godwin retient d'Adam Smith ce qu'on peut appeler son naturalisme, — la distinction opérée entre le naturel et l'artificiel, jointe à la conviction que la nature est juste, que l'artificiel s'oppose tout à la fois à la nature et à la justice. Mais Godwin place ailleurs qu'Adam Smith la ligne de démarcation, si difficile à établir, entre le nature et l'artificiel.

Sans doute Adam Smith associe étroitement les deux idées de propriété individuelle et de gouvernement civil, et affirme l'union des deux idées en un langage qui serait susceptible d'une interprétation presque révolutionnaire. « Partout où il y a grande propriété, il y a grande inégalité. Pour un homme très riche, il faut au moins cinq cents pauvres, et l'opulence du petit nombre suppose l'indigence du grand nombre. L'opulence des riches excite l'indignation des pauvres, qui souvent sont à la fois entraînés par le besoin, et poussés par l'envie, à envahir ses domaines. C'est seulement grâce à la protection du magistrat civil que le possesseur de cette propriété de valeur, qui est acquise par le travail de beaucoup d'années, ou peut-être de beaucoup de générations successives, peut dormir une seule nuit en sûreté. L'acquisition d'une propriété considérable et étendue requiert donc nécessairement l'établissement d'un gouvernement civil. Là où il n'y a pas de propriété, ou du moins pas de propriété qui excède la valeur de deux ou trois jours de travail, le gouvernement civil n'est pas nécessaire ». Mais, pour Adam Smith, si le gouvernement civil est nécessaire pour protéger l'inégalité des richesses, le gouvernement n'en est pas l'origine, et par suite l'inégalité dans la distribution des richesses est un phénomène naturel, inséparable de la production même des richesses. Godwin voit, au contraire, dans le capitalisme et la propriété foncière, des effets de l'héritage, c'est-à-dire d'une institution positive, d'un artifice gouvernemental. « L'idée de propriété, ou d'empire permanent, sur ces choses qui doivent être appliquées à notre usage personnel, et encore plus sur le produit de notre industrie, suggère inévitablement l'idée de quelque espèce de loi ou de pratique par laquelle elle est garantie. Sans cette loi, la propriété ne pourrait exister ». « La propriété, sous toutes les formes qu'elle peut prendre, est maintenue par l'intervention directe d'une institution ». Il faut donc tendre vers l'état de choses primitif, non seulement tel qu'il est défini par Adam Smith — différence nouvelle — , où chacun reçoit selon son travail, mais où chacun reçoit selon ses besoins, conformément au principe de l'utilité. A cette théorie égalitaire, on objecte que les mérites des individus sont différents et doivent recevoir des récompenses différentes. Mais de quelles récompenses veut-on parler ? Ira-t-on dire aux individus : « Si vous vous montrez méritant, vous recevrez cent fois plus de nourriture que vous n'en pouvez consommer, cent fois plus de vêtements que vous n'en pouvez porter » ? C'est donc toujours la même conception du droit, entendu comme le pouvoir d'user et d'abuser, qui implique, au mépris de l'intérêt général, le pouvoir, pour l'avare, d'accumuler sans but les biens qui auraient pu être distribués de manière à procurer le bien-être de milliers d'individus, et pour le prodigue, de gaspiller ses richesses sans considérer s'il leur donne ou non une direction utile. Mais c'est sur la notion d'utilité, non sur la notion de mérite, que se fonde la notion de justice. D'ailleurs, que l'avare fasse un mauvais emploi de sa fortune, la chose est couramment admise ; mais l'opinion publique est, en somme, favorable à l'homme riche et généreux, qui dépense sans compter, *who lives up to his fortune* ; il est, en réalité, aussi populaire que l'avare est impopulaire. Or, la thèse de Godwin est que l'homme riche, en tant que riche, ne peut pas être socialement utile : la distinction des riches et des pauvres est une distinction artificielle, qui détruit l'identité naturelle des intérêts. Godwin finit, en tirant toutes les conséquences logiques de cette thèse, par développer ce paradoxe que l'avare est, dans l'emploi qu'il fait de sa fortune, plus près de la vérité morale que le prodigue. Le luxe ne se sépare pas de l'inégalité des fortunes ; une civilisation fondée sur le luxe ne peut donc être justifiée qu'à titre de transition nécessaire entre un égalitarisme barbare et un égalitarisme civilisé ; il faut travailler à séparer les deux notions de luxe et de civilisation, et faire la critique de la société actuelle, fondée sur le luxe.

Le luxe n'est pas utile, en premier lieu, au riche lui-même, qui en jouit, ou passe pour en jouir. Godwin distingue quatre classes de biens : « la subsistance, les instruments du progrès intellectuel et moral, les plaisirs dont la satisfaction ne coûte rien, les plaisirs dont la satisfaction n'est en aucune manière essentielle à une existence saine et vigoureuse, et ne peut être achetée qu'au prix de beaucoup de travail et d'industrie ». Cette dernière classe, qui comprend les plaisirs du luxe, est celle qui met le plus d'obstacles à une distribution équitable des richesses : comparez, quant à leur quantité respective, les objets qui procurent les trois premiers genres de satisfaction avec ceux qui procurent le quatrième, ils sont en quantité infime. On peut estimer qu'un vingtième seulement des habitants de l'Angleterre est occupé aux travaux de l'agriculture. De plus, la nature de l'agriculture est telle, qu'elle absorbe tout le temps du travailleur pendant certaines parties de l'année, et laisse les autres parties de l'année relativement libres : nous pouvons considérer les dernières comme équivalentes à un travail qui, dirigé par une habileté suffisante, pourrait suffire, dans un état social simple, à fabriquer les outils, à tisser les vêtements, à occuper les bouchers et les boulangers. Par suite, selon Godwin, il ne semble en aucune façon absurde d'admettre que le travail d'un homme sur vingt, dans la société, suffirait à fournir au reste toutes les choses absolument nécessaires à la vie. « Ce travail, partagé à l'amiable entre tous, au lieu d'être accompli par un aussi petit nombre, occuperait le vingtième du temps de tous les hommes. Admettons que l'industrie d'un travailleur occupe dix heures par jour, ce qui, déduction faite des heures de repos, de récréation et de repas, semble être compté largement. Il suit qu'une demi-heure par jour, appliquée au travail manuel par tous les membres de la société, suffirait à fournir à l'ensemble les choses nécessaires ». Si tant d'hommes travaillent dix heures par jour, c'est parce que, en raison de l'inégale distribution des fortunes, la grande masse de l'humanité travaille en vue de fournir à la minorité les jouissances du quatrième genre. Plaisirs vains, dont l'inanité peut être démontrée : plaisirs dont toute l'essence consiste dans l'amour de la renommée et de la distinction sociales. Mais c'est là une passion qu'on pourrait, sans la détruire, diriger et détourner en un sens utile. Du moins l'avare comprend la vanité des biens pour lesquels le prodigue dépense tant d'argent, et quelquefois croit naïvement servir par là l'intérêt social.

Le luxe, inutile au riche lui-même qui en jouit, est-il du moins utile au travailleur, à qui la nécessité de satisfaire les besoins du riche donne de l'ouvrage ? jusqu'ici, les critiques que William Godwin dirige contre le luxe ne diffèrent pas sensiblement des déclamations courantes chez les moralistes de tous les temps, chez Épicure comme chez Rousseau. Mais voici que les observations de Godwin prennent plus d'intérêt, marquent un progrès accompli sur les théories économiques d'Adam Smith, et mettent en lumière, nettement, dans la société actuelle, une désharmonie d'intérêts, qu'Adam Smith avait aperçue d'une manière confuse seulement. Étant donné une société dans laquelle la fortune est inégalement distribuée, les indigents ne trouvent à vivre que dans la mesure où les riches leur offrent un salaire contre un travail ; donc il semble que, plus les riches s'ingénieront à découvrir de nouveaux moyens de dépenser leur fortune, à inventer de nouvelles superfluités, et plus les pauvres en bénéficieront. Mais c'est une illusion. « Tous les raffinements du luxe, toutes les inventions qui tendent à donner de l'emploi à un grand nombre de mains laborieuses, sont directement opposés à la propagation du bonheur. Car tout nouvel objet de luxe inventé, c'est autant d'ajouté à la quantité de travail imposée aux plus basses classes de la société, et cela sans augmentation, si ce n'est momentanée, des salaires. Si chaque habitant laborieux de la Grande-Bretagne était apte et disposé aujourd'hui à doubler la quantité de son industrie, il tirerait, pendant un court intervalle, quelque avantage de l'augmentation du capital d'objets produits. Mais les riches découvriraient vite le moyen de monopoliser ce produit, comme ils avaient fait du premier. » Les pauvres ne seront pas plus payés pour dix heures de travail, dit Godwin dans l'*Enquirer*, qu'ils ne l'étaient pour huit ; pas plus pour vingt heures de travail, avait-il déjà dit dans l'*Enquiry*, qu'ils ne l'étaient pour dix. Car les riches sont peu nombreux, les pauvres très nombreux ; c'est pourquoi, lorsque les riches offrent du travail, et que les pauvres en demandent, les riches sont maîtres de fixer à leur gré, c'est-à-dire très bas (Adam Smith n'a-t-il pas parlé de leur coalition tacite et constante ?) le salaire du travail. « Ceux qui, par la ruse ou la violence ont usurpé le pouvoir d'acheter et de vendre le travail de la grande masse de la société, sont assez disposés à prendre garde *qu'ils ne fassent jamais plus que subsister* ».

Cette conception du luxe, Godwin peut l'avoir empruntée à Helvétius. « Le luxe, écrivait Helvétius, n'est pas nuisible comme luxe, mais simplement comme l'effet d'une grande disproportion entre les richesses des citoyens ». Et il ajoutait : « Le nombre des propriétaires diminué, celui des journaliers sera augmenté ; lorsque ces derniers seront assez multipliés pour qu'il y ait plus d'ouvriers que d'ouvrage, alors le journalier suivra le cours de toute espèce de marchandise, dont la valeur diminue lorsqu'elle est connue. D'ailleurs, l'homme riche, qui a plus de luxe encore que de richesses, est intéressé à baisser le prix des journées, à n'offrir au journalier que *la paie absolument nécessaire pour sa subsistance* ». Godwin peut s'être inspiré également de Burke, qui, dans son curieux essai de jeunesse consacré à la défense de la société naturelle, avait mis en contraste l'état de nature, où « c'est une loi invariable, que les acquisitions d'un homme sont proportionnées à ses travaux » avec l'état de la société « artificielle », où « c'est une loi aussi constante et invariable, que ceux qui travaillent le plus aient le plus petit nombre de jouissances, et que ceux qui ne travaillent pas du tout en aient le plus grand nombre », et dépeint, en termes saisissants, l'état de servage où l'industrie britannique réduit ses travailleurs. Mais il est plus intéressant de remarquer que Godwin peut avoir, ici encore, trouvé chez Adam Smith lui-même l'origine de sa théorie.

Car, selon Adam Smith, avec l'occupation du sol et l'accumulation du capital, le travailleur cesse de jouir du produit total de son travail ; son salaire se détermine à la suite d'un marché conclu entre lui et celui qui l'emploie, marché dans lequel le patron a nécessairement l'avantage : il fait baisser les salaires jusqu'à ce qu'il soit arrêté par une limite inférieure infranchissable : « un homme doit toujours vivre de son travail, et ses salaires doivent être au moins suffisants pour le faire subsister ». Mais alors comment Adam Smith n'a-t-il pas aperçu la conséquence à tirer de cette définition du salaire ? Car, si, en face d'une minorité de riches, les salaires tendent vers une limite inférieure, où ils permettent aux travailleurs purement et simplement de subsister, une nouvelle féodalité a, de la sorte, pris la place de l'ancienne. Burke a tort de dire que l'âge de la chevalerie est fini : « l'esprit féodal survit encore, qui réduisait la grande masse de l'humanité au rang d'esclaves et de bétail pour le service du petit nombre ».

 Encore arrivait-il au seigneur féodal de dépenser sa fortune par l'exercice de la charité et de l'hospitalité. Mais l'âge de l'échange a succédé à l'âge du don gratuit : c'est moyennant travail que le riche fait subsister le pauvre. Godwin est un des premiers à mettre en lumière ce fait, entrevu seulement par Adam Smith, que les conditions dans lesquelles l'échange se pratique entre membres d'une même Société, en faussent l'équité, et semblent compromettre l'identité des intérêts. Une fois le commerce constitué comme profession, « le prix d'achat et le prix de vente d'un objet seront toujours différents. Si nous l'achetons au manufacturier, celui-ci doit être non seulement rémunéré de la matière brute, mais encore rémunéré de son travail et de son habileté. Si nous l'achetons au commerçant proprement dit, il doit être rémunéré de son temps, de la rente de sa maison, et de la subsistance de lui-même et de sa famille. Il faut laisser à sa délibération le soin d'ajuster cette différence de prix, et c'est ainsi qu'il se trouve investi d'un grand pouvoir discrétionnaire. Emploiera-t-il toujours ce pouvoir discrétionnaire avec une parfaite intégrité ? » Godwin ne pousse pas assez loin l'analyse, et ne montre pas en quel sens la fixation du prix de l'objet mis en vente est à la discrétion du vendeur, ni en quel sens et dans quelle mesure celui-ci se trouve affranchi de la nécessité des lois économiques. Mais, ailleurs, comparant la domesticité avec l'esclavage, il montre avec précision ce que contient de décevant la théorie du contrat soi-disant volontaire. Tout en reconnaissant que la servitude d'un domestique anglais a ses tempéraments, il demande si, dans l'hypothèse où je pourrais contraindre un homme, par la pression d'une série de circonstances, à se vendre comme esclave, et l'autoriser à dépenser l'argent d'achat à orner sa personne, il ne serait pas néanmoins un esclave : car c'est la condition à laquelle il est soumis, « ce n'est pas la manière dont il s'y est trouvé introduit, qui constitue la différence entre un homme libre et un esclave ». Dans la société actuelle, fondée sur l'institution de la propriété individuelle, il y a conflit, et non pas harmonie, d'intérêts, entre le capitaliste et le travailleur salarié ; cependant le principe de l'identité naturelle des intérêts n'est pas violé, puisque c'est la propriété individuelle qui repose sur un état artificiel de civilisation, sur des institutions gouvernementales positives.

Une société à la fois civilisée et égalitaire, où personne ne serait propriétaire ni du produit du travail d'autrui, ni même du produit de son propre travail, mais où chacun jouirait du produit du travail commun, dans la mesure de ses besoins, voilà le but à poursuivre. Par quels procédés en préparer la réalisation ? Godwin est obligé, par son libéralisme intransigeant, de réprouver toute intervention législative, toute action révolutionnaire, tout ce qui pourrait ressembler à une contrainte. Sans doute il est utile, et par conséquent obligatoire, que je distribue le produit de mon travail entre les divers membres de la société à laquelle j'appartiens, dans la mesure de leurs besoins. Mais, d'autre part, il serait mauvais que les membres de la société à laquelle j'appartiens prétendissent m'imposer, autrement que par la persuasion, tel ou tel emploi déterminé de la richesse que mon travail m'a acquise. Le système économique qui permet de disposer du produit du travail d'autrui est un système mauvais pour qui adhère au principe de l'utilité ; mais tout système de contrainte légale qui voudrait imposer la substitution à ce système d'un système plus équitable serait un remède pire que le mal. Godwin va jusqu'à ne pas vouloir qu'on supprime l'héritage par une loi : car cette loi, dans l'état actuel des opinions et des mœurs, serait nécessairement tournée. Il demande qu'on respecte, en matière d'héritage, « les lois et les pratiques qui sont communes à toutes les sociétés civilisées, et qui peuvent donc être liées à l'existence même de la société », qu'on se borne à abroger les lois positives, et les pratiques établies « qui sont particulières à certains siècles et à certains pays », à savoir l'ensemble des institutions féodales : par où le programme réformateur de Godwin se réduit au programme de la Révolution française, qu'il avait cependant la prétention de dépasser. On objecte qu'une société fondée sur l'égalité des droits et la communauté des biens n'est pas susceptible de permanence. Non, si elle est le produit d'une révolution violente et accidentelle : il est nécessaire que la réforme des lois ne précède pas la réforme des mœurs et des façons de penser, et « si, par voie d'institution positive, la propriété de tous les hommes était égalisée aujourd'hui, sans un changement simultané dans les dispositions et les sentiments de l'homme, elle deviendrait inégale demain ». On objecte qu'elle est incompatible avec la fragilité de l'esprit humain. Oui, si l'on considère l'esprit humain à son point actuel de développement. Le changement à opérer consiste dans la disposition de tous les membres de la société à renoncer volontairement à ce qui produira plus d'utilité quand il sera possédé par son prochain que quand il est occupé par lui-même ; et les temps où cette disposition prévaudra sont éloignés encore. Mais ils viendront, parce que l'état de la société où cette disposition prévaut est conforme à la raison, et parce que l'intelligence humaine tend constamment, par le progrès naturel des choses, à se fortifier. Bref, Godwin pose à l'harmonie des intérêts une condition nouvelle, à savoir que les hommes cessent d'être égoïstes, et deviennent raisonnables. Mais il considère que l'esprit humain tend nécessairement vers cet état final : il adopte, en d'autres termes, la théorie du progrès, et cette forme atténuée du principe de l'identité naturelle des intérêts, que nous avons appelée le principe de l'identification progressive des intérêts. C'est sur cette théorie qu'il se fonde pour réfuter, dans le passage de son livre qui présente peut-être le plus d'intérêt historique, ce qu'il appelle l'objection tirée du principe de population.

On a calculé que la culture moyenne de l'Europe pourrait être améliorée au point de nourrir cinq fois le nombre actuel d'habitants. Or « il y a un principe dans la société humaine par lequel la population est perpétuellement maintenue au niveau des moyens de subsistance ». On doit donc en conclure que le système de propriété établi peut être considéré comme étranglant dans leur berceau une proportion considérable de nos enfants ; par suite encore, quelle que puisse être la valeur de la vie de l'homme, ou plutôt quelle que puisse être sa capacité (*capability*) de bonheur dans un état social fibre et égalitaire, le système dont Godwin institue la critique peut être considéré comme arrêtant sur le seuil de l'existence les quatre cinquièmes de cette valeur et de ce bonheur. Bref, c'est pour Godwin une conséquence évidente du principe de l'utilité que la quantité de bonheur éprouvée dans une société est proportionnelle au nombre d'individus capables de bonheur, et par suite au nombre total des individus. Paley n'avait-il pas interprété à peu près de la même façon le principe de l'utilité ? La fin de toute politique rationnelle est de produire la plus grande quantité de bonheur sur un territoire donné. Mais le bonheur d'une société est constitué par le bonheur des membres isolés de cette société, et la quantité de bonheur peut seulement être augmentée en accroissant soit le nombre des êtres qui perçoivent, soit le plaisir de leurs perceptions. Or, tout au moins dans les pays de l'Europe occidentale, où les conditions économiques se rapprochent de l'égalité, on peut considérer que la quantité de bonheur dépend principalement du nombre des individus ; on peut, en tout cas, supposer dans tous les raisonnements politiques, qu'une plus grande portion de bonheur appartient à dix personnes vivant dans l'aisance, qu'elle ne peut appartenir à cinq personnes vivant dans le luxe. Donc le politique doit se proposer pour but l'accroissement de la population ; et c'est par rapport à cette règle pratique que Paley ébauche tout un système d'économie politique, chaque mesure économique ou fiscale étant tour à tour examinée, et approuvée ou condamnée, dans la mesure où elle tend, ou ne tend pas, à un accroissement de population.

Voici pourtant que l'accroissement de la population soulève un problème grave. Wallace, en 1761, dans ses *Various Prospects of Mankind, Nature and Providence*, avait commencé par préconiser l'abolition de la propriété privée. Grâce à cette révolution, seraient supprimés tous les obstacles sociaux à un accroissement indéfini de la population humaine. Mais non pas, ajoutait Wallace, les obstacles naturels : car la terre ne pourrait nourrir constamment une humanité dont le nombre croîtrait toujours, à moins que sa fertilité pût être continuellement augmentée, ou que, par quelque secret naturel, analogue à la pierre philosophale, un occultiste pût inventer une méthode pour conserver l'humanité, tout à fait différente de tout ce que l'on connaît à présent ; la terre elle-même finirait pas être comble, et il faudrait, pour trouver place à de pareilles multitudes, que la terre augmentât constamment de dimensions. « Misérable effondrement du plus généreux de tous les systèmes humains de gouvernement ! » Godwin croit pouvoir résoudre la difficulté. La suppression des besoins artificiels, d'une part, et, d'autre part, les progrès de la culture et de l'industrie permettront à l'homme de faire vivre un nombre d'hommes beaucoup plus considérable qu'aujourd'hui sur un espace donné. C'est, d'ailleurs, prévoir le danger de trop loin. Les trois quarts du monde habitable ne sont pas cultivés ; les parties déjà cultivées sont capables d'améliorations incalculables : des myriades de siècles peuvent s'écouler, avec une population toujours croissante, et la terre être trouvée encore suffisante à la subsistance de ses habitants. Mais surtout, par le progrès de l'intelligence, l'homme peut prolonger sa vie, acquérir même l'immortalité : la fonction de reproduction deviendrait dès lors inutile. « L'humanité sera un peuple d'hommes, et non d'enfants. Les générations ne succéderont plus aux générations, et la vérité n'aura plus jusqu'à un certain point à recommencer tous les trente ans sa carrière ». Ce n'est pas seulement du progrès de la médecine proprement dite que Godwin attend cette transformation des conditions d'existence du genre humain ; mais, les réactions du corps humain passant, selon une loi constante, si Hartley a dit vrai, de l'automatique au conscient et au volontaire, on peut prévoir le jour où toutes les actions de l'homme deviendront conscientes et volontaires, où l'âme deviendra maîtresse du corps. Certains théologiens, en particulier Malebranche, avaient émis une hypothèse analogue, au sujet des rapports de l'âme et du corps avant la chute ; les philosophes de la perfectibilité, avec cette différence qu'ils placent le paradis terrestre au terme et non à l'origine de l'histoire, reviennent aux mêmes conjectures.

Un an après la publication du livre de Godwin, Condorcet, dans son *Esquisse d'un tableau des progrès de l'esprit humain*, développait des vues analogues, quoique moins utopiques peut-être dans leur optimisme. Il compte sur le progrès des sciences, et sur le progrès des arts qui en est inséparable, pour faire en sorte qu'un espace de terrain de plus en plus resserré produise une masse de denrées d'une plus grande utilité ou d'une valeur plus haute. Mais ce progrès est-il indéfini ? « Ne doit-il pas arriver un terme... où, l'augmentation du nombre des hommes surpassant celle de leurs moyens, il en résulterait nécessairement, sinon une diminution continue de bien-être et de population, une marche vraiment rétrograde, du moins une sorte d'oscillation entre le bien et le mal ? Cette oscillation dans les sociétés, arrivée à ce terme ne serait-elle pas une cause toujours subsistante de misères en quelque sorte périodiques ? Ne marquerait-elle pas la limite où toute amélioration deviendrait impossible, et à la perfectibilité de l'espèce humaine le terme qu'elle atteindrait dans l'immensité des siècles, sans pouvoir jamais le passer ? » Objection à laquelle Condorcet répond, comme Godwin, que le temps en question est très éloigné ; et, quoiqu'il compte, comme Godwin, sur le progrès de la science pour indéfiniment prolonger la vie de l'individu, il ne tire pas de là les mêmes conséquences que Godwin : il compte avant tout, se séparant ici de Paley et de Godwin, sur un progrès de la morale humaine, pour faire cesser le préjugé en faveur d'un accroissement irraisonné de la population. « Les hommes sauront... que, s'ils ont des obligations à l'égard des êtres qui ne sont pas encore, elles ne consistent pas à leur donner l'existence, mais le bonheur. Elles ont pour objet le bien-être général de l'espèce humaine ou de la société dans laquelle ils vivent, de la famille à laquelle ils sont attachés, et non la puérile idée de charger la terre d'êtres inutiles et malheureux. Il pourrait donc y avoir une limite à la masse possible des subsistances, et par conséquent à la plus grande population possible, sans qu'il en résultât cette destruction prématurée, si contraire à la nature et à la prospérité sociale, d'êtres qui ont reçu la vie. » Condorcet abandonne donc la théorie dans laquelle Paley et Godwin voyaient une application directe du principe de l'utilité. Mais, en dépit des différences, Godwin et Condorcet se trouvent avoir au moins une idée en commun : l'idée de la perfectibilité indéfinie de l'espèce humaine. « Tout ce en quoi l'esprit humain, écrit Godwin, diffère du principe intellectuel chez les animaux, c'est la croissance de la société. Tout ce qui est excellent chez l'homme est le fruit d'une amélioration progressive, du fait qu'un siècle tire avantage des découvertes d'un siècle précédent et part du point auquel on était arrive ». Condorcet tient pour « les premiers et les plus illustres apôtres » de la doctrine nouvelle Turgot, Price et Priestley. Mais Priestley avait emprunté la doctrine à Hartley, c'est-à-dire à un des précurseurs du futur utilitarisme associationniste. Elle est fondamentale, aux yeux de tous les « jacobins » de 1792 ; nous verrons sous quelle forme et après quelles vicissitudes, elle s'agrégera au bloc du « radicalisme philosophique ».

Laissons de côté l'utopie de Godwin, — la génération devenant un phénomène physiologique inutile à partir du jour où l'homme aura dompté la mort, et où le genre humain, demeurant toujours égal en nombre à lui-même, n'aura plus besoin de se renouveler par la génération ; — et laissons également de côté, pour un instant, l'idée de Condorcet, — l'homme comprenant que le bonheur de l'huma-

nité n'est pas en raison directe du nombre des hommes capables
de bonheur, et apprenant à contrarier l'opération normale de l'instinct sexuel ; — ne retenons, chez l'un et chez l'autre, que l'idée
fondamentale du progrès indéfini, de la domination constamment
plus parfaite exercée par l'homme sur la nature. Cette idée n'est-elle
pas confirmée par les progrès rapides que fait à la même époque
le machinisme industriel ? Adam Smith n'avait prêté à ce phénomène qu'une attention médiocre ; le problème commercial attirait
son attention tout entière ; il se proposait presque exclusivement
de montrer dans la liberté des échanges, dans l'agrandissement du
marché commercial, la condition nécessaire de la division du travail et de l'identification des égoïsmes. La révolution d'Amérique,
qui détermine en Angleterre, une première fois, le succès des idées
de liberté commerciale, est l'événement historique dont sa théorie constitue en quelque sorte la traduction abstraite. Mais voici
que se développe une Angleterre industrielle, un nouveau monde
économique, qui pose à l'observateur des problèmes nouveaux. La
révolution française accentue le mouvement. Pendant que les puis-
sances continentales dépensent toute leur énergie en révolutions
et en guerres, l'Angleterre conquiert, à travers le monde, le monopole du commerce et de l'industrie. D'invention mécanique en invention mécanique, la fabrication du coton se perfectionne et en-
gendre, dans le nord de l'Angleterre, une société nouvelle, avec ses
souffrances, ses joies, ses crises, qu'Adam Smith, quelques années
plus tôt, n'avait pas devinées ; c'est là, dans le monde du grand patronat, que Robert Owen, lui-même un grand patron, va élaborer
et formuler sa théorie de la surproduction, en attendant de donner
une organisation et un nom au « socialisme ». Car, avec les progrès de l'industrie humaine, la misère subsiste et s'aggrave. Entre
les deux phénomènes, faut-il voir une relation causale ? Bentham,
Paley, avant Godwin, posent le problème.

Bentham admet que la substitution du travail mécanique au travail humain, en vertu du principe de la limitation de l'industrie
par le capital, présente certains inconvénients. Si, par un emploi
plus ingénieux des forces naturelles, un manufacturier devient capable d'accomplir, avec mille ouvriers, la même quantité de travail
qui demandait deux mille ouvriers avant le perfectionnement en
question, l'effet ne sera pas nécessairement de doubler la quantité

du produit ; car, à moins qu'il n'y eût, en même temps, par accident, accroissement de capital pécuniaire, il ne serait pas possible de conserver le même nombre d'ouvriers, puisque la production et l'entretien des machines impliqueraient aussi des dépenses, et puisqu'il pourrait encore arriver que les ouvriers ne fussent pas payés au même taux dans des industries différentes.

Paley, de son côté, considère l'inconvénient comme temporaire et négligeable. La question est de savoir si, finalement, la demande de travail est diminuée ou accrue ; elle est accrue, répond Paley. « Des objets d'une contexture plus délicate sont portés. Voilà le changement que l'invention a produit, et qui compense, en matière d'industrie, tous les autres inconvénients. » Et cette argumentation suffit à rassurer Paley.

Mais à Godwin il ne suffit nullement, pour être rassuré sur le caractère socialement bienfaisant du machinisme, de savoir qu'il résultera, du progrès du machinisme, une demande de travail toujours croissante : ce qu'il reproche à la civilisation actuelle fondée sur le luxe et l'inégalité des conditions, c'est précisément de demander à l'homme une quantité de travail toujours plus grande contre un salaire égal. Il ne veut pas cependant que l'on considère le machinisme comme responsable du paupérisme : la faute retombe sur le patronat, sur la distribution actuelle des fortunes, sur les conditions respectives du patron et de l'ouvrier, lorsque le contrat de travail est conclu. Une fois aboli le régime actuel de l'inégalité factice, les machines auront pour résultat de dispenser les hommes de la coopération industrielle et de la division du travail qui s'ensuit, asservissante et déprimante pour les intelligences individuelles. Il faut aujourd'hui le travail de plusieurs pour abattre un arbre, creuser un canal, manœuvrer un vaisseau. Mais qu'on songe aux machines compliquées d'invention humaine, aux machines à tisser, aux machines à vapeur, et à l'économie de travail qu'elles entraînent. Où s'arrêtera ce progrès ? « A présent ces inventions alarment la partie laborieuse de la société, et peuvent produire une détresse temporaire, quoiqu'elles servent, en fin de compte, les intérêts les plus importants de la multitude. Mais, dans un état de choses où le travail de chacun sera égal, leur utilité ne souffrira pas de conteste. Par suite, on peut prévoir le jour où les opérations les plus complexes seront à la portée d'un seul homme ; où, pour employer un exemple familier, une charrue pourra être placée dans un champ et faire sa tâche sans qu'il y ait besoin de surveillance. C'est en ce sens que le célèbre Franklin conjecturait que *l'esprit deviendrait un jour omnipotent sur la matière.* » Le progrès finira donc presque par apporter un terme à la nécessité du travail manuel. Lycurgue l'interdisait aux citoyens spartiates ; la même interdiction pourra être faite par le législateur de la cité future, mais il ne sera plus besoin de rejeter l'obligation du travail sur des esclaves. « La matière, ou, pour s'exprimer avec plus de précision, les lois certaines et inflexibles de l'univers, seront les Hilotes de la période que nous considérons. » Ainsi le *loisir* sera multiplié et mis à la portée de tous. — Bref, les conclusions de l'analyse de Godwin sont contraires à celles de l'analyse d'Adam Smith. Pour Adam Smith, le progrès de la division du travail et celui du machinisme vont de pair. Pour Godwin, ils vont en sens inverse l'un de l'autre, ou, si l'on veut, la division du travail passe insensiblement de l'homme à la matière inerte. Dans la philosophie d'Adam Smith, la division du travail permettrait aux égoïsmes individuels de se satisfaire tous sans conflit. Pour Godwin, au contraire, une fois abolies les institutions artificielles, factices et rigides, qui le rendent égoïste, l'homme n'aura plus besoin de l'égoïsme pour vivre, les produits du travail se distribueront conformément à leur utilité, trouveront aisément leur niveau, et s'écouleront spontanément du lieu où ils abondent vers celui où ils font défaut. « L'égoïsme est l'habitude qui naît du monopole ».

Si nous avons tant insisté sur la doctrine économique de Godwin, c'est pour la même raison que nous avons insisté, plus haut, sur la doctrine politique de Burke. Godwin déduit sa théorie de la propriété du principe de l'utilité, comme Burke sa théorie du gouvernement : une histoire du principe de l'utilité ne serait donc pas complète qui ne tiendrait pas compte de ces deux théories. Nous rencontrons, avec Godwin, qui critique, au nom du principe de l'utilité, la notion de propriété privée, une bifurcation de la doctrine qui aboutit, par une série de déductions parfaitement logiques, au socialisme moderne. Godwin dérive d'Adam Smith, comme plus tard dériveront de Ricardo William Thompson et Hodgskin, les maîtres de Karl Marx ; et, de la doctrine de Godwin au socialisme la filiation est possible à suivre. On sait que Robert Owen emprunta ses idées à Thomas Holcroft, l'agitateur révolutionnaire. Mais Holcroft était lui-même un ami intime et un disciple de Godwin ; et les analogies sont frappantes entre la doctrine de Godwin et celle de Robert Owen : de petites sociétés, rigoureusement égalitaires, sans distinction entre les sexes, sans propriété individuelle, sans lois, où la seule autorité existante serait une autorité purement arbitrale. Pourquoi cependant les radicaux intellectuels de 1832, disciples d'Helvétius comme Godwin et Owen, seront-ils conservateurs en matière de droit privé, hostiles au système égalitaire et niveleur de Godwin et d'Owen ? C'est ici le lieu de marquer le caractère paradoxal que présente la marche des idées dans l'histoire. La prétention de Godwin, c'est d'avoir tiré son système tout entier de l'unique principe de l'utilité publique.Cependant, *presque à son insu*, il le fonde, en grande partie, sur le principe de la liberté de conscience, qui logiquement n'a rien à voir avec le principe de l'utilité. Mais le libéralisme intellectualiste de Godwin tend à se confondre, quant à ses conséquences économiques, avec le libéralisme naturaliste de Hume et d'Adam Smith : même antipathie à l'égard des interventions de l'État et des révolutions subites. De sorte que là où il s'écarte le plus, en bonne logique, du principe de l'utilité, Godwin s'éloigne, en fait, moins qu'on ne pourrait croire, d'économistes tels que Smith et Ricardo. Au contraire, sa théorie du droit de propriété est une application rigoureuse du principe de l'utilité ; c'est ici pourtant qu'il se sépare le plus profondément de tous les auteurs dont les œuvres préparent le futur radicalisme philosophique. Chez tous, en effet, *presque à leur insu*, la loi du travail occupe une place peut-être aussi importante que la loi même de l'utilité. Tout plaisir s'obtient au prix d'une peine, coûte un travail, ou le produit d'un travail. Mais n'est-il pas à craindre que l'individu, si l'on considère comme juste de lui laisser la libre disposition du produit de son travail, ne mésuse de cette liberté, et n'en profite pour constituer des modes de propriété, qui, fixés sous forme d'institutions positives, livreront aux uns, injustement, la libre disposition du travail des autres ? Ce n'est pas de ce côté, va répondre Malthus, que doivent se porter nos appréhensions : dans les conditions d'existence que la nature fait à l'homme, le péril n'est pas que le produit du travail humain soit mal distribué, le péril est que le travail humain ne produise pas en suffisance. De même, en effet, que le livre de Burke a suscité les réponses de Mackintosh, de Paine, de Godwin, où nous avons vu le principe de l'utilité se substituer insensiblement, dans la théorie du régime démocratique, au principe des droits de l'homme, de même le livre de Godwin a entraîné la réplique de Malthus ; et c'est Malthus, non Godwin, qui va devenir un des pères de l'église radicale. Mais, pour comprendre Malthus, il fallait connaître Godwin.

II. Le principe de population. Robert Malthus.

L'état économique de l'Angleterre à la fin du XVIIIe siècle est marqué par une anomalie : au rapide développement de la grande industrie moderne correspondent, d'une part, un évanouissement graduel du socialisme d'État du XVIe siècle (le statut d'apprentissage s'en va par morceaux, jusqu'au moment où, en 1813 et 1814, il sera totalement abrogé), et, d'autre part, une application chaque jour plus relâchée et dispendieuse de ce même socialisme d'État, en matière d'assistance publique. Le réformateur pourrait, en se fondant sur le principe de l'utilité, demander que le principe de l'intervention gouvernementale fût étendu, maintenu partout et en toutes matières contre les influences aristocratiques et patronales. Mais la philosophie courante, c'est le naturalisme libéral et anti-gouvernemental d'Adam Smith : les réformateurs demandent généralement que l'on vise à rétablir l'harmonie des intérêts de toutes les classes par l'extension universelle du principe de non-intervention gouvernementale, et font la critique de la loi des pauvres et du droit à l'assistance.

Pour que les disciples d'Adam Smith fussent hostiles au principe de la loi des pauvres, il suffirait qu'ils fussent favorables, comme ils le sont en effet, à une politique d'économie budgétaire. Car l'application de la loi des pauvres, constamment plus relâchée, coûte cher, et chaque jour plus cher. La charge écrasante de la loi des pauvres est en quelque sorte le prix que consentent à payer l'aristocratie industrielle, contre la suspension du Statut d'Apprentissage, et l'aristocratie foncière, contre l'établissement de droits prohibitifs sur l'importation des blés. Le résultat, c'est que les *poor-rates*, qui s'élevaient, en 1770, à un peu plus d'un million de livres, s'élèvent, en 1800, à près de quatre millions. Mais il y a plus, et le principe même de l'assistance sociale, sur lequel repose la loi des pauvres, est en contradiction avec les principes de l'économie d'Adam Smith. Si la formule qui exprime la justice, c'est « à chacun selon ses besoins », le droit à l'assistance est fondé. Mais l'école d'Adam Smith semble préférer l'autre formule, selon laquelle il est dû « à chacun selon son travail » ; elle adopte cette formule comme exprimant moins, si l'on veut, une vérité morale que la réalité primitive des choses, avant le temps où l'apparition de la rente foncière et des profits du capital vint compliquer l'aspect des phénomènes économiques. Donc l'État, s'il veut se conformer à la nature des choses, ne devra donner de secours que contre un travail fourni par l'individu assisté. Encore une question préalable va-t-elle se poser. Si la maxime « à chacun selon son travail » exprime la réalité des choses, c'est donc que la nature nous mesure les jouissances avec parcimonie. Mais ne va-t-il pas falloir apporter une sorte d'aggravation à cette loi du travail, constamment impliquée dans la loi de l'utilité ? et peut-on poser en principe que le travail de l'homme est, ou sera, toujours capable de produire le nécessaire ? Le nombre des hommes tend à croître sans cesse, et avec lui la quantité de travail fournie : mais est-ce que la quantité de subsistance disponible croîtra indéfiniment, ou croîtra dans la même proportion ?

Hume, dans un de ses *Essais*, a tenté de définir les causes des mouvements de la population. L'accroissement de la population, qui répond à la satisfaction d'un instinct, est désirable en soi : « puisqu'il y a chez tous les êtres humains, de l'un et de l'autre sexe, un désir et un pouvoir de génération, trop actif pour jamais pouvoir se manifester universellement, les contraintes (*restraints*) auxquelles il est soumis doivent procéder de quelque difficulté dans leur situation, qu'il appartient à une sage législature de s'attacher à étudier et à écarter ». « Sans ces difficultés, la population doublerait à chaque génération ». Mais ces difficultés sont de deux ordres. Elles sont physiques, et tiennent à la quantité de subsistances disponibles. Elles sont sociales aussi : « toutes choses égales d'ailleurs, il semble naturel de croire que, là où il y a le plus de bonheur et de vertu et les institutions les plus sages, la population sera aussi la plus nombreuse ». Ce sera donc contribuer à l'accroissement de la population que de donner aux sujets l'abondance et la sécurité. Hume va même, dans l'*Enquiry*, jusqu'à considérer une société égalitaire comme physiquement possible : « Il faut reconnaître, dit-il, que la nature est à ce point généreuse pour l'humanité, que, si tous ses présents étaient également partagés dans l'espèce et améliorés par l'art et l'industrie, chaque individu jouirait de tous les objets de première nécessité, et même de quelque superflu, et ne serait jamais exposé à d'autres maux que ceux qui résulteraient accidentellement de sa constitution physique ». Godwin n'emploiera jamais d'expression plus énergique ; mais une difficulté arrête Hume. C'est le travail qui donne une valeur aux choses, et, dans une société égalitaire, le travail ne recevrait pas l'encouragement nécessaire. « Si égales que l'on puisse rendre les possessions, les divers degrés d'art, d'application et d'industrie, qui seront chez chaque homme, briseront immédiatement cette égalité. Ou, si vous entravez ces vertus, vous réduisez la société à la plus extrême indigence, et, au lieu de prévenir, chez un petit nombre, la misère et la mendicité, vous les rendez inévitables pour la collectivité tout entière ». L'objection contredit en réalité l'observation de Hume relative à la prétendue « libéralité » de la nature. Dans le *Traité* il allait encore plus loin, affirmait non seulement que l'humanité ne peut pas vivre sans travailler, mais encore qu'il n'est pas dans la nature que son travail suffise à la faire vivre. Nous possédons, disait-il, trois espèces de biens : la satisfaction intérieure de nos esprits ; les avantages extérieurs du corps ; la jouissance des biens *que nous avons acquis par notre travail* et notre bonne fortune. La jouissance des biens de la première espèce nous est toujours parfaitement assurée. Les biens de la seconde espèce peuvent nous être ravis, mais sans avantage pour celui qui nous en prive. « Les derniers seuls sont exposés à la violence des autres hommes, en même temps qu'ils peuvent être transférés sans subir de perte ou d'altération ; pendant que, d'autre part, *il n'en existe pas une quantité suffisante pour subvenir aux désirs et aux besoins de tous*. Donc, comme le développement de ces biens est le principal avantage de la société, l'instabilité de leur possession, jointe à leur rareté, est le principal obstacle ». D'où la nécessité de ces deux institutions, inséparables l'une de l'autre : la justice et la propriété. Elles reposent, l'une et l'autre, sur l'impossibilité de répartir les biens naturels entre les hommes, en quantités égales, et suffisantes pour les faire vivre.

Le langage d'Adam Smith est, en somme, plus équivoque encore.

Il étudie les mouvements de la population dans leurs rapports avec les mouvements des salaires. Toute espèce d'animaux multiplie naturellement en proportion des moyens de subsistance, et aucune espèce ne peut multiplier au-delà. Mais, chez une société civilisée, c'est seulement dans les rangs inférieurs du peuple que la rareté des subsistances peut imposer des limites à la multiplication de l'espèce humaine, par la mort prématurée d'un grand nombre d'enfants. Il est donc du devoir du législateur, en employant tous les moyens propres à procurer au travail une rémunération libérale, de viser à la fois un accroissement de la population et une diminution de la misère ; mais les moyens à employer ne sauraient être que des moyens indirects, consistant à augmenter la productivité du travail, c'est-à-dire à accroître la quantité des subsistances. De sorte qu'on tourne dans un cercle. « Ce qui encourage le progrès de la population et des améliorations agricoles encourage celui de la richesse et de la grandeur réelles ». Or, encourager les améliorations industrielles d'un ordre quelconque, c'est, identiquement, encourager la richesse ; on pourrait donc dire, aussi bien et peut-être mieux : « ce qui encourage la richesse encourage la population ». Autre ambiguïté. La population, selon Adam Smith, est limitée par les moyens de subsistance. Faudra-t-il entendre qu'il y a une sorte d'harmonie préétablie et permanente entre les deux termes ? Telle est l'interprétation que semble avoir adoptée Godwin, lorsque après avoir reproduit la formule d'Adam Smith et écrit « qu'il existe un principe dans la société humaine par lequel la population est perpétuellement maintenue au niveau des moyens de subsistance », il ajoute : « C'est ainsi que, parmi les tribus nomades d'Amérique et d'Asie, nous ne trouvons jamais, dans le cours des siècles, que la population ait augmenté au point de rendre nécessaire la culture de la terre ». C'est, au fond, l'équivoque du principe de l'offre et de la demande : ici la nature offre les subsistances, et l'humanité fait la demande. L'intérêt général est assuré, allègue-t-on, du fait que l'offre et la demande se font équilibre. Il serait plus exact de dire que l'équilibre de l'offre et de la demande n'existe jamais, qu'il tend seulement à se rétablir sans cesse, à la suite de ruptures d'équilibre qui sont, pour l'humanité, des crises douloureuses. Ajoutez qu'Adam Smith a subi profondément l'influence des physiocrates français, selon qui le travail de la terre produit naturellement plus que la quantité nécessaire à la subsistance du travailleur. Ce qui explique encore en partie les incertitudes d'expression d'Adam Smith à ce sujet : il lui arrivera d'écrire que, dans les nations civilisées et travailleuses, quoique beaucoup d'hommes ne travaillent pas et consomment le produit de dix ou cent fois plus de travail que ceux qui travaillent, « cependant le produit du travail total de la société est si grand, que tous sont fréquemment fournis en abondance ».

On rencontre donc déjà, chez Hume et chez Adam Smith, certaines formules qui font pressentir Malthus ; mais on voit sous quelle forme équivoque. Ni Hume ni Adam Smith ne font d'ailleurs l'application de leur théorie aux problèmes financiers et pratiques que soulève la loi anglaise de l'assistance publique. En 1786, cependant, un économiste, Joseph Townshend, qui connut lord Shelburne et Bentham, consacre une « dissertation » à la question des *Poor Laws*, et se fonde déjà, pour critiquer ces lois, sur ce qu'on pourrait appeler le « principe de population ».

Townshend commence par poser en principe qu'il faut travailler pour vivre, et que toute disposition légale imposant l'obligation du travail est faible et inefficace, lorsqu'on la compare à cette sanction naturelle, qui est la faim. Il faut qu'il y ait des pauvres, c'est-à-dire des hommes imprévoyants, prêts à accomplir les fonctions sociales « les plus serviles, les plus sordides et les plus ignobles » : par là se trouve en fin de compte accru « le capital du bonheur humain ». La faim, le désir d'obtenir du pain fait accepter, adoucit les plus durs labeurs. Au contraire, les *Poor Laws* « procèdent de principes qui confinent à l'absurde, en tant qu'elles se donnent comme accomplissant ce qui, dans la nature et la constitution même du monde, est impraticable ». Car il est nécessaire que quelques-uns en viennent à souffrir du besoin « dans le progrès de la société » ; et c'est cette loi nécessaire que Townshend met en lumière, par l'histoire de l'île de Juan Fernandez. Un couple de chèvres y fut placé qui trouva moyen de multiplier sans difficulté ni misère, jusqu'au moment où l'île fut pleine : il fallut alors que les plus faibles disparussent, pour que l'abondance fût rétablie. C'est ainsi que les chèvres « oscillèrent entre le bonheur et la misère, et tantôt subirent le besoin, tantôt jouirent de l'abondance, selon que leur nombre était diminué ou accru ; jamais en repos, mais presque toujours en équilibre avec la quantité de nourriture ». En cas d'excès de population, la disparition de quelques-unes, mal partiel, se tournait en bien général, puisqu'elle rétablissait l'abondance. Les Espagnols ayant voulu détruire les chèvres, et introduire dans l'île, à cet effet, un couple de chiens, les chiens multiplièrent, jusqu'au jour où la subsistance se fit rare. Alors « un nouvel équilibre s'établit. Les plus faibles des deux espèces furent parmi les premiers à payer leur dette à la nature ; les plus actifs et les plus vigoureux défendirent leurs vies. C'est la quantité de nourriture qui règle le nombre des individus dans l'espèce humaine ».

D'où l'impossibilité, déjà constatée par Wallace, d'instituer la communauté des biens en laissant à tous la liberté du mariage : « ils accroîtraient d'abord leur nombre, mais non la somme totale de leur bonheur, jusqu'au moment où, étant tous également réduits au besoin et à la misère, les faibles seraient les premiers à périr ». Lord Kames a eu beau émettre l'opinion qu'« une nation peut difficilement être trop populeuse pour la culture du sol, vu que l'agriculture a la propriété singulière de produire de la nourriture en proportion du nombre des consommateurs » : il existe un point au-delà duquel la fertilité du sol jointe à l'industrie humaine ne peut rien rendre, et, lorsque l'espèce humaine aura multiplié en proportion de cet accroissement maximum de nourriture, elle ne pourra aller plus loin. Il est donc absurde de crier, comme on fait : Population ! Population ! Population à tout prix ! « Quand l'industrie et la frugalité progressent de pair avec la population, ou plutôt quand la population est seulement la conséquence de ce progrès, la force et la richesse d'une nation seront en proportion du nombre des citoyens ; mais quand l'accroissement est artificiel et forcé, quand il a pour seule origine une communauté des biens, il tend à la pauvreté et à la faiblesse ». Or les lois des pauvres constituent un commencement de communisme : donc Townshend les condamne en bloc. — Peut-être Malthus, dix ans plus tard, a-t-il subi inconsciemment, et par un détour, l'influence des idées de Townshend ; car il nous paraît incontestable que Condorcet, dans le passage de son *Tableau* que discute Malthus, discute lui-même Townshend. Malthus, quoi qu'il en soit, n'avait pas lu le petit ouvrage ; et cependant, par sa forme saisissante, par des aphorismes qui font pressentir non seulement Malthus, mais Darwin et Spencer, l'apologue de l'île de Juan Fernandez méritait de devenir classique. Mais, pour que le principe de population devint populaire, il fallait, d'une part, une crise économique capable, par sa gravité, de démontrer à l'opinion tout entière la réalité pressante du problème ; il fallait peut-être encore, d'autre part, les formules pseudo-scientifiques qui allaient contribuer puissamment au prestige exercé par la doctrine de Malthus.

La Révolution éclate en France ; au bout de trois ans, l'Angleterre se trouve amenée, contrairement aux principes qui avaient, jusqu'alors, dirigé la politique du premier ministre, à rentrer en guerre avec l'ennemi héréditaire. Les frais de la guerre, les difficultés de l'approvisionnement par l'extérieur, les très mauvaises récoltes de 1794 et 1795, provoquent une disette alarmante, une crise économique qui est une occasion de troubles populaires, dirigés par les sociétés révolutionnaires. Le gouvernement réprime les troubles par la force, prévient les émeutes futures par des lois d'exception. Mais la crise économique réclame des remèdes plus décisifs. D'où l'application plus relâchée de la loi des pauvres. D'où le projet de loi de Pitt. Les disciples d'Adam Smith, au premier rang Burke et Bentham, interviennent dans le débat et protestent contre des mesures qui, à les en croire, aggravent le mal au lieu de l'atténuer.

Burke peut être considéré comme ayant le premier, dans l'ordre des temps, interprété l'économie politique au sens d'une orthodoxie purement conservatrice. Il s'interrompt, en 1795, de sa campagne contre-révolutionnaire, pour présenter à Pitt ses *Pensées et documents sur la disette* ; en 1796, il fait, dans sa troisième « lettre sur une paix régicide », un tableau optimiste de l'état économique de l'Angleterre, et des progrès qu'elle a accomplis depuis la déclaration de guerre. Dans l'un et l'autre de ces écrits, il insiste sur la thèse de l'identité naturelle des intérêts, sur l'obligation, toute négative, pour l'État, de ne pas intervenir dans les relations économiques des individus entre eux, il combat tous les projets d'assistance publique, que la disette de 1794 et 1795 a provoqués de la part des spéculatifs et des politiques. Il proteste contre toute mesure qui tendrait à établir un taux normal des salaires. Il conteste, en fait, que le taux des salaires ne se soit pas accru en même temps que le prix nominal des denrées ; mais il ajoute qu'il n'est pas dans la nature des choses que ces deux quantités varient en fonction l'une de l'autre. Dans la fixation des salaires, il y aurait lieu de distinguer entre les hommes capables de fournir un travail normal et ceux qui sont incapables de fournir un travail quelconque, ou qui peuvent travailler, mais non pas fournir la quantité normale de travail (femmes, enfants, vieillards). Distinction dont se trouve incapable la raideur des lois ; au contraire, l'intérêt, l'habitude, les conventions tacites qui résultent de mille circonstances obscures, produisent un *tact* qui règle sans difficulté ce que les lois et les magistrats ne peuvent pas régler du tout. « La première espèce de travail n'a besoin de rien pour l'égaliser : elle s'égalise d'elle-même. La seconde et la troisième ne sont capables d'aucune égalisation ».

Ce principe général posé, toutes les mesures de réglementation économique que l'on propose sont faciles à réfuter. On conseille de lever un impôt exclusif sur le *farming interest* : on ne voit pas que les intérêts du fermier et du travailleur salarié sont identiques. Oui, disent les « fanatiques de la secte de la réglementation », quand le travailleur est jeune et bien portant, et que le fermier et le travailleur peuvent traiter sur le pied d'égalité ; mais en cas de misère, de maladie, de vieillesse, quand le travailleur est chargé d'une famille nombreuse, et ne peut ni vivre ni nourrir sa famille sur la rémunération naturelle de son travail, celle-ci ne doit-elle pas être relevée par l'autorité ? Burke pose alors la question de savoir si la quantité des subsistances existantes est suffisante pour satisfaire aux exigences de la philanthropie. De ce que les riches sont peu nombreux, en proportion du grand nombre des pauvres, Burke tire une conséquence diamétralement opposée à celle qu'avait tirée Godwin : l'impossibilité de supprimer la pauvreté par une distribution égale du superflu des riches. Plus le capitaliste est riche, plus son intérêt privé s'identifie avec l'intérêt général, parce qu'il peut se contenter de retirer, de son capital, un moindre profit. Burke affirme qu'il y a eu hausse des salaires. Certainement les hommes travaillent plus ; mais, quant à savoir si l'accroissement de la quantité de travail fournie est, somme toute, un *bien* ou un *mal*, c'est une question philosophique qu'il ne veut pas aborder à la suite de Godwin. Sans vouloir examiner sous toutes ses faces la politique qui accorde une assistance aux pauvres, il constate que la loi anglaise assure « un secours suffisant à la vieillesse tombée en décrépitude, à l'enfance orpheline, à la maladie accidentelle », et que la classe inférieure reçoit annuellement des classes supérieures, par l'application de la loi des pauvres, deux millions de livres. Mais il proteste contre toute interprétation relâchée de l'esprit de la loi. Faire croire au pauvre qu'il a droit à l'assistance de l'État, sans travailler, c'est lui faire une promesse impossible à tenir. L'expression courante *the labouring poor*, c'est-à-dire « le travailleur pauvre », « le pauvre qui travaille », n'est que du jargon à la mode. A ceux qui travaillent, il faut recommander la patience, le travail, la sobriété, la frugalité, et la religion ; le reste est imposture. C'est une horrible aberration de les appeler « le travailleur *jadis heureux* ». « Quand nous affectons de plaindre comme pauvres, non plus ceux qui ne peuvent pas travailler, mais ceux qui doivent travailler, faute de quoi le monde ne pourrait exister, nous jouons avec la condition même de la vie humaine ». Il est écrit que l'homme doit manger son pain à la sueur de son front. « Les règles du commerce et les principes de la justice » demandent que chacun reçoive le prix de son travail ; l'homme qui ne peut pas vivre du fruit de son travail ne se fonde pas sur un droit lorsqu'il demande à vivre, il fait appel à la pitié : ici finit le domaine de la justice publique, ici commence celui de la charité privée.

 Bentham, de son côté, dans un fragment qui paraît, en 1798, à Genève, par les soins de Dumont, dans la *Bibliothèque britannique*, mais qui avait été rédigé, nous dit Dumont, « bien des années » auparavant, adopte, sans y rien changer, le principe d'Adam Smith (« Montesquieu, écrit-il, Condillac, Sir James Stewart, Adam Smith, les Économistes n'ont qu'un même sentiment sur ce point ») : « la population est *en raison des moyens de subsistance et des besoins* ». Donc, le moyen d'augmenter la population ne consiste pas à l'encourager directement par des peines et des récompenses, il consiste à « accroître la richesse nationale, ou, pour mieux dire, à la laisser s'accroître. » En 1795, il discute, dans la déclaration des droits rédigée par Sieyès, l'article aux termes duquel « tout citoyen qui est incapable de pourvoir à ses propres besoins a droit à l'assistance de ses semblables », et songe peut-être, en le discutant, à Godwin autant qu'à Sieyès. Reconnaître à chaque citoyen un droit à l'assistance de ses concitoyens, c'est lui reconnaître un droit à l'assistance soit des individus pris isolément, soit de la collectivité. Dans le premier cas, « donner à chaque pauvre un droit à l'assistance de tout individu qui n'est pas également pauvre, c'est bouleverser toute idée de propriété ». Dans le second cas, l'article de la déclaration reste bien vague : car il ne suffit pas d'affirmer un droit, il faut encore déterminer comment l'assistance doit être levée et distribuée, organiser l'administration de l'assistance, créer les officiers enquêteurs, régler la manière dont les pauvres doivent procéder pour se prévaloir de leur droit. Et la question se pose toujours : le droit est-il d'une application *possible* ? On peut supposer un état de disette, tel qu'il ne soit plus possible de fournir le pain à tous ceux qui en ont besoin. Comment pouvons-nous donc convertir ce devoir de bienveillance en un droit absolu ? Ce serait donner à la classe indigente les idées les plus fausses et les plus dangereuses. Ce ne serait pas seulement détruire toute gratitude de la part des pauvres envers leurs bienfaiteurs, — ce serait mettre des armes entre leurs mains contre tous les propriétaires. Or, tel est un peu le cas en Angleterre, pendant les années 1794 et 1795 ; et Bentham se trouve amené, par la force des choses, à étudier directement les problèmes que soulève l'application de la loi des pauvres.

Il adresse à Pitt, en février 1797, des *Observations sur le « Poor Bill »*, et son attitude est curieuse. Il pense qu'il lui suffise de démontrer que le *bill* constitue une mesure égalitaire pour le condamner : « le *système de l'égalisation*, appliqué aux salaires, semble à peine moins menaçant pour l'*industrie*, et, par suite, pour la *propriété* (sans parler des frais), qu'il ne serait, appliqué à la *propriété*, pour la *propriété* et, par suite, pour l'*industrie* ». Il condamne toute tentative faite pour établir, par voie directe ou indirecte, un salaire normal, et, en particulier, dans le bill de Pitt, ce qu'il appelle « la clause d'aptitude inférieure ou de salaire complémentaire » (*Under-Ability, or Supplemental Wages Clause*). Reprenant, avec plus de minutie, l'objection de Burke, il demande si ce salaire normal sera le salaire maximum, ou minimum, pour une industrie déterminée, ou un salaire moyen, toutes les industries étant considérées, ou le salaire maximum pour l'industrie qui occupe, dans le district, le plus grand nombre d'ouvriers. Ajoutez que le taux des salaires, en prenant même l'évaluation la plus basse, varie considérablement d'un point à un autre : entre tant d'évaluations différentes possibles, un homme sera-t-il, dans chaque district, libre de choisir à sa discrétion ? Ne faut-il pas d'ailleurs choisir, et peut-on, sans contradiction, favoriser le système des *enclosures*, également favorable, selon Bentham, qui partage sur ce point l'opinion de Burke, aux intérêts des riches et des pauvres, et adopter cependant le *cow-money clause* du bill de Pitt, qui tend à restaurer l'ancien communisme patriarcal ? « On pense sans doute que, lorsqu'un homme fait tout ce qu'il peut, il est *dur* de le laisser dans une condition pire que ses voisins eu égard à une infirmité qui est son *malheur*, non sa *faute* » ; mais se sentimentalisme est réfractaire à toute espèce de loi rigoureuse. Dès qu'on ne s'arrête pas aux marques indiscutables, la vieillesse, certaines infirmités, où tracer la limite entre le paresseux et le travailleur ? Enfin, la clause du bill que Bentham appelle *Relief-Extension* ou *Opulence-Relief Clause* spécifie qu'on admettra au bénéfice de la loi quiconque sera en possession d'un domicile d'une valeur inférieure à trente livres. « Nous avons pitié de *Darius*, nous avons pitié de *Lear*, mais il n'est pas au pouvoir des *paroisses* de donner des *royaumes*, de bannir non seulement l'*infortune*, mais encore l'*imprévoyance* ».

Bentham ne traite pas seulement la question en théoricien, il la traite encore en réformateur pratique, en homme à projet ; dans l'*Esquisse d'un ouvrage intitulé Administration des pauvres*, parue, à la fin de 1797, dans les *Annals of Agriculture* d'Arthur Young, il applique à la solution du problème les principes qu'il avait posés dans le *Panopticon*, non pas seulement le principe architectural de l'inspection universelle, mais le principe de l'identification artificielle des intérêts, ce qu'il appelle le *duty and interest junction principle*. Pour ce qui est de l'administration de son système d'assistance par le travail, il préconise un système de centralisation et d'administration par contrat. Les « maisons d'industrie » seront gouvernées par un bureau central, constitué dans la capitale sur le modèle du bureau de la compagnie des Indes, élu par tous les membres d'une société par actions de cinq ou dix livres, qui exploitera le travail des pauvres secourus. Le même principe que dans le *Panopticon*, le principe de l'assurance (*life assurance, or life warranting principle*), intéresse les administrateurs à la conservation de la vie des assistés. Le même principe de publicité (*transparent management principle*) les soumet au contrôle de la sanction populaire ou morale. Le même principe qui définit les obligations des administrateurs définit celles des assistés. Ils ne sont assistés que dans la mesure où ils travaillent ; et les divers principes qui règlent les conditions de leur travail, que Bentham désigne par des dénominations pittoresques, difficiles à traduire, le *self-liberation principle* (nul ne sera élargi qui n'ait payé ses frais d'entretien par le produit de son travail), le *earn-first principle*, le *piece-work*, ou *proportionable-pay principle* ; le *separate-work principle*, ou *performance distinguishing principle*, ne sont que des formes particularisées du principe de l'union de l'intérêt et du devoir.

Le projet offre, d'ailleurs, d'après Bentham, certains avantages collatéraux à côté de l'avantage direct ; il permet d'extirper la mendicité, de subvenir à l'indigence temporaire par un système de prêts à intérêt, de substituer aux sociétés de secours mutuels, ou *friendly societies*, un système universel et intégral d'assurances contre la vieillesse, de secours en cas de mariage ou de chômage, et pour subvenir à l'entretien d'un nombre d'enfants supérieur à la moyenne. Il présentera surtout une grande importance pédagogique. L'éducation des pauvres, beaucoup plus utile socialement que l'éducation des riches en raison du nombre des pauvres, a été négligée ; or les maisons d'industrie offriront des conditions où les enfants pauvres seront soumis au « pouvoir plastique » le plus efficace qui se puisse concevoir. « L'influence du maître d'école sur la conduite de l'élève, dans la vie ordinaire, est insignifiante, quand on la compare à l'influence exercée par la compagnie sur ses pupilles ». Bentham a toujours accepté, comme Godwin, le principe selon lequel les caractères individuels sont l'œuvre des conditions sociales ; mais Godwin, libéral à l'excès, entrevoyait un état de société civilisée sans gouvernement où, l'identité naturelle des intérêts n'étant plus compromise par la survivance d'aucune institution positive, tout système d'éducation serait inutile ; au contraire, le principe fondamental de la philosophie pédagogique comme de la philosophie juridique de Bentham, c'est le principe despotique de l'identification artificielle des intérêts. Bentham insiste sans doute sur ce point que nul pauvre ne sera secouru qu'en échange d'un travail, et que ce travail devra rémunérer une compagnie privée : cette compagnie n'en est pas moins une compagnie à monopole, et qui gouverne les hommes dont les intérêts lui sont confiés, en vertu des principes d'un despotisme pédagogique et philanthropique, qui présente peu de traits communs avec le libéralisme d'Adam

Smith et de son école.

La forme définitive et classique que prendront bientôt, chez les amis de Bentham, les idées à demi-formées par l'école d'Adam Smith, elles la devront, non à Bentham, mais à Malthus. En 1796, lorsque Pitt déposa son *bill*, Malthus n'avait pas constitué encore sa théorie. Dans un essai qu'il écrivit alors, sous le titre de *The Crisis*, il discute l'opinion émise par Paley, selon laquelle la quantité de bonheur dans un pays se mesure au nombre d'habitants ; mais c'est pour affirmer seulement que la quantité de bonheur doit s'apprécier par l'accroissement du nombre, sinon par le nombre actuel, des habitants : car « une population croissante est le plus certain des signes possibles du bonheur et de la prospérité d'un État », tandis que « la population présente peut n'être qu'un signe du bonheur qui est passé ». Il écrit : « Quoiqu'il ne soit aucunement à désirer qu'une situation de dépendance soit rendue assez agréable pour tenter ceux qui pourraient autrement se suffire à eux-mêmes en menant une vie indépendante, cependant, si le devoir de la société est d'entretenir ceux de ses membres qui sont absolument incapables de suffire à leur propre entretien, de même il est certainement désirable que l'assistance en ce cas soit donnée de la manière qui est le plus agréable aux personnes qui doivent la recevoir ». Il préconise, en conséquence, le secours à domicile et loue, dans le *bill* de Pitt, les secours extraordinaires que l'on propose d'attribuer au père de plus de trois enfants. — C'est Godwin qui, en 1797, convertit, par réaction, Malthus au « malthusianisme ». Le père de Malthus était un jacobin, disciple de Rousseau, dont il avait été l'exécuteur testamentaire, et, plus récemment, disciple de Godwin : en discutant avec son père les idées économiques émises par Godwin dans son *Enquiry*, et surtout dans son *Essai sur l'avarice et la prodigalité*, Malthus prend conscience du principe qui justifie sa résistance aux utopies de Godwin et de Condorcet. Mieux encore, on pourrait démontrer qu'il emprunte à Godwin, et plus encore à Condorcet, tous les éléments de la théorie qu'il oppose aux deux égalitaires.

A Godwin il emprunte la dénomination même du « principe de population », et il emprunte à Condorcet plusieurs des expressions qu'il emploie pour définir le principe. « Ne doit-il pas arriver, demande Condorcet, un terme où ces lois, également nécessaires (la loi du progrès de l'industrie humaine et la loi du progrès de la population) viendraient à se contrarier », « l'augmentation du nombre des hommes surpassant celle de leurs moyens ». Malthus reprend et énonce, sous forme affirmative, la question de Condorcet. Il se fonde sur deux postulats : le premier, que la nourriture est nécessaire à l'existence de l'homme ; le second (qu'il ne peut établir sans avoir préalablement réfuté une des utopies de Godwin), que la passion sexuelle est et restera toujours à peu près égale à elle-même. Mais la quantité de nourriture disponible ne croît pas avec la même rapidité que la population. Il y a donc conflit entre ces deux lois nécessaires ; par la nature des choses, elles se contrarient. C'est ainsi que des considérations empruntées à l'ordre de la physique et de la physiologie viennent modifier les conséquences qu'il serait, sans cela, légitime de tirer du principe de l'utilité. — Tout homme a besoin de subsistance ; or il est au pouvoir de la société de remédier à l'inégalité actuelle de la distribution des subsistances ; donc, tout homme a droit à la subsistance et, par suite, à l'assistance de ses semblables. — Tout homme a besoin de subsistance ; mais la nature ne fournit pas de subsistance en quantité suffisante pour subvenir aux besoins d'un nombre d'hommes toujours croissant ; donc le droit à la subsistance est un droit illusoire, non fondé sur la nature des choses.

Condorcet, qui sans doute s'inspire de Townshend, prévoit, pour le jour où se produirait le conflit des deux lois nécessaires, « sinon une marche vraiment *rétrograde*, du moins une sorte d'*oscillation* entre le bien et le mal », qui serait « une cause toujours subsistante de misères en quelque sorte *périodiques* ». Malthus reprend l'expression à son compte. Il arrive un moment où la quantité de nourriture, à partager primitivement entre sept millions d'individus, doit être partagée, par exemple, entre sept millions et demi. Alors, baisse du prix du travail, hausse du prix des denrées. D'où par un mouvement inverse, diminution de la natalité, développement de la culture, rétablissement de la proportion entre la population et les moyens de subsistance. « La situation du travailleur se trouvant alors de nouveau suffisamment agréable, les restrictions à la population sont en quelque mesure relâchées, et les mêmes mouvements, *rétrograde* et progressif, du bonheur se reproduisent. » « Cette sorte d'*oscillation* ne sera pas remarquée par des observateurs superficiels, et il peut être difficile, même pour l'esprit le plus pénétrant, d'en calculer les *périodes* ».

Mais le danger d'un pareil mouvement rétrograde de la population et de la prospérité humaines est extrêmement éloigné, selon Godwin et Condorcet. « Les trois quarts du globe habitable sont actuellement incultes, écrit Godwin, les parties déjà cultivées sont capables d'améliorations impossibles à évaluer. Des myriades de siècles d'une population toujours croissante peuvent s'écouler et la terre suffir encore à la subsistance des habitants. » « Il est, pense Condorcet, également impossible de se prononcer pour ou contre la réalité future d'un événement qui ne se réaliserait qu'à une époque où l'espèce humaine aurait nécessairement acquis des lumières dont nous pouvons à peine nous faire une idée ». Au contraire, selon Malthus, le péril est constant. La quantité des subsistances disponibles n'est pas une quantité fixe, que l'accroissement de la population est appelée à atteindre un jour futur ; la quantité des subsistances disponibles n'est pas non plus une quantité toujours croissante, jusqu'à une limite fixe, qu'elle ne dépassera pas. Les moyens de subsistance, comme le nombre des hommes, croissent « au-delà de toute quantité assignable » ; mais ces deux quantités ne croissent pas suivant la même loi. « Le pouvoir de repeuplement est indéfiniment plus grand que le pouvoir qui réside dans la terre de produire des subsistances pour l'homme. La population, quand elle ne rencontre pas d'obstacle, croît en raison géométrique. La subsistance croît seulement en raison arithmétique. Il n'est pas nécessaire d'être très familiarisé avec les nombres pour voir l'immensité du premier pouvoir comparé avec le second. » — C'est donc un développement nouveau de l'idée, fondamentale chez Condorcet, et à laquelle Condorcet, mathématicien, aime à donner une forme mathématique, de progrès indéfini, qui détruit, chez Malthus, la philosophie optimiste du progrès indéfini. Le principe de l'identité naturelle trouvait son application, chez Adam Smith, aux seuls objets dont le travail humain peut accroître indéfiniment la quantité. Il semble maintenant qu'à cette première restriction doive s'en ajouter une seconde. La quantité des produits du travail s'accroît peut-être indéfiniment, mais la demande de ces produits s'accroît indéfiniment, elle aussi, et selon une loi plus rapide encore. Une loi d'évolution n'est pas nécessairement une loi de progrès : ainsi pourrait se formuler l'idée, entrevue par Condorcet, et sur laquelle insiste Malthus. Ainsi prend un sens défini, grâce à des idées nouvelles que Malthus emprunte à Condorcet, le principe, énoncé par Adam Smith et Godwin, selon lequel la population se règle constamment sur la quantité des moyens de subsistance.

Les procédés que la nature emploie pour réduire aux proportions voulues la race des plantes et la race des animaux, c'est le manque de semence, la maladie, la mort prématurée. Pour restreindre la race humaine, elle emploie la misère et le vice. La misère est la conséquence nécessaire de l'opération de la loi, et Condorcet y avait déjà fait allusion. Le vice en est une conséquence hautement probable. Le bonheur d'un pays donné ne se mesure donc pas au nombre des habitants, mais à la quantité des subsistances, ou plus exactement, selon la formule déjà proposée par Malthus dans la *Crise*, à l'accroissement correspondant de la population. Voilà longtemps déjà que les problèmes relatifs à la population inquiètent les chercheurs : mais Richard Price et ses critiques procèdent trop exclusivement en statisticiens ; or la statistique n'est pas la méthode qu'emploient les disciples d'Adam Smith : fondée sur la connaissance de certaines lois primitives de la nature humaine, la nouvelle science économique procède synthétiquement, et cherche à découvrir des lois dérivées, qui participent de la certitude des lois primitives. La population, nous dit Adam Smith, est limitée par les moyens de subsistance ; mais en quel sens entend-on le mot de *limite* ? S'agit-il d'une limite supérieure que la population ne peut dépasser, mais en deçà de laquelle elle peut varier dans une mesure indéterminée ? Alors nous sommes incapables, pour une quantité de subsistances donnée, d'affirmer que le chiffre de la population est rigoureusement déterminé : nous n'avons pas trouvé encore la loi de la population. Mais, si les moyens de subsistance sont une limite de la population, en ce sens que la population ne saurait, d'une façon un peu durable, ni s'élever au-dessus, ni descendre au-dessous de cette limite, si l'on admet qu'une pression constante est exercée par la population sur les moyens de subsistance, alors nous pouvons dire, avec une rigueur vraiment scientifique, que la quantité des subsistances détermine le nombre des consommateurs. Par où le principe de l'identité naturelle des intérêts semble gravement compromis : si l'on veut, en effet, que la théorie de la population présente le caractère d'une théorie scientifique, il est nécessaire que le genre humain, pris dans son ensemble, soit considéré comme misérable ou besogneux.

Mais ne pourrait-on aller plus loin, et se demander si le principe de l'identité naturelle des intérêts, tel que l'énonce Adam Smith, trouverait encore son application dans cet état futur de société, sans propriété ni gouvernement, prévu par l'optimisme de Godwin et de Condorcet ? Une fois que les progrès de l'industrie humaine auraient réalisé l'abondance, l'égoïsme deviendrait inutile, en même temps que disparaîtraient l'institution de la propriété et le phénomène de l'échange. Or la théorie de l'harmonie des intérêts, fondée sur la division du travail, implique justement les notions de la propriété, de l'échange et de l'égoïsme. Malthus rejette le principe de la fusion des intérêts ; il considère le sentiment de bienveillance comme dérivé de l'égoïsme par une évolution graduelle : vouloir substituer la bienveillance à l'égoïsme comme principe moteur de la société n'aboutirait qu'à faire souffrir la société tout entière de cette pression du besoin, ressentie aujourd'hui par le petit nombre seulement. Au système établi de la propriété, au principe de l'égoïsme, malgré son apparente étroitesse, nous sommes redevables, selon Malthus, de tout ce qui distingue la vie civilisée de la vie sauvage. Malthus se montre, sur ce point, le dépositaire fidèle de la tradition d'Adam Smith. Pour qu'une science de la valeur soit possible, l'économiste utilitaire, impuissant à mesurer directement l'utilité, la mesure indirectement par le travail. Mais, pour un objet d'une utilité donnée, l'homme peut fournir des quantités de travail très variables. Le travail qui mesure la valeur devra donc être le travail maximum que l'homme est disposé à fournir pour obtenir la jouissance de l'objet. Il faut donc, pour qu'une science de la valeur soit possible, que ce travail maximum soit constamment fourni quelque part, que l'utilité apparaisse comme *nécessité*, ou encore l'homme économique comme un être *nécessiteux*. L'économie politique d'Adam Smith devant cesser d'être vraie le jour où serait atteint le terme du progrès humain prévu par Godwin et Condorcet, le problème est au fond, pour Malthus, de découvrir une loi du progrès telle qu'elle assure l'application perpétuelle des principes posés par Adam Smith.

L'application de la doctrine, c'est la condamnation du droit à l'assistance et des « lois des pauvres » qui le consacrent. Ces lois ont pour tendance évidente d'accroître la population sans accroître les subsistances ; les vivres qui se consomment dans les *workhouses* et nourrissent les membres les moins estimables du corps social réduisent d'autant les parts qui reviendraient, sans l'institution des *poorlaws*, à d'autres, plus industrieux et plus dignes. Les lois des pauvres sont coûteuses : si coûteuses que les accusations de concussion sont courantes. Elles sont tyranniques : la loi des *settlements* est dénoncée par tous, à commencer par Adam Smith. Mais, en réalité, si les lois des pauvres ne résolvent pas le problème du paupérisme, ce n'est point par le fait des malversations qui peuvent se produire dans la gestion des fonds perçus, c'est parce qu'elles vont tout droit contre la nature même des choses. Si l'application en est tyrannique, c'est parce que tout le monde reconnaît tacitement l'impossibilité de les appliquer dans leur intégrité. Il n'est pas plus possible de supprimer la misère que de supprimer la douleur. On peut bien accuser les riches de prolonger, par des coalitions déloyales, une période de misère chez les pauvres ; « mais aucune forme possible de société ne pourrait empêcher l'action presque constante de la misère de s'exercer sur une grande fraction de l'humanité, si elle se trouve dans un état d'inégalité, et sur tous les hommes, à supposer que tous soient égaux ». Le fait est que la pression de la misère sur les basses classes de la société est un mal trop profondément établi pour qu'aucun détour de l'ingéniosité humaine puisse l'atteindre. « Si je devais proposer un palliatif, et des palliatifs sont tout ce qu'autorise la nature du cas, ce serait, en premier lieu, l'abolition totale des lois paroissiales existantes. » A cette mesure radicale, Malthus ajoute, à titre de mesures connexes, des encouragements propres à favoriser l'agriculture aux dépens des manufactures, et le principal encouragement à donner au travail agricole, c'est la suppression de tous les privilèges corporatifs. Sur cette dernière mesure, tous, à la fin du XVIIIᵉ siècle, sont d'accord ; mais les raisons diffèrent. Adam Smith dénonce l'esprit de monopole, l'égoïsme des industriels ; Malthus, la protection de l'ouvrier industriel au préjudice de l'ouvrier agricole. Enfin, pour les cas d'extrême détresse, des maisons de travail pourront être ouvertes dans chaque comté, des secours être accordés contre un travail fourni : mais ce seront toujours de simples *palliatifs*, contre un mal qui ne souffre pas de *remède*. « Si dure que la chose puisse paraître, quand on considère les cas individuels, la pauvreté dépendante doit être tenue pour déshonorante. Un tel stimulant semble être absolument nécessaire pour promouvoir le bonheur de la grande masse de l'humanité ; et toute tentative générale pour affaiblir ce stimulant, si bienveillante qu'en soit l'intention apparente, ira toujours contre sa propre fin. »

Le succès de la première édition du livre de Malthus fut si considérable qu'une seconde édition devint nécessaire. Elle parut en 1803, après que Malthus eut consacré cinq années à compléter sa théorie par des voyages d'étude, à remanier et à développer la première édition. L'*Essai* de 1798 consistait principalement dans une critique des utopies de Godwin et de Condorcet : dans l'édition de 1803, cette partie critique est réduite à sa plus simple expression, comme il convient à une époque où la philosophie de Godwin est tombée en discrédit. Malthus s'excusait, en 1798, dans la préface, de n'avoir pas apporté de suffisantes justifications statistiques à l'appui de son principe : la partie statistique est extrêmement développée dans la seconde édition. Mais surtout la seconde édition apporte une modification à la thèse elle-même. Malthus avait déjà distingué, en 1798, deux obstacles à l'accroissement de la population : l'obstacle *positif*, celui qui entrave un accroissement de population déjà commencé ; et l'obstacle *préventif*, celui qui consiste en une contrainte morale, qui évite un accroissement de population seulement prévu. De ces deux obstacles, d'ailleurs, selon Malthus, le second, l'obstacle préventif, qui consiste dans la prévision des difficultés qui accompagnent l'éducation d'une famille nombreuse, ne s'exerce que dans les classes supérieures de la société, le premier s'exerce dans les classes inférieures. Mais une sorte d'association inséparable unit, dans l'esprit de Malthus, l'idée de l'obstacle préventif à l'idée du vice ; et ici encore, pour comprendre Malthus, il faut connaître Condorcet.

Condorcet avait compté sur une diminution raisonnée de l'accroissement de la population pour résoudre, au moment critique, le problème de l'insuffisance des subsistances ; Malthus, selon qui le problème présente une gravité toujours actuelle, reprend déjà dans sa première édition l'idée de Condorcet, lorsque, en reconnaissant que « tout obstacle au mariage doit incontestablement être considéré comme une espèce de malheur », il observe que, « quelque entrave à la population devant exister en vertu des lois de notre nature, mieux vaut l'entraver par la prévision des difficultés qui accompagnent l'éducation d'une famille, et par la crainte de la pauvreté dépendante, que de l'encourager, pour la réprimer seulement ensuite par le besoin et la maladie ». Mais Condorcet accompagnait ses observations d'une attaque qui visiblement trouble Malthus, contre « les ridicules préjugés de la superstition » et la morale de l'« austérité » : le remède préconisé par Condorcet, n'est-ce pas « une espèce de concubinage ou un mélange de sexes exempt de toute gêne, qui préviendrait la fécondité, ou je ne sais quel autre moyen d'obtenir la même fin, qui ne serait pas moins contraire à tout ce que nous prescrit la nature » ? Voilà pourquoi Malthus, dans la première édition, distingue à peine entre le vice et l'obstacle préventif « Poussé à l'accroissement de son espèce par un instinct également puissant, la raison interrompt sa carrière et lui demande s'il ne peut lui arriver de mettre au monde des êtres auxquels il ne peut fournir les moyens de subsistance... Ces considérations sont faites pour empêcher un très grand nombre de toutes les nations civilisées de suivre la prescription de la nature, qui est de s'attacher de bonne heure à une femme. Et cette restriction produit *presque nécessairement, quoique non pas absolument*, le vice ». Il ajoute que dans les vieux États, comme l'Angleterre, l'obstacle préventif agit, avec une force variée, dans toutes les classes de la société, et que « les effets de ces restrictions au mariage ne sont que trop apparentes dans les vices qui se produisent en conséquence dans presque toutes les parties du monde ». Dans la deuxième édition, l'association des deux idées se trouve rompue, et Malthus développe, sans y apporter de réserves, l'idée qu'il faut augmenter l'action de l'obstacle préventif aux dépens de l'action de l'obstacle positif. Dans la première édition, il constatait l'impossibilité pour le genre humain d'échapper à la misère et demandait que l'humanité s'abstînt de recourir à de soi-disant remèdes absurdes et coûteux : des palliatifs seuls étaient concevables. Dans la deuxième édition, il rejette certaines mesures que l'on propose, et par exemple l'émigration, précisément parce qu'il y voit non des remèdes, mais de simples palliatifs. Plus explicitement encore que dans la première édition, il désavoue « le prétendu droit des pauvres à être entretenus aux frais de la société » et demande la promulgation d'une loi « portant que l'assistance des paroisses sera refusée aux enfants nés d'un mariage contracté plus d'un an après la promulgation de la loi, et à tous les enfants illégitimes nés deux ans après la même époque ». Les remèdes à employer, sans parler de la charité privée, ce seront des institutions propres à augmenter l'action de l'obstacle préventif : les sociétés de secours mutuels, qui déjà se propagent en Grande-Bretagne, et surtout les institutions d'instruction publique. « Jusqu'à ce que le langage de la nature et de la raison, en ce qui concerne la population, soit généralement entendu, et qu'il ait remplacé le langage de l'erreur et du préjugé, on ne saurait dire qu'on ait essayé d'éclairer la raison du peuple. Pour être en droit de l'accuser, il faut commencer par l'instruire. »

Malthus veut donc qu'on assigne à l'État une fonction pédagogique : il préconise le système, avant lui préconisé par Adam Smith, d'écoles paroissiales où les enfants des pauvres recevraient une éducation élémentaire. Adam Smith avait demandé déjà que l'instruction donnée dans ces écoles fût plus pratique que celle qui était donnée dans les maigres « écoles de charité » déjà existantes, que l'on y enseignât les éléments de la géométrie et de la mécanique. Malthus va plus loin, demande un enseignement populaire et pratique d'économie politique, veut que l'on dissipe les préjugés courants qui se rapportent tant à la vente et à l'accaparement des grains qu'au principe de population. On objecte que l'instruction populaire fait des révoltés, que le peuple n'apprend à lire que pour lire les pamphlets de Thomas Paine. Une assertion du même genre avait été réfutée déjà par Adam Smith ; mais les additions que Malthus propose de faire aux programmes de l'enseignement populaire lui permettent de réfuter l'objection avec plus de force encore. Le plan de réforme des lois des pauvres aboutissait chez Bentham à un programme d'enseignement populaire ; chez Malthus, en fin de compte, il se réduit à cela. L'enseignement populaire s'était déjà développé, en Angleterre, sous l'impulsion des dissidents, en particulier des méthodistes. Mais au mouvement déjà existant, Malthus apporte une formule utilitaire. Il est juste, disaient les protestants, que tous les hommes, égaux devant Dieu, participent autant que possible également à la connaissance des livres saints, de la loi divine, de la loi morale. Il est utile, dit Malthus, que tous les hommes connaissent les lois physiques auxquelles le développement, l'accroissement de l'espèce, est soumis, afin qu'ils apprennent à régler l'accroissement de leurs besoins sur l'accroissement de la quantité de jouissances que la nature met à leur disposition.

Nous sommes à présent en mesure de définir l'attitude intellectuelle de Malthus. On peut bien, dans un certain sens, considérer l'*Essai* de 1798, réfutation de Godwin et de Condorcet, comme une manifestation de l'opinion réactionnaire, qui triomphe en Angleterre, aux environs de 1800 : l'objet de Malthus n'est-il pas de démontrer le caractère illusoire de la théorie de la perfectibilité indéfinie ? La conception de la vie humaine qui résulte de sa doctrine est, nous dit-il, « mélancolique ». Il ne veut pas cependant que l'on en tire une politique de l'obéissance passive, une morale de la résignation au mal, la vie étant considérée comme « un état d'épreuve, et une école de vertu, qui prépare à un état supérieur de bonheur ». Dieu veut le bien de l'homme en ce monde ; et les besoins du corps ont pour fin d'éveiller l'esprit, de le rendre capable de progrès. C'est pour fournir des stimulants de ce genre, pour contraindre l'homme à la mise en culture de la terre tout entière, qu'il a été ordonné que la population s'accrût plus vite que la nourriture : si elle s'accroissait selon la même loi, l'homme n'aurait jamais émergé de l'état sauvage. Malthus tient donc pour l'idée humaine du progrès contre l'idée surnaturelle de la rédemption. En fait, Malthus est, et restera toujours, un libéral, un whig. Il annonce, dès les premières pages de son livre, son désir de tenir la balance égale entre « l'avocat de l'ordre de choses établi », qui considère indistinctement les philosophes politiques comme des ambitieux ou des illuminés, et « l'avocat de la perfectibilité de l'homme et de la société », qui considère le défenseur des institutions établies comme un esclave des préjugés, ou un homme qui vit des abus. Il ne reproche pas à Paine d'avoir affirmé les « droits de l'homme » : l'homme a des droits, qu'il lui est utile de connaître. Mais précisément rien ne contrebalancerait d'une façon aussi efficace les maux occasionnés par les *Droits de l'Homme* de Paine, qu'une connaissance générale des droits *réels* de l'homme. C'est en Amérique que Paine a formé son système ; et l'Amérique diffère de l'Europe, en ce que les conditions physiques y permettent à la population de doubler tous les vingt-cinq ans. Avant toutes les lois sociales, dit l'abbé Raynal et, après lui, Godwin, l'homme avait le droit de subsister : autant dire qu'il avait le droit de vivre cent ans. Mais, dans l'un et l'autre cas, la question importante n'est pas la question de *droit*, c'est la question de *pouvoir*. Les lois sociales augmentent chez les individus le pouvoir, et, par suite, si l'on veut, le droit de subsister. Mais, ni avant ni après l'institution des lois sociales, un nombre d'individus illimité n'a joui de la faculté de vivre ; donc, avant comme après, celui qui s'est vu privé de cette faculté, s'est aussi vu privé du droit de l'exercer. L'éducation, et aussi la liberté civile, contribueront seules à diminuer la misère en donnant à l'individu un sentiment accru de sa responsabilité, un pouvoir de réflexion plus développé, plus de prudence ; d'où l'entrée en action de l'obstacle préventif. Un peuple ignorant et dépourvu de droits civils justifie, par ses violences et ses excès, les réactions et les oppressions : c'est ce qui est funeste. « Donnez à un État la liberté en suffisance, et le vice ne peut exister ». Et, d'autre part, l'idée même de l'instruction publique n'est-elle pas une idée égalitaire ? n'exige-t-elle pas que l'État corrige certaines inégalités, diminue, aux frais des riches, la distance qui, faute de cette intervention, séparerait l'intelligence du riche de celle du pauvre ?

Donc, l'idée des obstacles que la nature physiologique de l'homme et la nature physique de la terre mettent au progrès indéfini de l'espèce humaine ne contredit pas radicalement l'idée de progrès. Malthus rejette ce qu'il y a d'utopique dans les vues de Condorcet et de Godwin. Il ne veut pas considérer l'homme comme une intelligence pure, dont rien ne saurait par suite jamais borner le progrès. Mais il faut distinguer entre un progrès illimité et un progrès dont la limite ne peut pas être déterminée. Le premier est un progrès qui n'est pas applicable à l'homme sous les lois actuelles de sa nature. Le second est incontestablement applicable. Les hommes, peu à peu mieux instruits, apprendront à régler l'accroissement de la population sur l'accroissement des subsistances, en attendant, pour fonder une famille, d'être assurés qu'ils pourront la faire subsister. Mais Condorcet n'avait-il pas dit précisément la même chose ? Godwin aura-t-il tort, en 1801, dans ses *Pensées sur le sermon de Parr*, de déclarer que les observations de Malthus confirment sa théorie, loin de la détruire ? « Plus les hommes s'élèveront au-dessus de la pauvreté et d'une vie d'expédients, plus la décence prévaudra dans leur conduite, la modération dans leurs sentiments. Là où chacun possède une individualité, nul ne sera disposé à se distinguer par une imprudence obstinée. Là où un homme possède tous les moyens raisonnables d'obtenir le plaisir et le bonheur, il ne se hâtera pas de détruire sa tranquillité propre et celle des autres par des excès irréfléchis. » Condorcet avait déjà émis la même opinion. Mais Godwin et Condorcet comptent sur un jour où toute distinction des riches et des pauvres serait abolie ; Malthus ne vise qu'à l'augmentation numérique de la classe moyenne : thèse importante qui deviendra fondamentale chez les économistes, les politiques, les moralistes du radicalisme philosophique. Il est nécessaire qu'il y ait des besogneux, mais le nombre en peut être réduit constamment. On conçoit dès lors, si Malthus ne se sépare des théoriciens du progrès indéfini que par une interprétation plus modérée de leur théorie elle-même, pourquoi son influence s'est exercée, d'abord, sur la fraction libérale de l'opinion. Malgré les efforts de Malthus pour démontrer le caractère providentiel de la loi de population, les chrétiens condamnent une doctrine selon laquelle la Providence n'aurait pas mis d'harmonie entre l'accroissement normal des subsistances. L'*Edinburg Review*, d'opinion whig, est malthusienne dès l'origine ; la revue tory le *Quarterly Review*, ne se convertira pas. On comprendra le caractère de l'influence exercée par ce livre en comparant les deux discours, relatifs à la loi des pauvres, prononcés par le même membre du Parlement, Samuel Whitbread, en 1796 et en 1807. En 1796, il demande qu'on autorise les juges de paix à fixer le salaire du travail à chaque session trimestrielle ; et sa motion, appuyée par Fox, et par Jekyll, lieutenant de lord Lansdowne, est combattue par Pitt qui, un an avant d'introduire son propre *bill* philanthropique, proteste contre cette politique d'intervention gouvernementale, reproche aux lois des pauvres de ne pas faire la distinction des malheureux et des paresseux, préconise le développement des sociétés de secours mutuels. Onze ans plus tard, aux applaudissements de Malthus, Whitbread dépose un *bill* dont les deux traits principaux sont une régularisation et une démocratisation du droit de suffrage dans les assemblées de paroisse, et un système d'instruction populaire universelle. Entre 1796 et 1807, l'influence de Malthus s'est exercée sur le parti libéral. Elle a été une influence démocratique. Pour ce qui touche en particulier à l'éducation des pauvres, la théorie radicale de l'instruction populaire est d'origine malthusienne.

Les circonstances historiques expliquent en partie l'immense succès obtenu par le livre de Malthus. Entre 1794 et 1800, il y a, en Angleterre, une série de mauvaises moissons, dans un temps où le continent ne peut fournir que de faibles quantités de blé, contre un nombre d'habitants toujours grandissant. La crise parviendra à son plus haut point de gravité en 1800, lorsque le blé montera à cent vingt-sept shillings le *quarter* : elle a éclaté dès 1795, lorsque Burke écrit ses *Thoughts and Details*. La production industrielle d'un pays peut croître, pendant que la production agricole reste stationnaire ; et par suite, en raison de l'accroissement de la population, la richesse d'une société peut croître, sans accroissement correspondant de bonheur pour la classe laborieuse. « Il m'est impossible, écrit Malthus, d'imaginer rien de plus détestable que de condamner sciemment les ouvriers de son pays aux haillons et aux misérables chaumières de l'Irlande, pour le plaisir de vendre un peu plus de beaux draps et de toiles de coton. La puissance et la richesse d'une nation n'ont de valeur, en somme, qu'en tant qu'elles conduisent au bonheur ». Godwin avait attiré l'attention de Malthus sur ce phénomène économique, négligé par Adam Smith ; mais Godwin l'explique par une surproduction qui profite seulement aux riches, tandis que Malthus l'explique, au contraire, par ce qu'on pourrait appeler la « surconsommation ». Les hommes sont trop nombreux, ne travaillent pas assez, ne peuvent pas travailler assez pour vivre tous en abondance.

On pourrait sans doute encore tenir le phénomène pour temporaire, et proposer des remèdes empiriques : le libre-échange qui augmente la quantité des objets de consommation, l'émigration qui diminue le nombre des consommateurs. Cependant Malthus est protectionniste, afin de maintenir, à l'intérieur de la nation, l'équilibre de l'agriculture et de l'industrie, et considère l'émigration comme un « expédient partiel », « absolument insuffisant pour faire place à une population qui croît sans limite ». Il tient à démontrer que le phénomène qui l'intéresse, la pression exercée par la population sur les moyens de subsistance, est un phénomène non temporaire, mais constant, en vertu d'une loi nécessaire. Et certainement le caractère absolu, mathématique, donné par Malthus à

sa doctrine, explique, indépendamment des circonstances historiques, le crédit prodigieux qu'elle obtint. La double loi de Malthus
présente cependant un caractère doublement approximatif : la population, quand elle ne subit aucune entrave, croît, selon Malthus
lui-même, *au moins* en raison géométrique ; la nourriture, dans les
mêmes conditions, croît *au plus* en raison arithmétique. Mais c'est
le caractère pseudo-mathématique de la loi, inspiré par l'analogie
vague de certaines lois physiques, qui va conférer à la nouvelle
doctrine un prestige souverain. « Dans l'esprit de tous les hommes
raisonnables, dira vingt ans plus tard Ricardo, le principe que défend Malthus est pleinement établi ». « Quant à sa base mathématique, dira Hallam, autant discuter la table de multiplication que
de la révoquer en doute. » Or, l'*idée* maîtresse de Malthus est peut-
être vraie : mais elle lui est commune avec d'autres, que nous allons
voir, en même temps que lui et indépendamment de lui, découvrir
la théorie de la rente différentielle, et qui n'avaient pas besoin, sans
doute, pour la découvrir, de connaître la loi des deux progressions.
La *loi* de Malthus, au contraire, est certainement fausse. Elle lui est
propre. Elle fait sa gloire.

Enfin, quelles qu'aient été les causes historiques du succès obtenu
par le livre de Malthus, il nous importait de montrer par quels liens
étroits la nouvelle théorie se rattache à la tradition utilitaire, celle
qu'incarnent Adam Smith et Bentham. La philosophie du progrès
indéfini a elle-même son origine chez Hartley et Priestley, précurseurs de l'associationnisme des utilitaires : l'œuvre de Malthus, c'est
d'incorporer la loi du travail, fondamentale chez Adam Smith, à
une théorie du progrès, de lui donner à elle-même la forme d'une
loi de progrès. D'ailleurs Malthus est un adepte conscient de la philosophie de l'utilité, dont il emprunte la formule non à Bentham,
mais à Paley. « Je ne sais, écrit-il dès sa première édition, comment il est possible à quiconque tient le principe de l'utilité pour
le grand fondement de la morale, d'échapper à cette conclusion
que la contrainte morale, tant que nous ne sommes pas en état de
faire subsister une famille, est un devoir strict ». Plus précisément,
c'est au principe de l'identité naturelle des intérêts qu'il se réfère.
« Le bonheur du tout, écrit-il, doit être le résultat du bonheur des
individus, et commencer d'abord par eux. On n'exige aucune coopération. Tous les pas rapprochent du but. Celui qui accomplit son

devoir fidèlement en recueillera tous les fruits, quel que puisse être le nombre des autres qui échouent. Cette obligation est expresse, et intelligible à l'esprit de la capacité la plus humble : c'est seulement qu'il ne faut pas mettre au monde des êtres pour lesquels on ne peut pas trouver les moyens de subsistance. » D'ailleurs, il y a une *vis medicatrix reipublicæ*, « le désir d'améliorer son sort ou la crainte de l'empirer », la poursuite de l'intérêt individuel, l'égoïsme, qui « résiste efficacement aux mauvais effets de quelques institutions humaines », et sert, particulièrement en Angleterre, de contrepoids naturel à tous les encouragements artificiels que la loi donne au mariage des pauvres.

Mais il faut s'entendre. Si l'égoïsme, qui est un instinct, commande à l'individu, dans son intérêt propre, d'éviter un accroissement excessif de la population, et tout d'abord de notre propre famille, l'« égoïsme », entendu comme l'obéissance à toutes les impulsions de l'instinct, nous commande d'obéir, entre autres impulsions, aux impulsions de l'instinct sexuel, et de tous les instincts affectifs qui se greffent sur lui. « Dans toutes les sociétés, même les plus vicieuses, la tendance à une liaison vertueuse est si forte, qu'il y a effort constant vers un accroissement de population. » La conséquence, c'est la misère, qui résulte non d'institutions sociales défectueuses, mais de la nature physiologique de l'homme, mise en face de la nature physique. D'où une modification apportée au principe de l'identité naturelle des intérêts, modification qui permet peut-être de définir, une fois de plus, la différence qui sépare Malthus des philosophes du progrès indéfini. Pour ceux-ci, la contrainte morale est *conforme à la nature* ; car elle consiste en un raisonnement ; or la loi du progrès, pour Condorcet comme pour Hartley, est par essence une loi intellectuelle ; et l'homme est, par essence aussi, une intelligence. Au contraire, selon Malthus, l'homme est, par définition, un être physiologique, qui peuple la nature : l'intelligence, qui contrecarre l'instinct, travaille donc *contre la nature*. Nous avons affaire moins à deux conceptions différentes du progrès qu'à deux conceptions différentes de ce qui, dans le progrès, est *naturel* et de ce qui est *artificiel*.

Malthus, en d'autres matières, à des époques postérieures, se réfère expressément au principe de l'identification artificielle des intérêts. Il essaie, dans l'introduction de son *Économie politique*, de montrer sous quelles réserves doit être accepté le principe d'Adam Smith, selon lequel « la meilleure manière de conduire un peuple à la richesse et la prospérité est de *ne pas* intervenir en ces matières ». Il est protectionniste, et son opuscule de 1814 relatif au problème des droits sur l'importation des blés est un modèle d'« arithmétique morale », Malthus concluant, après avoir examiné en détail la répercussion de l'abolition des droits sur les intérêts des diverses catégories de citoyens, que cette mesure serait contraire au bonheur du plus grand nombre. Mais, déjà en 1798, il contredit Godwin, qui, après Priestley, avait condamné toute espèce d'enseignement d'État, d'instruction obligatoire : Priestley et Godwin tenaient le progrès intellectuel pour un développement normal et spontané de notre nature. Selon Malthus, au contraire, il faut éclairer l'égoïsme, réagir artificiellement contre les impulsions aveugles de l'instinct, et, pour cela, développer l'instruction. Sans doute, Adam Smith avait admis que l'État dût se charger de l'instruction populaire, tout en acceptant le principe de l'identité naturelle des intérêts. Mais il est intéressant de noter que, dans les deux passages de son livre où il attribue à l'État une fonction pédagogique, il viole consciemment le principe qu'il avait d'abord posé. Par exemple, le principe de l'égalité des salaires est une forme dérivée du principe de l'identité des intérêts. Mais il est contrarié, en certains cas, par la politique des États d'Europe, qui augmente la concurrence dans certaines occupations au-delà de ce qu'elle serait naturellement : cela est vrai en particulier des ecclésiastiques et des gens de lettres, élevés aux frais de l'État, pour se trouver ensuite sans emploi, mal payés, déclassés. Pourtant, Adam Smith ne reproche pas aux États en question de prodiguer l'instruction. « Cette inégalité est, en somme, peut-être plutôt avantageuse que nuisible au public. Elle peut jusqu'à un certain point dégrader la condition d'un professeur ; mais le bon marché de l'éducation littéraire est sûrement un avantage qui fait contrepoids, et au-delà, à cet inconvénient insignifiant. » — De même encore, le principe de la division du travail est l'expression même du principe de l'identité naturelle des intérêts. La première obligation de l'État est de l'encourager, ou plus exactement, pour employer une expression négative, de ne pas l'entraver ; normalement, la division des occupations devrait « placer le plus grand nombre des individus dans des situations qui forment naturellement en eux, sans aucune attention de la part du gouvernement, presque tous les talents et toutes les vertus que la société requiert ». Mais Adam Smith constate que le progrès de la division du travail, en confinant chaque ouvrier dans une occupation de plus en plus absorbante et spéciale à la fois, tend à le rendre « aussi stupide et aussi ignorant qu'il est possible à une créature humaine de le devenir ». L'ouvrier devient incapable d'apprécier les grands intérêts de son pays, incapable de défendre son pays à la guerre. « Sa dextérité dans son propre métier semble de la sorte être acquise aux dépens de ses vertus intellectuelles, sociales et militaires. Mais, dans toute société progressive et civilisée, tel est l'état dans lequel doivent tomber les travailleurs pauvres, c'est-à-dire la grande masse du peuple, *à moins que le gouvernement ne prenne quelque peine pour le prévenir* ». Il devient donc obligatoire pour l'État, dans l'intérêt du plus grand nombre, de corriger, par l'éducation, les effets, funestes au moins sur un point, de la division du travail. Il devient, en d'autres termes, nécessaire de restreindre la portée du principe de l'identité naturelle des intérêts, et de dire : les intérêts de tous les individus sont identiques, pourvu que les individus connaissent leurs intérêts ; or c'est une fonction de l'État de leur enseigner à les connaître.

Chapitre III : Bentham, James Mill et les Benthamites

Les dix années qui précèdent 1815 sont marquées en Angleterre, après l'éclipse qu'avait subie l'utilitarisme utopique, anti-gouvernemental et communiste de William Godwin, par une renaissance générale des opinions libérales et démocratiques. En 1807, le grand journaliste Cobbett, qui a été, toute sa vie, un démagogue, mais non pas toujours un démocrate, abandonne le camp des anti-jacobins pour passer au parti de la paix et de la réforme : il appuie de son influence l'élection retentissante de sir Francis Burdett à Westminster. La même année, Romilly s'attache à l'étude des réformes que réclame l'état du droit anglais, particulièrement du droit pénal. Après Wordsworth, Southey et Coleridge, devenus tories, une génération nouvelle de poètes révolutionnaires — Byron, Keats et Shelley — va se lever, pour scandaliser et frapper en même temps l'imagination de leurs contemporains. D'ailleurs, en 1808, à la suite de l'invasion de l'Espagne par Napoléon, toute la péninsule Ibérique se soulève contre l'occupation française, et l'opinion anglaise encourage Canning à soutenir les Espagnols par des expéditions militaires et des secours d'argent. Ce qui fournit aux anciens poètes révolutionnaires de 1789, et surtout à Southey, l'occasion d'une campagne libérale : comme au temps de Louis XIV, l'Angleterre recommence à jouer le rôle de la nation à traditions libérales, en face du despotisme « à la turque », dont Napoléon, sur le continent, renoue la tradition.

En 1808, Bentham fait la connaissance de James Mill. James Mill est un de ces Écossais à la tête solide et dure, dont l'énergie fit la conquête intellectuelle de l'Angleterre vers la fin du XVIIIe siècle. Il était né en 1773, au moment où Bentham commençait à écrire, dans cette partie de la Grande-Bretagne qui se fait orgueil de posséder, à l'exclusion de l'Angleterre ou de l'Irlande, le monopole du génie métaphysique, déductif et abstrait, dans ce comté de Montrose où l'on se montrait, séparées par des distances de quelques lieues, les maisons où naquirent Beattie, Reid et Campbell. Fils d'un cordonnier de village, il avait, sous la direction d'une mère ambitieuse, et par la protection de la famille aristocratique de sir John Stuart, futur parrain de son fils, reçu une instruction supérieure à son état. Précepteur dans de grandes familles écossaises, étudiant en théologie à l'Université d'Edimbourg, il commença même à faire le métier de prédicateur : une sacoche contenait encore, dans sa maison de Queen's Square Place, après 1810, le paquet des sermons qu'il avait prononcés. Mais il était attiré par « la grande route qui mène à Londres ». En 1802, il arrive dans la capitale, à la suite de sir John Stuart, récemment élu membre du Parlement. « Je suis extrêmement ambitieux de rester ici, écrivait-il à son ami d'enfance, le chimiste Thomas Thomson, car je sens que c'est de beaucoup le meilleur théâtre pour un homme de lettres, à un point que l'on ne peut se figurer avant d'être sur les lieux ». Il vivait là, faisant le métier de journaliste, tantôt directeur, tantôt simple rédacteur au *British Review*, au *Monthly Review*, à l'*Eclectic Review*, à l'*Annual Review*, à l'*Edinburgh Review*, lorsqu'il connut Bentham. Était-il déjà le disciple de Bentham ? Il nous le laisse entendre quelque part, et on peut tenir son témoignage pour véridique. Quoi qu'il en soit, c'est en 1808 que Bentham paraît l'avoir remarqué pour la première fois : nous le voyons, l'hiver suivant, communiquer à Dumont la notice élogieuse que vient de lui consacrer, dans l'*Annual Review*, ce lui qui va devenir pour lui une sorte de second Dumont. « Voilà qui est très bien, s'écrie Dumont, j'aime l'homme. — Il dit son sentiment à voix haute et intelligible. — Il n'est pas comme des *tièdes* que je connais — des admirateurs honteux — qui vous disent vingt belles choses dans une chambre, et qui n'osent pas ou ne veulent pas en exprimer une seule dans un écrit. » De Pentonville, où il habite, Mill commence par faire de fréquentes visites à Bentham, allant souvent dîner et passer la soirée chez lui. En 1809, il habite sous son toit, pendant deux ou trois mois de l'été, avec sa femme et son fils John, dans sa propriété de campagne de Barrow Green. En 1810, Bentham lui donne pour résidence la maison de Milton, contiguë à la sienne dans Queen's Square Place, et qui lui appartient. La maison est malsaine, et Mill la quitte bientôt ; mais en 1814, Bentham loue, pour la lui sous-louer à moitié prix, une autre maison, voisine de la première, où Mill habitera pendant seize ans. Depuis 1806, James Mill travaille à son *Histoire de l'Inde britannique*, dont l'idée peut lui avoir été suggérée par un passage des *Traités*, il est pauvre, et les articles de revue qu'il écrit ne suffisent à le faire vivre que pauvrement, en attendant le jour où, son *Histoire* terminée, il sera pourvu, en 1818, d'une place importante dans les bureaux de la Compagnie des Indes. Bentham rend donc à James Mill, en l'aidant à vivre, un inestimable service. Mais c'est que Bentham ne saurait se passer de celui qui, à ses côtés, avec autant de zèle et plus de suite, a repris le rôle de rédacteur et de metteur au net, rempli jusqu'alors par Dumont seul. Avec un « besoin d'admirer » qui fait de lui, pour Bentham, le disciple idéal, avec un tempérament énergique et un caractère despotique qui font de lui, pour tous excepté pour Bentham, un maître redouté, avec un génie de la déduction et de l'exposition logiques qui donne à ses œuvres une sorte d'originalité, même dans l'expression des idées d'autrui, Mill rend à Bentham autant de services que Bentham lui en rend à lui-même. Bentham donne à Mill une doctrine, Mill donne à Bentham une école.

I. La naissance du radicalisme.

En 1808, lorsqu'il fait la connaissance de James Mill, Bentham est âgé de soixante ans ; comprenons bien cependant, malgré la bizarrerie du fait, qu'il est encore très peu connu par le public anglais à titre de théoricien, de réformateur de la science du droit. Pour le grand public, il est principalement et presque exclusivement l'homme du *Panopticon*. Il est un de ces « hommes à une idée » qui pullulent alors en Angleterre : Spence, qui prêche le communisme agraire ; Cartwright, qui préconise le suffrage universel ; Robert Owen, l'homme de la régénération morale de l'humanité par les villages quadrangulaires. Ou, plus exactement, car Bentham n'a pas de panacée universelle, il est un « philanthrope » à la manière de Howard, le réformateur des prisons, ou de Wilberforce, l'anti-esclavagiste, qui furent l'un et l'autre ses amis. Mais, vers 1808, Bentham est en droit de considérer sa campagne philanthropique comme une campagne perdue. Il devient vieux, et a tout lieu de se demander si sa vie n'est pas manquée. La philanthropie déçue se change chez lui en misanthropie : il est mécontent et découragé.

Les débuts de sa campagne remontent à 1790, quand le retour en Angleterre de son frère Samuel Bentham lui a donné, pour la partie architecturale du projet, un collaborateur compétent. Dès 1791, Bentham est entré en rapport avec Pitt. En 1792, la mort de Jérémie Bentham le père l'a mis en possession d'un capital important. Au mois de mars de la même année, il adresse à Pitt, premier lord de la Trésorerie, et à Dundas, son secrétaire, « une proposition de prendre la responsabilité de mille condamnés, conformément au plan ci-dessus mentionné de construction et d'administration, aux conditions y mentionnées ». En 1793, Pitt et Dundas viennent en personne examiner, chez Bentham, les modèles de l'établissement pénitentiaire. Enfin, en 1794, une loi est votée, autorisant « l'administration par contrat », et désignant, pour situation de la prison, l'endroit appelé Battersea Rise, que Blackstone et Eden avaient déjà songé à utiliser de la même façon. Les négociations de Bentham avec les propriétaires du terrain échouent ; et c'est sur l'autre rive de la Tamise, à Millbank, qu'il finit par acheter au marquis de Salisbury un terrain de la valeur de douze ou quatorze mille livres, au lieu de deux mille livres primitivement allouées par le Parlement à Bentham. Mais l'affaire continue à traîner, quoiqu'elle soit encore introduite par Colqhoun, avec les recommandations les plus chaudes, devant le *Finance Committee* de 1798. Bentham est ruiné, « réduit à fermer sa maison (pendant trente-trois ans la résidence de sa famille), heureux de trouver la maison d'un frère pour s'y réfugier ». En Irlande, son projet a attiré, vers 1790, l'attention de sir John Parnell ; c'est à sa demande, et avec l'espoir d'être imprimé aux frais du Parlement irlandais, que Bentham a rédigé son ouvrage intitulé *Panopticon* ; mais les choses en sont restées là, et Bentham a imprimé l'ouvrage à ses frais. A Edimbourg, l'architecte Adam s'est inspiré de l'idée de Samuel Bentham pour construire une prison semi-circulaire : mais c'est Adam qui retire le profit, moral et matériel, de l'entreprise.

Enfin Pitt tombe du pouvoir ; mais Bentham se heurte, chez son successeur, à la même indifférence. « C'est aujourd'hui l'espoir de Mr. Addington — comme c'était l'espoir de Mr. Pitt — de me voir mourir de désespoir, comme un rat dans son trou. Je puis mourir un jour ou l'autre ; mais tant que la perfidie, la trahison, l'oppression, la corruption, le pouvoir arbitraire, l'usurpation des droits du Parlement, la propagation obstinée de l'immoralité et la misère seront maintenus par lui à l'ordre du jour, il trouvera, ma vie durant, que je vis pour le tourmenter. Ai-je dit "ma vie durant" ? Même après ma mort, je ne le lâcherais pas ». Il mène de front la rédaction de trois opuscules : le premier, intitulé *Panopticon versus New South Wales*, où, dans une lettre adressée à lord Pelham, il institue un parallèle entre les deux systèmes du *Panopticon* et de la déportation ; — le second qu'il intitule successivement *The True Bastille*, puis *The Constitution conquered, enfin, A Plea for the Constitution*, où, s'inspirant des documents fournis innocemment, et sans intention polémique, par un ancien *judge-advocate* de la colonie, il signale les abus de pouvoir commis : prolongations indues de peines, formes détournées de servage, « en violation de la Grande Charte, de la Pétition de Droit, de la loi d'*Habeas Corpus*, et du *Bill of Rights* » ; — et enfin des *Observations on a late exercise of legislative power by the Duke of Portland, in declared contempt of Parliament*, attaque si violente contre la personne du duc, que les amis les plus zélés de Bentham, Romilly, qui propage ses idées dans le milieu whig de Holland House, Wilberforce, qui sert d'intermédiaire entre le ministère et lui, s'émeuvent, à la communication du manuscrit. « On affaiblit tout ce qu'on exagère », écrit

Romilly à Bentham ; mais il ajoute naïvement que l'opuscule est, légalement, diffamatoire, et d'autant plus diffamatoire qu'il est plus vrai. Wilberforce plaide auprès de Bentham la cause des ministres. Pitt a été négligent, mais il est absorbé par tant d'affaires. Lord Spencer a fait échouer les premières négociations de terrain, mais est-il personnellement responsable ? Enfin pourquoi ces attaques contre lord Belgrave ? « Vous parlez sur un ton léger, sinon railleur, de son caractère religieux... Est-ce à Mr. Bentham, le réformateur des hommes vicieux (et à aucun égard il ne m'a jamais apparu sous un jour plus aimable ou plus digne, que lorsqu'il exerçait les ressources de son esprit ingénieux en vue d'une fin aussi louable), est-ce à *lui* qu'il appartient de tourner quelqu'un en dérision parce qu'il fait *de la propagande chrétienne* ? ». On voit où les deux philanthropies, la philanthropie chrétienne de Wilberforce, et la philanthropie de Bentham, qui s'inspire d'Helvétius, commencent à diverger. Wilberforce est un conservateur, ami de tout le monde, qui voudrait bien qu'aucun de ses amis n'eût tort. Il n'en a pas moins la plus profonde pitié pour le « cœur malade » de Bentham, intercède activement pour lui alors même qu'il le révolte par son apparente tiédeur. Il lui vient en aide, dans les temps difficiles. « Nul n'a été traité plus mal que Bentham ; j'ai vu les larmes couler sur les joues de cet homme d'esprit énergique, tant il était obsédé par l'importunité pressante des créanciers, et par l'insolence des fonctionnaires subalternes, alors que, tous les jours, il allait mendier, à la Trésorerie, ce qui, effectivement, lui était dû en droit strict. Quelle indignation j'ai souvent ressentie, à le voir traité de la sorte par des hommes qui lui étaient infiniment inférieurs ! Il en a été tout à fait aigri ; et je ne doute pas que l'amertume de ses opinions postérieures n'ait été due en grande partie à ces mauvais traitements ».

Le philanthrope insulté, l'inventeur méconnu, le *projector* perpétuellement traité de fou, peut finir par tomber dans la mélancolie. Mais Bentham a la tête plus robuste : il modifie seulement, ou, plus exactement, il complète sa philosophie, sous la pression des circonstances. Il s'en prend de ses déboires au roi, qui se souvient toujours, pense-t-il, de la polémique de 1789. Il s'en prend aussi à l'apathie, à l'égoïsme de caste de l'aristocratie tout entière, des factions intéressées entre lesquelles elle se divise, et qui se disputent, à grand bruit, la jouissance du pouvoir politique. Il se souvient avec ironie du temps de sa jeunesse où, grand réformateur, il croyait qu'il suffirait d'éclairer l'aristocratie pour la convertir aux idées réformatrices. Il s'était trompé, il l'avoue dans une note ajoutée en marge de son *Introduction*, et comprend maintenant que l'aristocratie est, par essence, ennemie des réformes. La réforme juridique suppose accomplie la réforme politique, car, en politique comme partout ailleurs, l'esprit corporatif est le pire ennemi du principe de l'utilité publique ; et l'aristocratie est une corporation, une société particulière constituée au sein de la grande société, avec des intérêts séparés. C'est la conclusion dont les prémisses sont, pour Bentham, moins des principes abstraits, que les événements réels qui ont marqué les vingt dernières années de son existence. Il reprochera un jour à James Mill de détester l'oppression moins par amour du grand nombre que par haine du petit nombre. L'observation ne s'appliquerait-elle pas tout aussi bien à Bentham ? Ses déceptions, ses misères font de lui un démocrate ; en haine du monarque et de ses ministres, il devient un ennemi réfléchi des institutions monarchiques et aristocratiques.

Telles étant les causes lointaines qui déterminèrent l'évolution de la pensée de Bentham dans le sens démocratique, il convient de rechercher les causes prochaines qui précipitèrent cette évolution et lui donnèrent, aux environs de 1808, le caractère d'une subite révolution. Jusqu'à cette date, Bentham s'est trouvé, par la force des choses, en relation avec le parti whig : ses deux plus intimes amis, Romilly et Dumont, sont reçus en amis à Holland House, centre social de la faction. C'est en Espagne, au Portugal, et dans l'Amérique du Sud, que l'ouvrage de Bentham et de Dumont a trouvé le plus fort débit : Bentham devient donc tout naturellement « ibérophile », comme on l'est à Holland House. Pour dénoncer les abus, il ne peut faire autrement que de parler le langage d'un whig et de « plaider la cause de la constitution », de dénoncer « la vraie Bastille ». Mais de son éducation tory, de son antipathie instinctive contre la politique des partis et des coteries, il a gardé une hostilité tenace contre le parti whig.

Il méprise — lui-même le confie à Dumont dans une lettre privée — ces politiciens parfois si imprudents, que, pour faire plus de mal au ministère, ils seraient heureux de mettre le monde à feu et à sang. Il déteste Fox, et s'est dérobé à toutes les tentatives faites par le docteur Parr, dans l'intérêt de ses desseins philanthropiques, pour le mettre en rapport avec le chef de l'opposition. Mais voici le fait caractéristique entre tous. Depuis 1792, Bentham habite Westminster ; et Westminster va se trouver prendre, aux environs de 1810, dans l'histoire politique de l'Angleterre, l'importance qu'avait eue, aux environs de 1770, le comté de Middlesex. Par la mort de Pitt et de Fox, les deux partis historiques perdent de leur prestige ; et quand, aux élections de 1807, le parti tory exploite contre le parti whig les passions patriotiques et anti-catholiques, quand le parti whig riposte en dénonçant dans le parti tory le parti des « amis du roi », courtisans sans principes et corrompus, combien d'électeurs ne sont pas tentés de donner raison aux uns et aux autres et de les renvoyer dos à dos ! Le vieil esprit d'hostilité commune aux deux factions, rivales et cependant complices, de l'aristocratie, aux *ins* et aux *outs*, se réveille, principalement dans les grands centres, et particulièrement à Westminster. « La cité et la liberté de Westminster », sous le régime électoral incohérent qui va se perpétuer jusqu'en 1832, est une circonscription à suffrage très étendu, mais où les dix-sept mille électeurs, obéissant, depuis de longues années, aux conseils des factions aristocratiques, nomment régulièrement, à chaque élection, un représentant whig et un représentant tory. En 1807, le charme est rompu : sir Francis Burdett, enrichi par son mariage avec la fille du banquier Coutts, mais dégoûté par les tentatives infructueuses et ruineuses qu'il a faites pour entrer au Parlement, consent à se porter candidat populaire, à condition qu'il ne lui en coûtera pas un penny ; grâce à l'intervention dans la lutte, par ses « lettres aux électeurs de Westminster », du grand journaliste Cobbett, devenu depuis peu démocrate — grâce à l'action de quelques électeurs influents, au premier rang desquels on distingue le marchand tailleur de Charing-Cross, Francis Place, — grâce surtout au réveil de l'opinion, il est élu. Événement retentissant : il est prouvé désormais que l'ancien régime électoral permet lui-même des élections favorables au parti populaire. Or, c'est à Westminster, sous l'impulsion des mêmes hommes qui ont fait l'élection de sir Francis Burdett, que le groupe des amis de Bentham va s'organiser en parti d'action politique. C'est le bourg de Westminster, avec son corps électoral où domine la « chair de cochon », son armée de commerçants et de boutiquiers, dignes héritiers de la tradition de Hampden, que Bentham va bientôt offrir aux yeux de tous comme le modèle, pré-existant au sein d'une constitution absurde, de la « démocratie re-présentative » qu'il préconise. Et cependant rien n'indique, dans les lettres de Bentham, que l'élection de 1807 l'ait en quelque mesure ému. Il semble qu'il ait fallu, pour faire de lui un démocrate, l'in-trusion, en 1808, de James Mill dans son existence.

 James Mill est, depuis plusieurs années, un whig, et peut-être un whig avancé. Il tient pour la thèse de la perfectibilité indéfinie. Il réclame, avec les publicistes de la *Revue d'Edimbourg*, l'émancipa-tion des catholiques. La liberté de l'opinion et de la presse est la cause qu'il défend avec le plus d'ardeur. Or, nous voyons Bentham, à partir du moment où il fait la connaissance de James Mill, porter son attention sur les questions politiques, et tout particulièrement sur la question de la liberté de la presse. Le *Times* du 20 février 1809 a signalé des abus dans l'application des lois sur la presse ; et Bentham pose en principe, dans une étude qu'il consacre à la question, que le *libel law* est « incompatible avec les libertés an-glaises », et n'a besoin que d'être exécuté d'une manière cohérente et complète pour réduire le gouvernement au despotisme ; qu'il appartient au Parlement seul, par une définition en forme du *li-bel*, d'apporter au mal un remède « radical » ; mais que les jurys peuvent, en attendant, servir de palliatifs à la loi, pourvu qu'ils remplissent leur fonction et ne soient pas des « jurys spéciaux », « composés » (*packed*), pour se conformer aux désirs du gouverne-ment, au lieu de les contrôler. C'est à la critique de cette institution faussée que Bentham s'attache : d'où le titre qu'il donne à son livre : *The Elements of the Art of Packing* ; et James Mill presse Bentham d'achever, puis de publier, un ouvrage qui a été commencé peut-être à son instigation. « Quant aux *Elements*, lui écrit-il, dans la première de ses lettres à Bentham que nous ayons conservée, de l'apparition desquels je semble être beaucoup plus impatient que vous n'êtes... j'ai dit à Baldwin que cela doit être, à tout prix, *pu-blié* dans six semaines ». James Mill se charge de la réclame dans la *Revue d'Edimbourg*. Il écrit encore le 27 septembre : « J'offre mes dévotions au ciel tous les matins pour la prospérité de *Libel Law* ». Il vient d'assister, aux Communes, à un débat sur la liberté de la presse ; et la faiblesse, la timidité de tous, même de sir Francis Burdett, l'a révolté. « Ils semblaient craindre de commettre quelque bourde en ce qui concerne les mesures légales nécessaires, et, en conséquence, avalaient leurs mots. Oh ! s'ils savaient seulement ce que la loi est, et doit être, aussi bien que vous pouvez le leur dire, sur ce point particulièrement intéressant, nous verrions, j'en suis sûr, le courage égal de l'autre côté à ce qu'il est du côté des juristes ». Mais Bentham a pour autre ami intime Romilly, qui est un juriste, et qui, pour des raisons de prudence, adjure, « sincèrement et anxieusement », Bentham de ne pas publier les *Elements of Packing*. En conséquence, l'ouvrage imprimé n'est pas mis en vente. Pourtant des exemplaires, en nombre restreint, sont distribués à Mill, à Brougham, à Whishaw, à Burdett, tous démocrates. Vers la même époque, Bentham est en relations avec la famille de lord Cochrane, le collègue de sir Francis Burdett pour la représentation de Westminster. Romilly lui-même prend une part active, en 1810, à la défense de Burdett, enfermé à la Tour pour délit de presse ; et en 1811, en 1812, nous trouvons Bentham en relations directes d'amitié avec sir Francis Burdett.

Or, l'homme politique dont Bentham se trouve rapproché est le disciple de Horne Tooke, c'est-à-dire du patriarche du parti populaire, du survivant des sociétés révolutionnaires de 1776 : sir Francis Burdett se rattache ainsi à la « vieille école » des démocrates anglais. Car Horne Tooke a toujours été un modéré et n'a jamais partagé, même aux temps de persécution commune, les convictions de Thomas Paine. Il rendait hommage, en 1793, devant ses juges, à la constitution glorieuse du peuple anglais ; il admettait seulement que « des personnes honnêtes et bien intentionnées, ne connaissant rien de la constitution dans les *livres*, et jugeant seulement des choses par la *pratique* actuelle, puissent nier l'existence de cette constitution ». D'ailleurs, chez Horne Tooke, la tradition, la coutume finissent par se confondre avec le droit naturel, avec les prescriptions de la raison. Le droit (*Right*), c'est ce qui est commandé (*rectum*, de *regere*). Existe-t-il donc autant de droits que de commandements contradictoires, d'une nation à l'autre ? Mais le droit que révère Horne Tooke n'est pas le *jus vagum*, le commandement capricieux des princes ou des ministres. De la loi de Dieu dérivent les lois de la nature humaine : « Je révère la Constitution et les LOIS constitutionnelles de l'Angleterre, parce qu'elles sont conformes aux LOIS de DIEU et de la nature ; et sur celles-ci sont fondés les DROITS rationnels des Anglais. » Bref, Horne Tooke paraît revendiquer indivisiblement la restauration des droits inaliénables de l'homme, pris en tant qu'homme, et le retour aux origines de la constitution du peuple anglais : deux conceptions également vides de sens pour qui se place au point de vue de la doctrine benthamique. En outre, il ne se fait pas l'avocat du suffrage universel ; et ce sont vraisemblablement ses idées que reprend Burdett, le 15 juin 1809, lorsqu'il demande l'électorat pour tous ceux, mais pour ceux seulement qui paient l'impôt direct. C'est à cette première étape que Bentham, parti du torysme et dès maintenant en route vers le radicalisme, s'arrête en 1809, malgré la différence des principes. Pour l'instant, les Benthamites ne vont pas plus loin.

Tel est notamment le cas pour James Mill qui, le premier dans le groupe naissant des Benthamites, essaie, en janvier 1809, par un article que publie la *Revue d'Edimbourg*, et qui traite des constitutions républicaines de l'Amérique du Sud, de fonder la théorie du gouvernement représentatif sur le principe de l'utilité. « Toutes les fois que les intérêts de deux groupes d'hommes sont associés dans la poursuite d'un commun dessein, si l'administration tout entière est livrée à un des groupes, il est parfaitement clair que le groupe qui administre attirera graduellement de son côté tous les avantages et rejettera de l'autre tous les désavantages de l'association ; si l'intérêt total est considérable et aussi impossible à contrôler que peut l'être l'intérêt d'une nation, cette inégalité doit certainement aller jusqu'à ruiner l'intérêt lui-même et à détruire toute prospérité nationale ». On voit qu'il ne s'agit plus, comme pour Paine ou Godwin, d'introduire en politique le principe antigouvernemental de l'identité naturelle des intérêts ; James Mill se rapproche de la thèse traditionnelle du libéralisme whig, et se fonde, comme jadis Priestley, sur le principe de l'identification artificielle, pour demander, une fois admise la nécessité d'un contrôle gouvernemental, que le gouvernement à son tour subisse un contrôle organisé. Combien d'ailleurs James Mill est-il encore timide ! Il veut bien accorder aux États d'Amérique une constitution démocratique, mais il refuse de confier au peuple le soin de *former*, à l'origine, la constitution ; et, quant à la composition du corps électoral, s'il ne la veut pas trop restreinte — ce qui serait s'exposer aux inconvénients de la corruption —, il demande qu'on évite de la faire trop large — ce qui serait donner cours aux « passions ignorantes et téméraires du vulgaire ».

C'est la même année que Bentham aborde le problème et commence la rédaction d'un « Catéchisme de la réforme parlementaire », sous forme de demandes et de réponses, dont, en novembre 1810, il proposera à Cobbett d'entreprendre la publication dans son *Register*. Cobbett refuse l'insertion ; et c'est peut-être une raison de l'antipathie qu'il inspirera toujours à Bentham. Est-il pourtant besoin de recourir à de si petites raisons pour expliquer le mépris constant où Bentham tient aussi bien Burdett, « le héros de la canaille », que Cobbett, « odieux composé d'égoïsme, de malignité, d'insincérité et de mendicité » ? On peut les utiliser à l'occasion, car les plus vils gredins ont leur utilité. Mais Bentham éprouve à leur égard l'antipathie du philosophe politique pour le politicien : effectivement, son essai de 1810 est un essai purement philosophique où la place entière est occupée par l'énumération des raisons à donner en faveur des propositions de Burdett, par qui adhère au principe de l'utilité. Tout se ramène à un calcul des profits à obtenir, des pertes à éviter ou à réduire. Il faut s'assurer, au plus haut degré, chez les membres du corps électoral ou, plus exactement, chez le plus grand nombre possible de ces membres, de la présence des facultés nécessaires pour les rendre aptes à l'accomplissement exact de leur fonction ; et ces éléments d'aptitude consistent eux-mêmes, selon Bentham, en *probité*, en *aptitude intellectuelle*, en *talent actif*. Il faut, d'autre part, écarter, ou réduire à la plus petite quantité possible, les inconvénients relatifs aux *élections* ; et de même, écarter, ou réduire à la plus petite quantité possible, les inconvénients relatifs à la discussion de *validité des élections*. Mais voici le point curieux de la doctrine de Bentham, en cet instant précis de son évolution. Il énumère cinq mesures nécessaires pour réaliser les fins positives : l'exclusion des fonctionnaires ; l'introduction dans le Parlement de personnages officiels, qui n'auront pas le droit de voter, mais auront celui de prononcer des discours et de faire des motions ; des élections fréquentes (Bentham les veut annuelles) ; la publication complète et authentique, régulière et rapide des discours ; la constance, la ponctualité et l'universalité de l'assistance. Or, l'extension du droit de suffrage ne fait pas partie de ces cinq mesures fondamentales.

Sans doute, à ces demandes de réforme constitutionnelle, Bentham en joint d'autres qui portent sur l'organisation de l'électorat. Tout en maintenant, sous des noms nouveaux, la distinction, traditionnelle en Grande-Bretagne, des bourgs (*population* electoral districts) et des comtés (*territory* electoral districts), il demande que, dans toutes les circonscriptions électorales, le nombre des électeurs soit sensiblement égal. Il demande le scrutin secret à la place du scrutin public, et veut que « le titre de chaque électeur » soit « le paiement fait, jusqu'à concurrence d'une certaine somme, de certains impôts ». Mais ces mesures qui nous paraissent essentielles ne présentent d'autre avantage, dans sa théorie, que de supprimer, ou de réduire, comme il dit en son langage géométrique, aux moindres dimensions possibles, les inconvénients qui accompagnent les élections, à savoir, pour les candidats, « les frais et les vexations », pour les électeurs et le public en général, « la perte de temps, la paresse, l'ivrognerie, les querelles, les émeutes ». Le scrutin secret, avec faculté de voter par correspondance, abolira, pour les candidats, la nécessité de transporter les électeurs au lieu de vote, enlèvera aux élections tout caractère tumultueux, simplifiera l'examen de la validité des élections ; la régularisation du droit de vote simplifiera pareillement la besogne des juges. Par-dessus le marché, la réforme aura les avantages *collatéraux* de développer « l'aptitude intellectuelle appropriée » des électeurs, et d'améliorer la condition des classes inférieures, par l'identification de leurs intérêts avec ceux des classes riches. La réforme ne présente pas d'avantages directs par son côté démocratique ; même, à la rigueur, la régularisation du droit de vote n'en implique par la démocratisation ; et, dans la réforme du régime électoral, c'est l'établissement du scrutin secret, plutôt que l'extension du droit de suffrage, qui paraît essentielle à Bentham.

Il est pourtant fatal que, sous l'action du milieu, l'idée démocratique se développe incessamment chez Bentham. Nous trouvons Bentham, à partir de l'année 1811, en relation avec le major Cartwright, premier théoricien anglais du suffrage universel, dont la carrière n'est pas sans ressemblances avec la sienne : tous deux populaires aux environs de 1780, tous deux ruinés par leurs entreprises philanthropiques, en raison de la réaction qui discrédite pour quinze ans et plus, en Angleterre, toute idée de réforme, tous deux indemnisés par le Parlement, lorsque reprend, aux approches de 1815, le mouvement réformateur, des pertes qu'ils ont subies dans l'intérêt général. Rien ne prouve cependant que Bentham, en 1811, se soit encore rallié à la thèse du suffrage universel. C'est sur la question de la réforme pénitentiaire qu'ils commencent par échanger des lettres. Cartwright signale à Bentham la présence, à Londres, de trois colons libres de la Nouvelle-Galles du Sud, qui pourraient fournir des renseignements sur les scandales de là-bas ; Bentham suggère que Burdett devrait porter l'affaire devant les Communes. Mais, surtout, Bentham fait, en 1812, par James Mill, la connaissance de ce singulier personnage, Francis Place, alors âgé de quarante ans, simple ouvrier et membre des sociétés révolutionnaires aux environs de 1792, puis, à partir de 1800, marchand tailleur à Charing-Cross, électeur influent, et bientôt grand électeur de la localité. Il apporte au groupe de Bentham ses facultés d'agitateur et d'organisateur, et va devenir, pendant trente années consécutives, l'agent politique de la secte.

Au moment où James Mill, en 1811, et Bentham, en 1812, font sa connaissance, il vit dans la retraite. C'est Francis Place qui a organisé, en 1807, l'élection de sir Francis Burdett ; mais, au moment où, en 1810, sir Francis Burdett, barricadé dans sa maison de Piccadilly, bravait les efforts de toute la police de Londres, Place a conseillé la capitulation. Il se trouve qu'au même instant Place faisait partie du jury chargé d'enquérir sur une mort tragique, dont l'opinion rendait responsable un membre de la famille royale. Il avait conclu, avec le jury tout entier, au suicide ; et, les démocrates avancés, Henry Hunt en tête, ayant lancé contre lui l'accusation, si fréquente dans les partis d'agitation populaire, d'être vendu au gouvernement, d'être un *Government Spy*, un agent provocateur, sir Francis Burdett se brouillait avec lui, pour ne point se réconcilier avant 1819. Mais, dès 1814, James Mill, Place et Bentham sont d'accord pour faire entrer au Parlement, à la place de lord Cochrane, qu'un scandale financier vient d'en chasser, Brougham, le compatriote de James Mill et son collaborateur à la *Revue d'Edimbourg*, qui promet de soutenir le programme de réforme parlementaire soutenu par Burdett en 1809. Cependant, Place connaît Cartwright, qui lui rend de fréquentes visites dans sa boutique de Charing-Cross ; et Cartwright, redevenu riche, a repris, depuis 1810, avec une ardeur nouvelle, sa campagne de propagande. En 1811, il fonde la « Société des amis de la réforme parlementaire » ; en 1812, le « Hampden Club » ; en 1813, appliquant à la propagation des idées politiques un procédé depuis longtemps appliqué par les méthodistes à la propagande religieuse, il se transforme en *field preacher*, et donne, à travers toute l'Angleterre, des meetings en plein air. C'est surtout après la paix que le mouvement prend de la gravité. Jusqu'à cette date l'agitation politique s'est confinée à Westminster, les troubles économiques n'ont pas débordé les districts manufacturiers du Nord-Ouest. Après 1815, lorsque la production industrielle renaissante sur le continent diminue la demande des produits anglais, tandis que l'offre de blé reste immuable, par l'obstination des propriétaires fonciers à défendre le système des droits prohibitifs sur l'entrée des céréales, la crise devient générale. Les ouvriers des villes brisent les machines. Les ouvriers des champs incendient les meules. Le « radicalisme » devient enfin une force politique.

Voilà quelque temps déjà que l'expression de « réforme radicale » commence à faire partie du langage courant. Elle avait une première fois été en vogue aux environs de 1797 et de 1798, lorsque Fox et Horne Tooke, tournés en dérision par *l'Antijacobin*, s'étaient mis d'accord pour réclamer une « réforme radicale » ; et, dans l'épithète, on retrouve cette idée de retour aux origines, aux racines, si répandue, au XVIIIᵉ siècle, dans la philosophie des démocrates anglais. Puis l'expression semble disparaître complètement et ne redevient en usage qu'aux environs de 1810. Dans une lettre privée de 1811, Cartwright oppose le *radical reformer*, qui offre à la nation la constitution elle-même « dans toute la simplicité de son excellence », au *moderate reformer* qui offre quelque chose de sa propre fabrication ou de sa propre fantaisie, quelque chose (lui-même l'avoue) de complexe et de très imparfait. L'adjectif *radical*, le substantif *reformer*, sont dès lors employés avec une fréquence croissante. « Les Réformateurs Radicaux, déclare Ward au Parlement, constituent certainement la grande majorité des réformateurs en dehors de cette enceinte ; les Réformateurs Modérés, la grande majorité des membres de l'opposition », et il entend par Réformateurs Radicaux non seulement les partisans des parlements annuels et du suffrage universel, mais tous ceux qui désirent altérer la constitution conformément à quelque grand plan général ; par Réformateurs Modérés, ceux qui se contenteraient d'altérations partielles, applicables à ce qu'ils considèrent comme des griefs particuliers. Mais c'est en 1819 seulement, semble-t-il, que l'adjectif *radical* est, par voie d'abréviation, employé substantivement. Or, c'est précisément le temps où un fait considérable vient de se produire dans l'histoire du radicalisme.

En 1817, Bentham avait enfin publié son *Plan of Parliamentary Reform, in the form of a Catechism, with reasons for each article*, porté au décuple par l'addition d'une introduction, où il essayait de montrer « la nécessité d'une réforme radicale et l'insuffisance d'une réforme modérée ». En février 1818, un jeune disciple de Bentham, Henry Bickersteth, entame des négociations avec Bentham et sir Francis Burdett, en vue d'obtenir qu'ils s'entendent pour une action commune, au Parlement, en faveur de la cause de la réforme : « L'Angleterre, écrit Bickersteth à Bentham, possède maintenant deux amis distingués de la réforme, qui, par leur collaboration, peuvent donner la forme la plus avantageuse au meilleur plan possible. Les caractères de M. Bentham et de sir Francis Burdett sont trop bien connus de l'un et de l'autre pour qu'il soit nécessaire ou convenable de rien dire à ce sujet... Imaginez un plan de réforme tracé par M. Bentham, — le meilleur plan possible, puisqu'il serait formé par la personne la mieux qualifiée, puis exposé et soutenu par sir Francis Burdett ». Burdett joint ses instances à celles de Bickersteth : « Bentham et Burdett ! L'allitération charme mon oreille ». Quelques difficultés s'élèvent. Bentham tient *surtout* pour le scrutin secret. Il se considère comme l'initiateur de cette idée ; et, quoique le biographe de Cartwright ait raison de faire observer que, dès 1776, le *ballot* faisait partie du programme de celui-ci, il n'en est pas moins vrai que, pour Cartwright, le *ballot* n'est qu'un des cinq points fondamentaux du programme, tandis que, pour Bentham, et, après lui, pour ceux de son groupe, l'organisation du scrutin secret apparaît comme la partie vraiment essentielle de la réforme électorale. Burdett, sans faire d'objection, insiste sur l'inopportunité de la demande, « en raison du préjugé à surmonter ».

Enfin, Bentham se décide à rédiger vingt-six « Résolutions sur la Réforme parlementaire », que Burdett agrée, et dont, le 2 juin 1818, il fait l'objet d'une motion aux Communes.

C'est le principe de l'identification artificielle des intérêts qui est rigoureusement appliqué, en conformité (Bentham insiste sur ce point) avec l'esprit traditionnel de la constitution anglaise. Bentham affirme « qu'il ne peut y avoir de garantie suffisante de bon gouvernement, si ce n'est qu'il existe, et si ce n'est dans la mesure où il existe, une communauté d'intérêts entre les gouvernants et les gouvernés », « que, sous le régime de ce pays, cette communauté d'intérêts ne peut exister si ce n'est dans la mesure où les personnes aux mains de qui l'administration des affaires publiques est confiée sont soumises à la surveillance et au contrôle, à l'action restrictive (*check*) des représentants du peuple ; ces représentants parlant et agissant conformément au sens du peuple » ; enfin « que c'est seulement dans la mesure où les membres de cette Chambre sont en fait *choisis*, et de temps en temps *révocables* par les suffrages libres de la grande masse du peuple, qu'il peut y avoir assurance suffisante que leurs actes sont conformes au sentiment et aux vœux du peuple, et, par suite, qu'ils peuvent en vérité, et sans impropriété d'expression, être appelés, ou déclarés, représentants du peuple ». Il demande donc au Parlement, en affirmant l'avantage et la nécessité d'un suffrage intégral (*comprehensive*), égal et libre, de faire « un grand sacrifice de tous les intérêts séparés et particuliers », et propose d'instituer : le suffrage universel, en d'autres termes, « une participation au suffrage électoral, de toutes personnes qui, étant du sexe masculin, d'âge mûr et d'esprit sain, auront, pendant un temps déterminé antérieur au jour de l'élection, résidé, comme propriétaires ou habitants, dans le district, ou dans la localité où elles sont appelées à voter » ; — le scrutin secret ; — des élections annuelles au moins, « pour assurer plus effectivement l'unité de volonté et d'opinion, entre le peuple et ses représentants » ; — la division du territoire de la Grande-Bretagne et de l'Irlande en six cent cinquante-huit districts aussi égaux que possible en population, chaque district élisant un représentant ; — les élections faites en un jour, « pour éviter les délais, les vexations et les frais inutiles, aussi bien que la fraude, la violence, le désordre, et les élections nulles » ; — la subdivision des districts électoraux en subdistricts pour recevoir les votes. Le 23 mars 1818, une réunion publique des *householders* de Westminster chargeait déjà Cartwright de transmettre leurs remerciements à Bentham, « ce raisonneur profond, et cet écrivain éminent en matière de législation », pour son apologie « philosophique et irréfutable » du suffrage universel et du *ballot*. Un journal radical, le *Black Dwarf*, dirigé par un ami de Mill, Wooler, annonce la publication, par fascicules, d'une nouvelle édition du *Catéchisme* épuisé. Quelques jours après la motion de Burdett, le Parlement est dissous. En juillet, Mill et Place sont d'accord pour appuyer sa candidature populaire à Westminster, et Bentham, pour la première et dernière fois de son existence, intervient personnellement dans une lutte électorale : à la surprise générale, il rédige une affiche pour combattre la candidature de son vieil ami Romilly, qui, dit-il, « ne vaut pas mieux qu'un Whig », qui, « chose grave entre toutes, est un juriste ».

Bentham a franchi la dernière étape. Longtemps indifférent ou même hostile aux idées démocratiques, il se trouve insensiblement amené, sous la pression de circonstances multiples, à professer, mais en se fondant sur des principes différents, la même doctrine que Cartwright. L'esprit corporatif est, par définition, hostile au principe de l'utilité générale, et l'aristocratie politique est une corporation fermée. Bentham a souffert, pendant des années, de l'indifférence témoignée par cette aristocratie à ses projets philanthropiques. Il habite à Westminster, c'est-à-dire au centre même de l'agitation démocratique. Il y fait la connaissance de James Mill, et, par James Mill, de sir Francis Burdett, de Place, de Cartwright. Tant de raisons expliquent comment, dans un intervalle de dix années, depuis le premier discours de sir Francis Burdett qui, en 1809, précède et prépare le premier opuscule réformiste de Bentham, jusqu'au deuxième discours de sir Francis Burdett qui, prononcé en juin 1818, est le produit de sa collaboration avec le chef de l'école utilitaire, Bentham, à côté de Cartwright, « le père de la Réforme », devient le philosophe du parti, « le chef spirituel du radicalisme ».

Mais, par le fait même que Bentham devient radical, le parti radical va changer de caractère. Les radicaux sont d'abord confondus avec les révolutionnaires, pillards, incendiaires, ou disciples de Spence et partisans du retour de la terre à la collectivité, qui épouvantent, dans les années de disette, aristocrates et bourgeois. Brougham, qui a été, en 1814, un *radical reformer*, rompt, en 1818, avec Bentham représenté par Burdett, maudit, en 1819, les procédés des radicaux, qui, « en abusant des privilèges populaires, fournissent des arguments à ceux qui veulent les diminuer », et les déclare « si odieux que beaucoup de ceux mêmes qui pensent comme nous seraient assez contents de les voir, eux et leur presse immonde, abattus à tout prix ». Mais Bentham répudie les doctrines des nouveaux « niveleurs », et écrit, en 1820, son *Radicalism Not Dangerous*, pour séparer la cause du radicalisme d'avec celle du communisme. Il ne s'agit plus de demander le renversement des gouvernements établis, par voie de révolution violente : Bentham se brouille vite avec des démagogues tels que Cobbett et Hunt. Il ne s'agit pas davantage d'aspirer, avec Godwin, au jour où, par le progrès naturel des intelligences, tous les gouvernements, devenus inutiles, se trouveront abolis : Bentham et James Mill appliquent aux choses de la politique non le principe de l'identité naturelle, mais le principe de l'identification artificielle des intérêts, et comptent, par l'institution du suffrage universel, organiser le régime représentatif dans des conditions telles que l'intérêt général, l'harmonie des intérêts des gouvernants avec ceux des gouvernés résulte infailliblement des règlements législatifs adoptés. Au fond, la théorie radicale du régime représentatif, ainsi interprétée, tend à se rapprocher de la thèse du libéralisme anglais traditionnel. Le parti tend à perdre son caractère utopique et révolutionnaire pour devenir un parti de doctrinaires bourgeois, — ce qu'on appellera, dans une quinzaine d'années, le parti des « radicaux intellectuels », ou des « radicaux philosophiques ».

II. D'Adam Smith à Ricardo.

En octobre 1808, dans un article de la *Revue d'Edimbourg*, James Mill constate, avec surprise et tristesse, « la grande difficulté avec laquelle les doctrines salutaires de l'économie politique se propagent dans ce pays ». Entre 1776, année où Adam Smith publie sa *Richesse des Nations*, et 1817, année où Ricardo publie ses *Principes de l'économie politique et de l'impôt*, il n'a point paru en Angleterre un seul traité intégral d'économie politique. Adam Smith reste la seule autorité, peu écoutée. « Les récents *Orders in Council* relatifs au commerce des neutres ; la popularité des doctrines de M. Spence au sujet du commerce ; nos lois sur le commerce des blés ; un grand nombre de nos lois relatives au commerce en général ; les discours qui sont généralement prononcés, les livres qui souvent sont publiés, les propos qui se tiennent constamment », sont les preuves mélancoliques, que James Mill énumère, du peu d'estime où sont tenus les principes qu'il tient pour les vrais principes de l'économie politique. Est-ce à dire que, pendant cette longue période de guerre, de réaction politique et de protection douanière, la pensée économique n'ait fait aucun progrès ? D'abord, à l'insu et sans le concours des législateurs, un monde industriel nouveau vient de surgir, qui soulève des problèmes nouveaux : William Godwin prépare le socialisme, pendant que Malthus, qui réfute Godwin, donne, à certaines idées déjà admises avant lui par les économistes politiques, un relief inattendu. D'autre part, la suspension du paiement en espèces par la Banque d'Angleterre, en 1797, a soulevé une polémique qui, depuis le livre de Thornton jusqu'à l'intervention de Ricardo dans le débat, porte à sa perfection la science des finances : c'est par l'étude des questions de banque que s'ouvre, avec Ricardo, la dernière période historique de l'économie politique « orthodoxe », comme en avaient commencé jadis, au temps de Locke, les premières démarches. Enfin, l'Angleterre reste toujours un grand pays agricole, en même temps qu'elle devient un grand pays industriel : elle se préoccupe constamment de rechercher les moyens à employer pour que la production du pays suffise à la consommation. D'où des enquêtes parlementaires instructives, qui semblent bien avoir déterminé la formation définitive, chez Ricardo et ses disciples, de la théorie de la rente différentielle. Il suffit, d'ailleurs, de comparer le livre de Ricardo avec le livre d'Adam Smith pour mesurer le progrès accompli ; nous nous proposons de rechercher quel a été le rôle joué par le benthamisme dans cette évolution de l'économie politique utilitaire, entre Adam Smith et Ricardo.

Ce rôle est généralement considéré comme ayant été très important. Bentham et James Mill sont les amis de Ricardo. Bentham n'a jamais cessé de s'occuper d'économie politique : sans parler de sa *Défense de l'usure* et de son *Émancipez vos colonies*, il a écrit un *Manuel d'économie politique*, qui paraît en 1811, incorporé à la *Théorie des récompenses*. Il s'est intéressé aux problèmes de sciences des finances, n'abandonnant ses travaux qu'après en avoir constaté, en lisant l'ouvrage de Thornton, le peu d'originalité. Quant à James Mill, les questions économiques l'ont toujours intéressé spécialement. Il a publié, en 1804, un *Essai sur le caractère impolitique d'une prime à l'exportation du blé*. En 1808, au moment où il fait la connaissance de Bentham (et ne peut-on pas conjecturer que, si Bentham désira le connaître, c'est après avoir lu cet ouvrage ?), il publie son *Commerce Defended* où, contre Spence, disciple des physiocrates et partisan d'une politique de protection économique, il plaide la cause du libre-échange, tire les dernières conséquences de la thèse de l'identité naturelle des intérêts économiques, et, niant la possibilité logique d'une surproduction, d'un excès de l'offre sur la demande, reprend la « théorie des débouchés », déjà formulée par J.-B. Say. Ricardo se trouve, depuis 1807, en relation avec James Mill, qui le présente, en 1811, à Bentham, au moment où les travaux de Ricardo sur la dépréciation du billet de banque viennent d'asseoir sa réputation d'économiste, et le font entrer, d'un autre côté, en relation avec Malthus. James Mill devient, à partir de cette date, son conseiller intime, son confident. Ricardo, qui n'a pas reçu l'éducation d'un homme de lettres, se défie de son aptitude à exprimer clairement ses pensées, écrit péniblement et hésite à publier. Mill est l'homme d'action qui sert en quelque sorte de volonté à Ricardo, circonspect et timide. C'est James Mill qui décide Ricardo, en 1816, à terminer et publier ses *Proposals for an Economical and secure currency*, et, en 1819, à se charger, dans le sixième supplément de l'*Encyclopédie britannique*, de l'article « Funding System ». C'est à James Mill que revient l'honneur d'avoir déterminé Ricardo à écrire, de 1815 à 1817, ses *Principes* ; et c'est encore sur les instances de Mill que Ricardo entre, en 1819, au Parlement. Tous les actes de la vie de Ricardo, à partir de 1811, ont été voulus par James Mill. « J'étais, disait Bentham, le père spirituel de Mill, et Mill était le père spirituel de Ricardo ; de sorte que Ricardo était mon petit-fils spirituel ». Où donc résident les différences fondamentales entre le livre d'Adam Smith et le livre de Ricardo ? Et dans quelle mesure doit-on les expliquer par l'influence de Bentham et de James Mill, de l'un ou de l'autre, ou de tous deux ensemble ?

Une première différence existe entre Ricardo et Adam Smith. Ils n'entendent pas tous deux au même sens l'expression « économie politique ». Pour Adam Smith, l'économie politique signifie l'ensemble des applications pratiques d'un certain nombre d'observations portant sur les phénomènes du monde industriel et commercial. Dans la partie théorique, qui est *préliminaire*, et seulement préliminaire, à la constitution de l'économie politique ainsi entendue, le raisonnement déductif se mêle à l'induction dans des proportions difficiles à déterminer ; mais certainement Adam Smith, ami et disciple de Hume, a voulu procéder en observateur et en historien. Chez Ricardo, ce qui, pour Adam Smith, était le préliminaire, devient l'essentiel de l'économie politique. L'économie politique est à présent une théorie, détachée de la pratique, quelles qu'en puissent être, par la suite, les conséquences pratiques. « Le produit de la terre — tout ce qui est tiré de la surface du sol par l'application réunie du travail, des machines et du capital, est divisé entre trois classes de la collectivité, à savoir : le propriétaire du sol, le possesseur du stock ou capital nécessaire à la culture, et les travailleurs par l'industrie desquels il est cultivé... Déterminer les lois qui règlent cette distribution est le problème principal en économie politique ». L'économie politique a pour objet, selon Ricardo, des lois ; et cette expression est significative, elle ne se rencontre pas chez Smith. Si l'économie politique, branche de la politique et de la législation chez Adam Smith, est devenue la théorie des lois de la distribution naturelle des richesses chez Ricardo, ce changement de définition est-il dû à l'action de Bentham et de Mill ?

Observons d'abord que cette conception nouvelle de l'économie politique, entendu comme une science théorique et une science de lois, n'a pas même son origine en Angleterre : c'est en France, dans l'école physiocratique, qu'elle s'est développée. Hume reproche quelque part à Montesquieu d'avoir, au début de son *Esprit des Lois*, emprunté à Malebranche cette théorie de la morale, qui fait consister l'essence du droit dans des rapports ou relations abstraites. Or, précisément, les physiocrates empruntent leur notion de la loi économique à la théologie chrétienne, et plus exactement à la théologie de Malebranche, dont on retrouve chez Quesnay des citations à peine déguisées, et que La Rivière, dans son *Ordre na-*

turel des sociétés, et Mirabeau, dans sa *Philosophie rurale*, citent expressément. D'où un optimisme rationaliste, différent de l'optimisme naturaliste de Hume. Nous vivons, selon Hume, sur l'idée de la régularité des lois naturelles. Sans doute l'exercice de la raison nous démontre que cette régularité n'est pas fondée dans la nature des choses, qu'elle est un instinct. Mais nous sommes obligés, pour vivre, de nous fier à l'instinct. Renonçons donc à raisonner, et vivons. La raison elle-même, au contraire, selon les physiocrates, nous enseigne l'existence de lois qui sont des lois de finalité en même temps que des lois d'harmonie : les lois positives ne sont que de simples actes déclaratifs des lois naturelles, conséquences nécessaires des besoins de l'homme, de la diversité de leurs aptitudes et de la nécessité d'appliquer les capitaux à la terre. L'existence du mal est indéniable, mais c'est en théologien que Quesnay résout la difficulté. Les règles immuables que Dieu a instituées pour la formation et la conservation de son ouvrage sont les causes du mal physique en même temps que du bien physique. Mais, produisant infiniment plus de bien que de mal, instituées pour le bien, et ne produisant le mal que par accident, « elles ne sont des lois obligatoires que pour le bien ; elles nous imposent le devoir d'éviter, autant que nous le pouvons, le mal que nous avons à prévoir par notre prudence ». La vraie cause du mal physique et du mal moral, c'est d'ailleurs, vraisemblablement, la transgression par les hommes des lois naturelles, « le mauvais usage de la liberté des hommes ». « Il est, dit Mercier de La Rivière, de l'essence de l'ordre que l'intérêt particulier d'un seul ne puisse jamais être séparé de l'intérêt commun de tous ; nous en trouvons une preuve bien convaincante dans les effets que produit naturellement et nécessairement la plénitude de la liberté qui doit régner dans le commerce, pour ne point blesser la propriété ». On reconnaît le principe de l'identité naturelle des intérêts, devenu en quelque sorte le principe de l'identité rationnelle des intérêts.

Reprochera-t-on, avec Hume, à cette conception de la loi de ne point pouvoir fonder une science positive ? — En principe, il est permis d'observer que le finalisme est une méthode légitime, et d'un emploi constant, dans l'étude de la nature : admettre qu'il existe des relations de cause à effet, c'est supposer qu'il existe dans la nature des successions de phénomènes qui sont semblables entre elles, qu'il existe par suite des genres et des espèces, doués de permanence et de fixité, où, par suite, les principes d'existence l'emportent sur les principes de destruction, où le bien prévaut sur le mal, et que l'on peut à volonté tenir pour les fins dont on cherche les moyens, ou pour les effets dont on cherche les causes. — En fait, il suffit d'observer que la conception physiocratique de la loi s'est immédiatement transmise, moins l'élément théologique, à des penseurs non seulement indifférents en matière de religion, mais hostiles à l'idée religieuse, et qui furent les premiers théoriciens de ce que le XIXe siècle devait appeler l'esprit positif.

Peut-être se rend-on mal compte aujourd'hui qu'aux environs de l'an 1800, c'est la France, et non l'Angleterre, qui possède une école d'économistes : c'est en France que se constitue l'économie politique, entendue comme la science des lois de la distribution des richesses. La « loi naturelle » de Quesnay devient chez Turgot « nécessité physique », « loi physique de la nature » ; et Condorcet s'exprime, dans son *Esquisse* avec une précision que ne dépassera pas Ricardo. « Quelles sont les lois suivant lesquelles ces richesses se forment ou se partagent, se conservent ou se consomment, s'accroissent ou se dissipent ? Quelles sont aussi les lois de cet équilibre, qui tend sans cesse à s'établir entre les besoins et les ressources, et d'où il résulte plus de facilité pour satisfaire les besoins, par conséquent plus de bien-être quand la richesse augmente jusqu'à ce qu'ils aient atteint le terme de son accroissement ; et au contraire, quand la richesse diminue, plus de difficultés, et, par conséquent, de la souffrance, jusqu'à ce que la dépopulation et les privations aient ramené le niveau ? Comment, dans cette étonnante variété de travaux et de produits, de besoins et de ressources, dans cette effrayante complication d'intérêts qui lient la subsistance, le bien-être d'un individu isolé au système général des sociétés, qui le rendent dépendant de tous les accidents de la nature, de tous les événements de la politique, qui étendent en quelque sorte au globe entier sa faculté d'éprouver ou des jouissances ou des sensations, comment, dans ce chaos apparent, voit-on néanmoins, par une loi générale du monde moral, les efforts de chacun pour lui-même servir au bien-être de tous, et, malgré le choc extérieur des intérêts opposés, l'intérêt commun exiger que chacun sache entendre le sien propre et puisse y obéir sans obstacle ? » Après lui, en 1796,

Germain Garnier, premier disciple français et éditeur d'Adam Smith, assigne déjà pour premier objet à l'économie politique « les lois ou principes d'après lesquels les richesses se forment dans une société en général, et se distribuent entre les différents membres qui la composent ». Canard, en 1801, fait une tentative grossière pour trouver des formules mathématiques aux lois qui sont l'objet de l'économie politique. Mais surtout, en 1803, J.-B. Say publie son *Traité d'économie politique, ou simple exposition de la manière dont se forment, se distribuent et se consomment les richesses.*

Date importante, non point peut-être dans l'histoire des doctrines économiques, mais dans l'histoire des méthodes d'exposition de l'économie politique. Car J.-B. Say, dans ce traité qui devient bientôt populaire, insiste sur le caractère théorique et systématique que doit présenter l'enseignement de cette science. Assurément, Say loue Adam Smith d'avoir substitué « l'esprit d'analyse » à « l'esprit de système », d'avoir « appliqué à l'Économie politique la nouvelle manière de traiter les sciences en ne recherchant pas des principes abstractivement, mais en remontant des faits les plus constamment observés aux causes ». Il reproche cependant au livre d'Adam Smith de n'être « qu'un assemblage confus des principes les plus sains de l'Économie politique, appuyés d'exemples lumineux, et des notions les plus curieuses de la statistique, mêlées de réflexions instructives ; mais ce n'est un traité complet ni de l'un ni de l'autre ; son livre est un vaste chaos d'idées justes, pêle-mêle avec des connaissances positives ». Ce qui fait la supériorité du livre de Say, et Ricardo le constate, c'est l'arrangement logique des matières. « L'Économie politique, selon Say, montre comment la richesse naît, se répand, se détruit : les *causes* qui favorisent son développement, ou entraînent sa décadence ; son influence sur la population, la puissance des États, le bonheur ou le malheur des peuples. C'est une exposition de *faits généraux*, constamment les mêmes dans des circonstances semblables ». Lois de la production, de la distribution et de la consommation des richesses : c'est l'ordre dont J.-B. Say est l'inventeur, et qu'il a rendu classique. Dans le sujet qui nous occupe, il y a, comme dans tous les sujets, des *faits généraux* ou *constants*, objet de l'économie politique, et des *faits particuliers* ou *variables*, objet de la statistique. La complexité des phénomènes dissimule seule le lien des faits particuliers, ce qui n'empêche pas le lien d'exister : le principe de gravitation est un « fait général » qui explique aussi bien l'ascension d'un jet d'eau que la chute des graves. « En économie politique, c'est un fait général que l'intérêt de l'argent s'élève lorsque le prêteur est exposé à des risques plus grands : conclurai-je que le principe est faux pour avoir vu prêter à bas intérêt dans des conditions hasardeuses ? Le prêteur pouvait ignorer son risque, la reconnaissance pouvait lui commander des sacrifices : et la *loi générale*, troublée dans un cas particulier, devait reprendre tout son empire du moment que les causes de perturbation auraient cessé d'agir. » — Hume condamnait la définition proposée par Malebranche de la loi naturelle. Les physiocrates, au contraire, la prennent pour point de départ de leurs spéculations. Or, Hume a bien été, en matière d'économie politique, un des maîtres d'Adam Smith ; mais les physiocrates en ont été d'autres. De cette dualité d'influence résulte l'incertitude de la méthode d'Adam Smith : est-elle inductive ou déductive ? empirique ou rationnelle ? C'est maintenant ce même rationalisme français qui, se transmettant des physiocrates aux idéologues, vient une fois de plus, agir sur la pensée anglaise, et faire prévaloir, des deux tendances, naturaliste et rationaliste, qui se combattaient chez Hume et Adam Smith, la tendance rationaliste.

Il reste que le caractère systématique et déductif de l'économie politique de Ricardo peut avoir pour origine une influence française, subie par l'intermédiaire de Bentham et de James Mill. Au sujet de Bentham, en tout cas, la chose est bien douteuse. Sans doute Bentham s'était proposé, lui aussi, comme plus tard Say, comme Ricardo, de mettre l'ordre dans le « chaos »d'Adam Smith ; et Spéranski recevant, en 1804, de Dumont, le manuscrit de l'*Économie politique* de Bentham, en fait l'éloge en des termes qui conviendraient, sans une altération, au livre de Say. Il loue « la largeur des vues, la clarté et la précision des classifications, le caractère systématique des arrangements ». Enfin sont exaucés les vœux de Necker. « Adam Smith nous a fourni des matériaux incomparables. Mais, plus occupé de prouver et de déduire de l'expérience les vérités qu'il établissait, il ne songea pas à en faire un *corps de doctrine*. Plus on l'examine de près, plus est évident son manque de méthode... Je crois qu'en suivant le plan de Mr. Bentham, l'économie politique occuperait une position beaucoup plus naturelle, plus aisée à étudier et plus scientifique. » Mais le point de vue auquel se place Bentham, pour systématiser l'économie politique, est diamétralement opposé au point de vue de J.-B. Say et de Ricardo. Pour Bentham, le principe de l'utilité a toujours été par essence un précepte, le fondement d'un système d'obligations. Il *faut* travailler en vue de l'utilité générale, il *faut* réaliser l'identité de l'intérêt privé et de l'intérêt public. Tel est l'art du législateur, dont une des branches constitue l'économie politique. Loin donc de négliger cette partie de l'économique à laquelle Adam Smith donnait le nom d'économie politique, pour transférer le nom à cette autre partie de l'œuvre d'Adam Smith qui consiste en investigations proprement théoriques, il supprime complètement, dans son opuscule, « la recherche de la nature et des causes de la richesse des nations », et, au lieu de détacher la théorie de la pratique, absorbe au contraire entièrement la théorie dans la pratique.

Mais peut-être, dans les limites que nous avons définies, l'influence de James Mill a-t-elle été plus réelle. Il a le goût de la déduction abstraite ; et son fils Stuart Mill, à une époque où il s'érigera en juge de son père et maître, considérera comme son principal défaut « de trop croire à l'intelligibilité de l'abstrait, quand il ne prend pas corps dans le concret ». Rien de caractéristique à cet égard comme sa définition de l'histoire, dans la préface de l'*Histoire de l'Inde britannique*. L'histoire n'est pas pour lui un récit, mais une description méthodique des phénomènes sociaux et des lois qui les régissent. Il faut que l'historien possède « la connaissance la plus profonde des lois de la nature humaine, fin aussi bien qu'instrument de toute chose », « la plus parfaite compréhension des principes de la société humaine, ou de la voie dans laquelle les lois de la nature humaine poussent l'être humain, considéré à l'état de collectivité, quand il constitue un corps complexe avec d'autres êtres de son espèce », enfin « une claire compréhension du fonctionnement pratique de la machine gouvernementale » ; car, ajoute-t-il, « de même que les lois générales du mouvement sont contrariées et modifiées par le frottement dont l'action peut cependant être exactement vérifiée et produite, de même il est nécessaire que l'historien apprécie correctement les influences perturbatrices que les lois générales de la nature humaine peuvent recevoir de variations individuelles ou génériques, et le compte qui doit en être tenu dans ses prévisions et ses raisonnements ». Dans ce programme, très admiré par Ricardo, on voit un essai d'application, à l'histoire générale, de la méthode propre à la nouvelle science économique ; et l'on admettre que Mill, dans les longues promenades qu'il aimait à faire avec Ricardo, s'attacha surtout à lui donner des leçons de méthode.

Il convient d'observer, d'ailleurs, que Mill connaissait la littérature économique française. Depuis 1814, il connaît personnellement J.-B. Say. Celui-ci s'est présenté chez Place, muni d'une lettre d'introduction de Godwin ; et Mill a exprimé à Place le désir qu'une entrevue avec J.-B. Say soit ménagée à Ricardo et à lui-même. La chose s'arrange, lorsque, en décembre, Say revient d'Edimbourg où il a rendu visite à Dugald Stewart. Il va voir Ricardo à Gatcomb, et Ricardo l'accompagne chez Bentham, à Ford Abbey : ainsi se trouvent réunis, pendant une journée, par l'entremise de Place et de Mill, les trois principaux représentants des idées nouvelles. James Mill n'est-il pas un disciple de J.-B. Say ? Il lui empruntera plus tard, avec quelques modifications, son arrangement de la matière économique. Il lui a déjà emprunté, en 1808, dans son *Commerce defended*, la théorie à laquelle J.-B. Say avait donné le nom de « théorie des débouchés ». La production des objets est la seule cause qui crée un marché pour les objets produits. Si les objets sont en grand nombre, le peuple est abondamment fourni ; s'ils sont en petit nombre, maigrement ; dans le premier cas, le pays est riche ; dans le second cas, il est pauvre ; mais, toujours, une moitié des biens sera échangée contre l'autre, et la demande égale à l'offre. Développement nouveau de la thèse fondamentale de l'identité naturelle des intérêts ; et J.-B. Say a raison de compter, au nombre des conséquences de la théorie, celle-ci « que chacun est intéressé à la prospérité de tous, et que la prospérité d'un genre d'industrie est favorable à la prospérité de tous les autres ». Démontrée non par un appel à l'expérience, qui pourrait tromper, car les phénomènes économiques sont constamment altérés par l'intervention arbitraire des gouvernements, mais déductivement, en se fondant sur les lois de la nature humaine, à la façon d'un théorème d'Euclide : c'est Mill qui introduit pour la première fois, vers le même temps, dans le langage de l'économie politique, la métaphore euclidienne, plus audacieuse encore que la métaphore newtonienne.

James Mill avait, en outre, pratiqué les physiocrates ; il se charge, dans le supplément de l'*Encyclopédie britannique*, de l'article « Économistes », et s'efforce de démontrer l'identité fondamentale de la philosophie de Quesnay avec celle de Bentham, malgré des différences d'expression. Il insiste en même temps sur la grandeur des ambitions qu'avaient conçues les physiocrates : transformer la société sans révolution en se fondant sur un petit nombre de principes théoriques simples. Dans une des notes qu'il avait ajoutées à sa traduction de l'ouvrage de Villers sur la Réforme, il avait déjà fait remarquer combien fut petit, en France, le nombre des auteurs dont les écrits suffirent à préparer, au XVIIIe siècle, la Révolution. Visiblement, lorsqu'il travaille avec autant de bonheur que d'opiniâtreté, à faire simultanément, de Ricardo et de Bentham, des chefs d'école et des chefs de parti, les chefs d'une même école et d'un même parti, il songe aux « philosophes », aux « encyclopédistes », aux « économistes » : il se propose de faire en sorte que Ricardo soit le Quesnay de l'Angleterre du XIXe siècle. James Mill a donc exercé une influence profonde sur la destinée intellectuelle de Ricardo. Mais il lui fut moins un maître qu'un professeur, enseignant l'application d'une méthode dont il n'était pas lui-même l'inventeur et qu'il avait apprise, moins encore chez Bentham que chez J.-B. Say et ses prédécesseurs français, à une époque où il avait peut-être déjà adopté la philosophie benthamique du droit civil et pénal, mais où il n'avait pas encore fait la connaissance personnelle de Bentham.

Suffit-il de dire cependant, pour caractériser la différence des deux philosophies économiques, que la méthode d'Adam Smith est plus inductive et plus historique, la méthode de Ricardo, plus démonstrative et plus déductive ? Telle semble avoir été l'opinion de Stuart Mill à l'époque où, échappant au joug de son père, il commença la série de ses efforts pathétiques et infructueux pour échapper à l'étroitesse d'esprit des radicaux philosophiques, et se mit à la recherche d'une philosophie intégrale. Une des premières idées qu'il découvrit, au cours de son voyage d'exploration intellectuelle, ce fut, nous dit-il, l'idée, alors en vogue chez les penseurs d'Allemagne et de France, que le progrès de l'esprit humain suit un certain ordre nécessaire, que toutes les questions d'institutions politiques sont relatives, non absolues, et qu'à des degrés différents du progrès humain non seulement correspondent, mais *doivent* correspondre, des institutions différentes ; bref, que toute théorie ou philosophie générale de la politique suppose une théorie préalable du progrès humain, en d'autres termes une philosophie de l'histoire. Or c'est ici l'occasion de distinguer, une fois de plus, entre Bentham et James Mill.

On peut bien dire, en effet, que l'idée d'une philosophie de l'histoire est totalement étrangère à la pensée de Bentham. Elle est fondamentale, au contraire, chez James Mill ; et, sous son influence, sous d'autres influences aussi qui furent contemporaines de la sienne, on peut considérer l'économie politique de Ricardo comme étant plus imbue de l'idée d'histoire ou de progrès que ne l'avait été l'économie politique d'Adam Smith. La même différence subsiste toujours, bien entendu, entre les deux penseurs : les éléments de philosophie de l'histoire qui se rencontrent chez Adam Smith sont empruntés par lui à l'observation empirique des faits, tandis que le progrès est conçu, chez Ricardo, comme soumis à des lois, dont la nécessité peut être établie en partant de certaines données simples et constantes. En 1809, dans la *Revue d'Edimbourg*, Mill déplorait que les philosophes n'eussent pas encore réussi à se mettre d'accord sur les règles propres à déterminer les principaux degrés de la civilisation, et son *Histoire de l'Inde britannique*, déjà commencée en 1806, sera peut-être, en majeure partie, un essai pour définir, à propos d'un exemple particulier, les notions de civilisation et de progrès. James Mill pose en principe qu'une nation est civilisée, dans la mesure exacte où l'*utilité* est l'objet de tous ses efforts ; et, loin d'employer la connaissance empirique qu'il a obtenue de l'histoire de l'Inde britannique pour déterminer inductivement le mouvement nécessaire du progrès, entre la barbarie et la civilisation, il fait, tout au contraire, de l'histoire conjecturale, et, le plus souvent, prenant pour point de départ une définition du progrès fondée sur les faits constants de la nature humaine, en déduit quel a dû être, en fait, le progrès de la société hindoue. — L'idée d'une théorie du progrès, d'une philosophie de l'histoire, est liée, selon Stuart Mill, à une réaction contre les idées du XVIIIᵉ siècle, contre la philosophie des lumières. L'appréciation est encore erronée : les saint-simoniens et Auguste Comte empruntent à Turgot et à Condorcet leur philosophie du progrès ; et c'est peut-être à Condorcet, au moins autant qu'à Hartley, à Priestley et Godwin, que James Mill, dès ses premières années de production littéraire, emprunte la doctrine, fondamentale à ses yeux, selon laquelle l'espèce humaine est considérée comme essentiellement perfectible, ou capable de progrès. L'économie politique est toujours conçue comme une connaissance de lois : mais ces lois ne sont plus seulement des lois statiques, des lois d'équilibre, ce sont encore des lois dynamiques, des lois d'évolution ou de progrès. Elle n'étudie plus, comme chez Smith, « la nature et les causes », mais « la nature et le progrès » des phénomènes économiques. Les deux vérités nouvelles que Ricardo incorpore à l'économie politique, et rend en quelque sorte classiques, sont de l'invention de Malthus : à savoir, la loi de population et la loi de la rente foncière. Ricardo vient de faire, au début de 1810, la connaissance de Malthus : les deux familles sont en relations d'amitié à partir de 1811. A cette époque, James Mill, et vraisemblablement aussi Ricardo, sont déjà malthusiens, en ce sens qu'ils acceptent le principe de population. Ricardo se servira, en 1815, contre Malthus lui-même, de la loi de la rente foncière, que Malthus vient de formuler. Or, ces deux lois sont des lois de progrès. De sorte qu'à travers son adversaire Malthus, l'idée maîtresse de Condorcet se perpétue jusqu'à James Mill et Ricardo : essayons de marquer à la suite de quelles étapes s'est opérée cette introduction, dans l'économie politique utilitaire, de l'idée d'une loi de progrès, ou, si l'on veut, d'une loi d'évolution.

Condorcet avait demandé que, dans l'étude de l'homme, on complétât la connaissance des lois de la nature individuelle par la connaissance des lois de la nature sociale ; il avait surtout demandé la constitution d'une science, qui étudiât non la coexistence des individus dans une même société, mais la succession des phénomènes sociaux dans le temps. « S'il existe une science de prévoir les progrès de l'espèce humaine, de les diriger, de les accélérer, l'histoire de ceux qu'elle a faits en doit être la base première. » Les préjugés mêmes, les erreurs, seraient justifiés, à chaque époque de nos progrès, d'après les lois générales de nos facultés ; et le développement des facultés intellectuelles et morales, suivi de génération en génération dans la masse des individus, présenterait le tableau des progrès de l'esprit humain. « Ce progrès est soumis aux mêmes lois générales qui s'observent dans le développement individuel de nos facultés, puisqu'il est le résultat de ce développement, considéré en même temps dans un grand nombre d'individus réunis en société. Mais le résultat que chaque instant présente dépend de celui qu'offrent les instants précédents et influe sur celui des temps qui doivent suivre. »D'où la possibilité, dans les sciences sociales comme dans les autres sciences, de fonder sur l'expérience du passé la prévision « des destinées futures de l'espèce humaine, d'après les résultats de son histoire ». « Puisque des opinions formées d'après l'expérience du passé, sur des objets du même ordre, sont la seule règle de la conduite des hommes les plus sages, pourquoi interdirait-on au philosophe d'appuyer ses conjectures sur cette même base, pourvu qu'il ne leur attribue pas une certitude supérieure à celle qui peut naître du nombre, de la constance, de l'exactitude des observations ? » Malthus discute la théorie du progrès indéfini, et reproche à la formule courante de n'être pas assez complexe pour cadrer avec les faits. L'être humain n'est pas seulement un être doué de facultés intellectuelles et morales : c'est un organisme physiologique, soumis à des conditions physiques d'existence. La population, d'une part, et, d'autre part, les subsistances ne croissent pas suivant la même « loi » : et, du coup, voici une double « loi » de progrès, dont Malthus apporte l'énoncé. Il appartient, d'ailleurs, à l'homme, par le libre exercice de son intelligence, par un effort de « contrainte morale » sur ses instincts, de rétablir l'harmonie entre les deux accroissements.

Mais Condorcet avait-il dit autre chose, et la différence, entre les deux philosophies, en apparence rivales, de Condorcet et de Malthus, ne tend-elle pas à s'évanouir ? Telle est bien, semble-t-il, l'opinion qu'émet James Mill, en 1805, dans une note de son édition du livre de Villers. Il a beau déclarer que « les circonstances, dans la constitution du monde, sur lesquelles on a tant insisté, et qui semblent opposées à l'établissement de la félicité ou de la vertu sur la terre, ne prouvent rien », que la tendance « naturelle et constante » de la nature humaine à la perfection ne peut être contrariée que par des causes temporaires et accidentelles, il tient compte cependant des objections de Malthus : il se propose, nous dit-il, de dégager la doctrine de la perfectibilité « des applications erronées qui peuvent en être faites », et se borne à voir, d'accord sur ce point avec Malthus, dans l'idée de la perfection, le grand modèle vers lequel savants et politiques doivent porter, « avec sagesse et discrétion », leur attention, lorsqu'ils tracent ou exécutent des plans pour l'administration des affaires publiques. Bref, le problème est de concilier la loi de perfectibilité avec la loi de population, de voir dans celle-ci l'énoncé pur et simple des conditions dont il faut tenir compte pour rapprocher l'homme de la perfection. Déjà Malthus, dans la seconde édition de son livre, abordait le problème ; et telle sera la grande préoccupation de James Mill, surtout à partir du moment où, vers 1808, il adhérera franchement au principe de Malthus. Chez James Mill, chez Ricardo, nous aurons l'occasion de retrouver le conflit, toujours renaissant, toujours dissimulé, entre les deux conceptions, l'une optimiste, l'autre pessimiste, du progrès économique.

De nouveau, cependant, le problème à résoudre se complique, lorsqu'en 1815 Malthus formule une nouvelle loi d'évolution, dérivée en somme des deux premières (puisqu'elle met encore en présence et en conflit l'homme intelligent d'une part, et, d'autre part, la terre, de quantité et de fécondité limitées). C'est la loi de la rente foncière : « on peut poser comme une vérité irréfutable que, toutes les fois qu'une nation atteint un degré considérable de richesse et une densité considérable de population, ce qui ne peut avoir lieu sans une grande baisse à la fois des profits du capital et des salaires du travail, la séparation des rentes, comme en quelque sorte attachées aux sols d'une certaine qualité, est une loi aussi invariable que l'action du principe de gravité. » Or, la loi de la rente foncière va, comme la loi de population, faire partie intégrante de la doctrine économique que professent Ricardo et James Mill.

Dans quelle mesure Malthus doit-il être considéré comme ayant découvert la loi nouvelle ? Il est possible, comme le prétend Buckle, que Hume l'ait pressentie ; Anderson, dès 1777, en donne la formule précise. Mais des intuitions isolées ne peuvent être tenues comme constituant l'invention d'un théorème fondamental. Anderson lui-même ne paraît-il pas avoir ignoré que ses observations contredisaient les idées de Smith sur la rente , ? La nouvelle théorie de la rente foncière est, d'une part, le terme du développement logique de la pensée économique ; elle peut être considérée comme impliquée dans la loi de population de 1798, et l'on en peut voir la formule se dégager, avec une netteté croissante, dans les éditions successives du livre de Malthus. Mais il convient surtout de faire intervenir ici la considération des circonstances historiques. La période de la grande guerre a dressé, l'un contre l'autre, en Grande-Bretagne, deux mondes économiques distincts, dont les intérêts ne coïncident que par accident. Les denrées agricoles et les objets industriels ne sont pas produits dans les mêmes conditions : Malthus, dès les premières éditions de son livre, abonde en observations à ce sujet, provoquées par les disettes de 1794 et 1795, puis de 1800 et 1801. Des terres inférieures ont été mises en culture pendant la guerre, et le prix du blé a monté, mais, du même coup, les rentes foncières ont haussé. Des enquêtes parlementaires mettent en lumière la corrélation des deux faits ; et au moment où en 1814 et 1816 le rétablissement de la paix risque de mettre fin à l'isolement accidentel du peuple anglais, les propriétaires fonciers, au mépris de l'intérêt général, demandent un nouveau *corn law* pour empêcher, par la protection des blés anglais, les terres inférieures de ne plus être cultivées, et les rentes foncières de baisser.

En 1814, l'état des campagnes, les mauvaises récoltes, la difficulté croissante à trouver des ouvriers agricoles, inquiètent l'économiste Wakefield, qui fait part à son ami Francis Place de ses alarmes. Place étudie lui-même la question et se déclare, à James Mill, capable, après un certain nombre de recherches statistiques, « de donner une idée claire et concise de l'action des *corn laws* sur la masse de la collectivité ». C'est le peuple qu'il faut éclairer, puisqu'il n'y a rien à faire du côté du Parlement, livré à l'influence des grands propriétaires. Mill encourage Place à l'entretenir de ces questions. En réponse, Place ose suggérer à Mill de traiter lui-même le problème par écrit. La vérité à répandre, c'est toujours la doctrine de Malthus : « quand comprendra-t-on, demande Place, cette saine vérité que la population exerce une pression constante sur les limites de la production ? quand les gouvernements renonceront-ils à vouloir contrarier les lois immuables de la nature ? quand cesseront-ils de sacrifier une partie de la collectivité pour satisfaire l'orgueil, l'ignorance et la folie du reste ? quand cesseront-ils d'aggraver la misère du grand nombre pour accroître non le bonheur, mais le pouvoir du petit nombre ? quand reconnaîtront-ils qu'une population vertueuse et heureuse vaut mieux qu'une nation nombreuse ? qu'un peuple sage et libre est infiniment préférable à une nation nominalement riche, de Tyrans, d'Esclaves et d'Imbéciles ? » L'ouvrage malthusien que Place réclame à James Mill, c'est Ricardo qui va l'écrire ; et Malthus devance Ricardo. D'ailleurs, si les Benthamites ne sont pas appelés à découvrir la théorie nouvelle, est-ce qu'ils ne la pressentent pas ? En 1814, dans un article publié par l'Eclectic Review, James Mill constate qu'il y a divergence entre les intérêts des propriétaires fonciers et l'intérêt général, et avertit les propriétaires que le progrès des lumières doit fatalement donner conscience à la majorité et du pouvoir dont elle dispose pour faire prévaloir par la force ses intérêts. Il constate une divergence entre les intérêts du propriétaire foncier et les intérêts du fermier : le fermier ne souffrirait pas de la libre importation du blé s'il pouvait se soustraire au paiement des fermages exorbitants qu'exige de lui le propriétaire foncier. Il préconise, pour sortir d'une situation anormale, des mesures presque révolutionnaires : l'annulation ou le rachat de tous les baux. Le rachat coûterait moins que le subside payé annuellement par l'Angleterre à un seul souverain étranger ; et il est juste que les propriétaires fonciers perdent, au rétablissement de la paix, comme les officiers de terre et de mer, comme les fournisseurs militaires, les bénéfices exorbitants que leur a valu la guerre. Ces conflits de classes compromettent gravement, comme nous verrons par la suite, le principe de l'identité des intérêts ; mais ils s'imposent aux regards, et les Benthamites, défenseurs de l'intérêt du plus grand nombre, attendent une doctrine capable d'en rendre compte. Alors le moment sera venu pour eux de jouer, comme toujours, leur rôle d'assimilateurs et d'organisateurs. Or, de toutes parts, autour d'eux, la nouvelle théorie s'élabore.

 Buchanan, en 1814, commentant Adam Smith, observe que, « la rente étant un excès sur les salaires et les profits, de tout ce qui donne cet excès sur les salaires et les profits, on peut dire qu'il paie une rente. L'inventeur d'une machine à économiser le travail, s'il gardait son secret, pourrait vendre ses produits à un prix qui fournirait une rente ou un excédent sur les salaires et le profit ; mais, quand le secret est connu, et que d'autres viennent faire la même économie de travail, la concurrence réduit le prix, et son avantage est perdu. De cette manière les progrès des manufactures bénéficient à la société par une chute de prix des objets manufacturés, mais les progrès de l'agriculture, qui n'occasionnent pas une chute de prix, bénéficient seulement au propriétaire par un accroissement de la rente foncière ». Pourquoi, d'ailleurs, les progrès de l'agriculture n'entraînent-ils pas une chute des prix ? C'est que « l'industrie manufacturière accroît son produit en proportion de la demande, et le prix baisse ; mais le produit du sol ne peut pas être accru de même, et un haut prix est encore nécessaire pour empêcher la consommation d'excéder l'offre ». Est-ce que cette application du principe de population ne renferme pas tout l'essentiel de la théorie de la rente différentielle ?

Puis West, dans un traite anonyme, intitulé : *Un essai sur l'application du capital au sol*, où il enregistre les réflexions que lui ont inspirées les travaux des Commissions parlementaires, et veut montrer l'inutilité d'une aggravation des droits à l'importation, essaie de prouver, définissant, avec plus de rigueur que Malthus, la loi des revenus fonciers décroissants, que, « dans le progrès de l'agriculture, il devient progressivement plus coûteux d'obtenir le produit brut, ou, en d'autres termes, que le rapport du produit net du sol au produit brut diminue continuellement ». Il rejette l'explication proposée par Adam Smith, suivant qui le moindre accroissement du produit du travail agricole serait dû au moindre développement de la division du travail : car alors le retard du travail agricole sur le travail industriel serait *relatif* (*comparative*), non *absolu* (*positive*), tandis que, selon West, pour chaque quantité égale de travail, il y a diminution absolue du revenu. La différence tient à la nature même du travail agricole, qui doit s'employer soit à mettre de nouvelles terres en culture, soit à soumettre à une culture plus intense les terres déjà défrichées. La diminution graduelle du produit se trouve être, selon les cas, plus que compensée, tout juste compensée, moins que compensée, par le progrès de la division du travail et du machinisme. Mais, en fin de compte, les causes qui *tendent* à rendre le travail agricole moins productif doivent l'emporter sur celles qui *tendent* à le rendre plus productif. Si les revenus fonciers et industriels croissaient dans la même proportion, les profits du capital devraient croître constamment ; s'ils baissent, c'est en vertu de la loi des revenus décroissants.

A la même date, Malthus communique au public des notes « sur la nature et le progrès de la rente », recueillies au cours de son enseignement à l'East India College. « Mon intention, dit-il, a été, dans un temps ou dans un autre, de les mettre en forme pour la publication ; et c'est le lien très étroit du sujet de la présente enquête avec les sujets actuellement discutés qui m'a induit à en hâter aujourd'hui la publication ». Dans la culture du sol, l'homme est obligé de recourir constamment à des terres de qualité inférieure, en raison, d'abord, de l'accroissement constant de la population et de la demande de nourriture, et, ensuite, de la quantité limitée des terres qui présentent une fertilité donnée. Il est donc nécessaire que le prix des objets de première nécessité hausse sans cesse ; et, par suite, la rémunération du travail et du capital employés sur les premières terres cultivées hausserait, si, en vertu des principes posés par Adam Smith, les profits et les salaires ne devaient, comme le prix des denrées, tendre à s'égaliser partout ; d'où, sur les terres plus fertiles, un reliquat, qui est précisément la rente foncière, à savoir « cette portion de la valeur du produit total qui demeure au propriétaire, après que toutes les avances nécessaires à la culture, de quelque genre qu'elles soient, ont été payées, y compris les profits du capital employé, estimés au taux usuel et ordinaire des profits du capital agricole au temps en question ».

Enfin, c'est en réponse au livre de Malthus, que, presque aussitôt, Ricardo rédige et publie un « essai » où il traite « de l'Influence du bas prix du blé sur les profits du capital ». Ricardo accepte la définition de la rente donnée par Malthus. Mais il se livre, sur cette définition, à un travail de révision logique, où l'on peut reconnaître l'influence du génie propre de James Mill. — Il simplifie la théorie. Malthus avait distingué trois causes du phénomène de la rente foncière : en premier lieu, le pouvoir que possède la terre de fournir une quantité plus grande des denrées nécessaires à la vie qu'il n'en faut pour la subsistance des personnes employées à la culture ; en second lieu, la tendance de l'offre de nourriture à créer sa propre demande et accroître la population ; en troisième lieu, la rareté relative des terres fertiles, qui est nécessaire pour séparer une portion de l'excédent général, sous la forme spécifique d'une rente offerte à un propriétaire foncier. Ricardo ne retient que la troisième cause. — Il universalise la théorie. Indépendamment de la nécessité pour l'agriculteur de recourir à des terres moins fertiles, Malthus admet l'opération, sur les variations de la rente, de causes autres, telles que l'accumulation du capital qui abaisse les profits du capital, l'accroissement de la population qui abaisse les salaires, les progrès de l'industrie agricole. Ricardo néglige la dernière cause, à laquelle on ne saurait assigner que des effets très temporaires, et surtout considère la théorie de la rente foncière, entendue comme la différence entre les coûts de production sur des terres de fertilité inégale, comme la théorie fondamentale, d'où dérivent les théories des salaires et des profits. Les variations des salaires agissent non sur la rente, qui est donnée, mais sur les profits ; et Malthus a tort de retenir encore partiellement, au sujet des profits, la théorie d'Adam Smith, suivant laquelle les profits haussent et baissent pour des raisons commerciales, indépendantes de l'offre de nourriture. « Les profits du capital tombent, parce qu'on ne peut obtenir de la terre également fertile, et, dans tous le cours du progrès de la société, les profits sont réglés par la difficulté ou la facilité qu'on éprouve à se procurer de la nourriture ». Principe de grande importance, nous dit Ricardo, et qui a été presque entièrement négligé par les économistes. — Enfin, Malthus, comme les avocats du *corn-bill*, arguait de sa théorie de la rente foncière à la nécessité d'une politique de protection. Ricardo s'efforce de démontrer, comme West, la nécessité de tolérer la libre importation des blés : la hausse des profits et des salaires réels compensera, et au-delà, la perte éprouvée par les propriétaires fonciers. Or, entre membres d'un même groupe de théoriciens, l'accord se fait autant, et peut-être davantage, sur le programme des applications pratiques, que sur les principes : et c'est en associant la théorie de la rente foncière différentielle avec la théorie du libre-échange que Ricardo l'incorpore définitivement à la tradition d'Adam Smith et de l'économie politique orthodoxe.

Du grand ouvrage que publiera Ricardo deux ans plus tard, ce petit traité est l'esquisse. « Je sais de M. Mill, écrit Ricardo à J.-B. Say, le 18 août 1815, que plusieurs personnes de ce pays ne m'entendent pas, parce que je n'ai pas assez développé mes idées ; et il m'engage à en reprendre l'exposition dès le commencement, et plus au long ». « Les principes de la rente, des profits et des salaires, écrit-il à Trower, le 29 octobre 1815, sont tellement associés et enchaînés à tout ce qui relève de la science de l'économie politique, que je considère que des notions exactes à ce sujet sont d'une importance capitale. C'est sur ce point, où mes opinions diffèrent de la grande autorité d'Adam Smith, de Malthus, etc., que je voudrais concentrer tout le talent que je possède, en vue non seulement d'établir les principes que je tiens pour corrects, mais encore d'en tirer d'importantes déductions. Pour ma satisfaction personnelle, je ferai certainement l'expérience, et peut-être, au prix de révisions répétées pendant un ou deux ans, produirai-je enfin quelque chose qui se puisse comprendre ». On voit quel rôle joue, dans la formation de la nouvelle économie politique, le principe de population, complété par la loi de la rente, qui en dérive : c'est un principe d'unification. Désormais, les variations de la rente, du salaire, des profits, ne peuvent plus, comme elles le pouvaient du temps d'Adam Smith, être étudiées séparément : elles dérivent d'une seule et unique loi. Et l'économie politique, conformément au rêve de James Mill, va reprendre, quoique en un sens nouveau, le caractère rigoureusement systématique qu'elle avait présenté, en France, au XVIIIᵉ siècle, chez Quesnay et les physiocrates : en 1817 paraissent les *Principes de l'économie politique et de l'impôt*.

A quoi se réduit, en résumé, l'influence exercée sur Ricardo par Bentham et James Mill ? L'influence personnelle de James Mill est considérable ; et c'est peut-être à elle que l'économie politique doit le caractère systématique et déductif qu'elle prend chez Ricardo. Mais l'idée de l'économie politique, entendue comme une science de lois — lois d'équilibre et lois de progrès — lois statiques et lois dynamiques — ne vient pas de Bentham. Les idées nouvelles que s'incorpore, avec Ricardo, l'économie politique classique lui viennent de Malthus. La méthode, théorique et rationnelle, lui vient des économistes français : elle lui a été enseignée par James Mill, qui a le tempérament d'un logicien, mais qui a aussi le tempérament d'un disciple, et emprunte ses doctrines à d'autres, se contentant de leur donner *une rigueur nouvelle*, et rien davantage. James Mill a moins donné à Ricardo sa doctrine qu'il ne lui a transmis *une* doctrine ; ou même, il lui a moins donné une doctrine qu'il n'a développé en lui le penchant doctrinal, et fait de lui un doctrinaire.

III. L'Éducation du peuple.

La question de savoir, écrit James Mill dans l'article qu'il consacre, en 1818, à l'« Éducation », dans le Supplément de l'*Encyclopédie britannique*, à quel degré les qualités utiles de la nature humaine sont, ou ne sont pas, soumises au pouvoir de l'éducation, est une des plus importantes. Suivant Helvétius, si on laisse de côté le nombre relativement restreint des individus qui naissent incomplets et manifestement inférieurs à la moyenne, on peut regarder les hommes comme étant, en grande majorité, également susceptibles d'excellence mentale, et découvrir les causes remédiables de leurs inégalités. Helvétius seul assurément est de cet avis ; mais, dit James Mill, « Helvétius, à lui seul, est une armée ». Bentham lui-même était un disciple d'Helvétius ; il avait, d'ailleurs, déjà, en 1797, dans son *Administration des pauvres*, abordé le problème pédagogique, et, traçant un programme d'éducation populaire, préconisé la méthode, inventée par le Dr Bell, de l'enseignement par moniteurs. Mais c'est à partir de 1808 que cette partie de la doctrine de Bentham va prendre tout son développement : James Mill est né propagandiste, et, si l'éducation, comme le veut Helvétius, est toute-puissante pour former les caractères, l'éducation est donc l'instrument à employer pour convertir la nation à la morale de l'utilité.

James Mill essaya sur la personne de son fils aîné, John Stuart, la première vérification expérimentale de la théorie d'Helvétius. Stuart Mill, né en mai 1806, avait deux ans lorsque son père fit la connaissance de Bentham ; et c'est l'année suivante qu'il entreprenait, sur un plan systématique, l'éducation de son fils. « C'est un fait, que les premières successions de phénomènes auxquelles nous sommes habitués forment les premières habitudes, et que les premières habitudes sont le caractère fondamental de l'homme. La conséquence est très importante, car il suit qu'à peine l'enfant, ou plutôt l'embryon, commence à sentir, le caractère commence aussi à se former ; et que les habitudes qui sont alors contractées sont les plus générales et les plus actives de toutes. Donc l'éducation, ou l'art de former les habitudes, doit commencer, autant que possible, avec la naissance de la sensation elle-même ; et il n'est pas de période où une extrême vigilance soit de plus d'importance que celle-là. » Nous voyons, en conséquence, James Mill s'emparer de la direction intellectuelle de son fils, aussitôt que possible. En 1809 (Mill ne songe-t-il pas à faire suivre par son fils l'exemple de Bentham, dont les études classiques avaient commencé à un âge presque aussi précoce ?) John attaque l'étude de la langue grecque, avec les *Fables* d'Ésope et l'*Anabase*, et de l'arithmétique, en même temps qu'il lit, pour se distraire, des livres d'histoire et des ouvrages « qui montrent des hommes d'énergie et de ressource, dans des situations exceptionnelles, luttant contre les difficultés, et les sur-montant ». — Puis commence le second cycle de ses études. A huit ans, il apprend le latin. Il étudie bientôt la *Rhétorique* d'Aristote, « le premier traité expressément scientifique sur un sujet moral ou psychologique qu'il eût encore lu », et que son père lui fait étudier avec un soin particulier, puis résumer sous forme de tableaux sy-noptiques. Il apprend en même temps, au cours de ce deuxième cycle, la géométrie élémentaire et l'algèbre, le calcul différentiel et d'autres parties des mathématiques transcendantes, enfin des ma-nuels de science expérimentale, et en particulier de chimie. Son père le dispense à peu près de la composition latine, tout à fait de la composition grecque, mais l'exerce à écrire en vers anglais, — pour deux raisons : l'une, que certaines choses s'expriment mieux, et avec plus de force, en vers qu'en prose, ce qui est un réel avan-tage ; l'autre, que les hommes attachent en général aux vers plus de valeur qu'ils n'en méritent : en raison de quoi il vaut la peine d'acquérir le pouvoir d'en écrire. — Enfin, à douze ans, Stuart Mill entre dans le troisième et dernier cycle de son instruction : il ne s'agit plus maintenant d'acquérir les instruments auxiliaires de la pensée, mais les pensées elles-mêmes. Chose caractéristique : Stuart Mill ne devait connaître que plus tard, après l'achèvement complet de son éducation, les œuvres mêmes de Bentham. Son père n'avait pas voulu que John Mill acceptât les idées de Bentham sans examen, simplement parce qu'elles émanaient de l'ami véné-ré de son père, que le benthamisme devînt pour lui une sorte de croyance religieuse, d'« ipsedixitisme » ou de « dogmatisme », au sens péjoratif que Bentham avait donné à ce mot. Il ne travaillait pas moins, de toutes ses forces, à faire de Stuart Mill, par une voie plus ardue, le type du penseur, du citoyen, de l'homme selon la doctrine d'Helvétius et de Bentham. Stuart Mill étudiait la logique dans l'*Organon* d'Aristote, dans quelques-uns des traités latins sur la logique scholastique, enfin dans la *Computatio sive logica* de Hobbes. En 1819, il passait à l'étude de l'économie politique (le livre de Ricardo était déjà vieux de deux ans), appliquait l'art de raisonner à l'étude du mécanisme des intérêts, à ce qu'on a appelé la dogmatique de l'égoïsme. Autant que le plan des études, la méthode d'enseignement était originale. Admirateur des philosophes grecs et en particulier des socratiques, James Mill pratiqua avec son fils la méthode maïeutique. Se proposant, à un degré peut-être même exagéré, d'éveiller l'activité des facultés en amenant l'élève à tout découvrir par lui-même, il donnait ses explications non avant, mais après que son fils avait senti toute la gravité des difficultés. « Non seulement, dit Stuart Mill, il me donna une connaissance exacte de ces deux grands domaines — la logique et l'économie politique — dans les limites où on les connaissait à cette date, mais il fit de moi un penseur dans ces deux ordres d'idées. » Ayant des principes pédagogiques personnels sur toutes les matières enseignables, même sur l'art de la lecture à haute voix, James Mill les essaie sur son fils. Il expérimente sur lui la méthode de l'enseignement par moniteur ; et John Mill, à mesure qu'il apprend le latin, l'enseigne à ses frères et sœurs, ce qui constitue pour lui un moyen supplémentaire de l'apprendre.

En 1820, John Mill, par un voyage à Paris, clôt, à l'âge de quatorze ans, la période de son instruction première. Dans Hyde Park, la veille de son départ, son père lui fait faire une dernière et solennelle promenade ; il lui révèle qu'il a reçu une éducation propre à le singulariser parmi les hommes. Ce qu'il sait de plus que les autres ne doit pas être attribué à son mérite personnel, mais à l'avantage exceptionnel et accidentel d'avoir eu un père capable de l'instruire et disposé à y consacrer la peine et le temps nécessaires ; il ne doit pas être fier d'en savoir plus long que les autres, moins favorisés ; le déshonneur pour lui serait de n'en pas savoir davantage... Éducation systématique, et dont aussi bien le caractère artificiel était en partie voulu — on ne peut faire une expérience sans recourir à des artifices, sans isoler le phénomène à observer, afin d'éviter l'intervention de toute action perturbatrice, — mais en partie involontaire aussi. Car James Mill aurait voulu faire de son fils à la fois un homme de pensée et d'action : mais suffisait-il, pour atteindre le second but, de lui faire lire des récits de vies énergiques et d'actions héroïques ? — L'éducation de John Mill est un sujet perpétuel de conversation pour les amis de Bentham : on discute là-dessus dans la boutique de Francis Place. « Wakefield, écrit

Place à James Mill, croit aux penchants innés, et est si pleinement satisfait de la vérité de sa théorie qu'il s'attend à voir les penchants innés de votre John éclater tout à l'heure et former son caractère. Je défends contre lui cette thèse que les enfants ont, en général, des organisations assez semblables pour pouvoir, avec une direction convenable, être rendus, à très peu de chose près, également sages et vertueux. » Si nous nous en rapportons au témoignage de Stuart Mill, les faits auraient donné raison aux disciples d'Helvétius contre les partisans des penchants innés ; et, certes, nul ne donne plus que lui l'impression d'une personnalité *fabriquée*. Stuart Mill, c'est bien l'œuvre de James Mill travaillant sur le modèle proposé par Bentham. Cependant, quoique James Mill ait réussi à faire de son fils un citoyen, un penseur sinon éminent, du moins éminemment *utile*, on devine chez Stuart Mill une nature première, sentimentale et presque religieuse, qui n'est pas faite pour le système purement intellectuel et abstrait qu'on lui a, dès l'enfance, imposé, et qui, sans cesse, essaie de réagir.

Mais James Mill, disciple de Bentham, et qui s'érige, pour ainsi dire, en premier ministre de son maître, ne borne pas ses efforts à cette expérience isolée de pédagogie individuelle. Bentham et lui (et Bentham par son intermédiaire) entre en rapport, aux environs de 1810, avec les philanthropes, religieux ou irréligieux, qu'obsède, vers cette époque, l'idée de réformer l'humanité par la pédagogie. Ils sont nombreux : Bentham, et surtout James Mill, qui met en œuvre les idées de Bentham, ne se distinguent des autres que par une conscience plus éclairée des principes sur lesquels ils se fondent, jointe à plus de bon sens et de ténacité dans l'action.

La tradition d'Helvétius se perpétue, à côté de Bentham, avec Robert Owen, à qui elle a été transmise par William Godwin. Owen nie les idées de liberté, de responsabilité, de mérite et de peine, et veut réformer l'humanité ; faire le caractère humain, en plaçant les individus, dès leur naissance, dans certaines conditions sociales qu'il réalise lui-même artificiellement dans son usine modèle de New-Lanark. En 1813, Bentham devient actionnaire de ce fameux établissement, que dirigent alors Robert Owen et William Allen. Romilly l'exhorte à la prudence, l'avertit qu'Owen est un fou. Non, répond Bentham, Owen n'est pas fou *simpliciter*, il est seulement fou *secundum quid* ; et Bentham lui-même ne s'est-il pas vu traiter de fou, aux temps du *Panopticon* ? Bentham, si souvent malheureux dans ses avances de fonds, avait cependant raison, cette fois, contre le trop circonspect Romilly : il retire des profits de ce placement philanthropique. C'est probablement James Mill, ami de William Allen, qui fut l'intermédiaire entre Bentham et Owen : car nous trouvons, la même année, James Mill et Francis Place occupés à réviser le fameux ouvrage de Robert Owen, les *Essais sur la formation du caractère*.

William Allen était un quaker, et, depuis 1811, James Mill collaborait à son journal *The Philanthropist*. En 1809, il avait été amené par lui à s'intéresser aux entreprises scolaires d'un autre quaker, Joseph Lancaster. Copiant les méthodes appliquées par le Dr Bell à Madras, il avait fondé une école à Londres, et rêvait de couvrir l'Angleterre d'établissements dans chacun desquels mille enfants recevraient, par escouades de dix, l'enseignement de cent moniteurs, au coût de cinq shillings par an et par tête. Simple fou, n'ayant ni l'austérité de mœurs ni la prudence financière généralement caractéristiques du quaker, il n'avait échappé deux fois à la faillite que grâce aux secours reçus de riches quakers, de ministres dissidents, de philanthropes indépendants. En 1809, quand s'organise la *Royal Lancasterian Institution*, patronnée par le roi, la reine et le prince de Galles, pour diriger l'entreprise, William Allen est un des *trustees*, James Mill est membre du *financial committee*. C'est dans cette Société qu'il fait, en 1812, la connaissance de Francis Place, collaborateur de Lancaster depuis 1810. Lancaster a recommencé ses extravagances. En 1813, à bout d'efforts pour réconcilier Lancaster et la Société, on décide de retenir le *Lancaster system* et de se débarrasser de Lancaster, à qui l'on confie un titre honorifique. Tandis que l'Association est réorganisée sous le nom de *British and Foreign School Society*, James Mill, Place, Wakefield, Brougham, tracent le plan d'un système intégral d'enseignement primaire et secondaire pour la ville de Londres : l'école que Lancaster avait dirigée, à Londres, dans Borough Road, transformée en école normale, et Londres divisé en districts, que gouverneront des commissions scolaires indépendantes. Pour commencer, on organise la *West London Lancasterian Association* avec la devise *Schools for All*, qui est le titre de la brochure publiée en 1812 par James Mill, pour servir de manifeste au groupe.

Ce qu'il y a de nouveau dans l'idée de Mill et de ses associés, c'est l'extension du système lancasterien à l'enseignement secondaire. L'idée vient de Place, qui appartient à la classe des artisans devenus patrons, et souffre personnellement de l'absence d'établissements d'instruction où il puisse donner à ses neuf enfants l'éducation convenable, non pas une simple éducation classique, mais des notions un peu étendues de mathématiques, de langues vivantes, de politique et de morale. C'est la classe moyenne qui « contient, sans comparaison, la plus forte proportion de l'intelligence, de l'industrie et de la richesse nationales ; là se rencontrent les têtes qui inventent et les mains qui exécutent, l'esprit d'entreprise qui conçoit les projets et le capital qui les met en œuvre. En ce pays du moins, c'est cette classe qui donne à la nation son caractère. Une bonne éducation de cette portion du peuple est donc de la plus grande importance pour le bien-être de l'État. » Wakefield adhère, puis James Mill. « Mill, écrit Wakefield à Place, est toujours au travail, mais ne se montre jamais ». James Mill soumet l'idée à Bentham, qui la fait sienne. Il offre son jardin pour l'érection de l'école. Deux magnifiques cotonniers s'y élèvent : on les abattra. Une plaque, sur le mur du jardin, rappelle que la maison a jadis appartenu à Milton : on supprimera le mur et la plaque. Bentham s'attache surtout à tracer le plan, architectural, administratif, pédagogique de l'institution ; le résultat de son travail, c'est l'ouvrage intitulé *Chrestomathia*, « recueil de documents pour expliquer le plan d'une institution que l'on se propose d'ériger sous le nom d'externat chrestomathique, pour l'extension du nouveau système d'instruction aux plus hautes branches du savoir, à l'usage des classes moyennes et supérieures. » L'ouvrage se compose essentiellement de deux tables des matières : la première contenant le détail et l'ordre raisonné des matières enseignées ; la seconde, les principes du nouveau système pédagogique que l'on préconise. Programme et méthode sont justifiés, au point de vue du principe de l'utilité, par une comparaison des avantages recueillis et des inconvénients encourus, des profits et des pertes. C'est l'enseignement qui coûte le moins : six livres par an, évalue Bentham, quarante-deux livres pour sept ans. C'est l'enseignement qui rapporte le plus à l'élève, en raison de la disposition des matières enseignées, dans un ordre décroissant d'utilité, de sorte qu'aucun élève, quittant l'établissement à un âge quelconque, ne perde le bénéfice des années de classe déjà faites. Pour la première fois est tracé le programme d'un enseignement utilitaire, d'une *chrestomathie* : suppression de l'enseignement classique, l'enseignement scientifique justifié par son utilité. — Autre manière de comparer les profits et les pertes, si l'on compare, d'un côté, la quantité d'instruction, portée à son maximum ; d'un autre côté, la quantité de peine employée pour produire cet effet, portée à son minimum, par l'application des méthodes que Bell a imaginées pour rendre le travail attrayant. Le programme se termine par une série d'appendices. Le premier, rédigé par Mill et Place, porte pour titre : « Proposition chrestomathique ; proposition d'ériger par souscription et de conduire, sous le nom d'école chrestomathique, un externat pour l'extension du nouveau système aux plus hautes branches d'instruction ; devant contenir six cents garçons et quatre cents filles, et estimé à cinq mille livres. » Les suivants contiennent des documents relatifs à des expériences pédagogiques similaires, antérieurement entreprises. Reste un quatrième appendice, énorme par ses proportions, et dont le caractère est purement théorique. L'école chrestomathique a rappelé l'attention de Bentham sur un de ses premiers manuscrits. En 1769, lorsqu'il découvrait le principe du plus grand bonheur, il y avait vu le fondement de ce qui lui semblait être le seul arrangement encyclopédique correct et instructif — une carte ou un plan du champ de la pensée et de l'action ; et il nous raconte qu'il éprouva la sensation d'Archimède, découvrant son fameux principe, quand il jeta sur une feuille de papier sa première ébauche, grossière et imparfaite. Après quarante ans écoulés, ou peu s'en faut, il reprend cette ébauche. Il s'agit d'une refonte de la classification des sciences de d'Alembert, qui est maintenant reprise au point de vue du principe de l'utilité : les sciences classées les unes par rapport aux autres en raison non pas du caractère intrinsèque de leurs objets ou de leurs méthodes, mais en raison de leur utilité plus ou moins grande. Or, tel est aussi l'ordre dans lequel les matières doivent être enseignées à l'école chrestomathique. Bentham avait depuis longtemps abandonné l'étude des principes pour passer à l'examen des applications pratiques ; l'examen du problème pédagogique le ramène à l'étude des principes. Il en est de même, à la même époque, de James Mill ; et cette direction nouvelle, donnée par James Mill à son activité intellectuelle, aura les conséquences les plus importantes sur la formation du radicalisme philosophique.

James Mill rédige, effectivement, en 1818, pour le supplément de l'*Encyclopédie britannique*, l'article « Éducation ». Il prend le mot au sens large que lui donnait Helvétius. « Tout ce qui, depuis le premier germe de l'existence jusqu'à l'extinction finale de la vie, opère de manière à affecter les qualités de l'esprit dont le bonheur dépend à quelque degré, relève de notre enquête. » Il y a donc une éducation physique — encore peu développée, mais dont on trouvera les éléments chez Érasme Darwin et Cabanis — et une éducation morale, qui comprend l'éducation domestique, l'éducation technique ou scolastique (la seule dont l'idée soit généralement éveillée par le mot d'éducation) ; enfin l'éducation sociale, dans laquelle James Mill distingue, a un autre endroit de son article, l'éducation sociale proprement dite et l'éducation politique. La fin de l'éducation, c'est le bonheur d'abord de l'individu dont on fait l'éducation, ensuite de ses semblables ; elle est définie par James Mill « le meilleur emploi de tous les moyens que peut employer l'homme pour faire de l'esprit humain, au plus haut degré possible, une cause du bonheur humain ». D'ailleurs, la pratique ne se sépare pas de la théorie : car la théorie n'est que « l'*ensemble* du savoir que nous possédons à un sujet quelconque, mais dans l'ordre et sous la forme où il est le plus facile d'en tirer de bonnes règles pratiques ». Or, la solution du problème pratique de l'éducation suppose la solution préalable de deux grands problèmes théoriques. D'abord, en vue de savoir de quelle manière les choses agissent sur l'esprit, il est nécessaire de savoir comment l'esprit est construit. Le moindre mal qui puisse arriver à celui qui essaie d'agir sur l'esprit, par des voies qui ne soient pas adaptées à sa nature, c'est de perdre ses peines. En second lieu, puisque le bonheur est la fin, et que les moyens doivent être exactement adaptés à la fin, il faut savoir quelles sont les qualités de l'esprit qui conduisent principalement au bonheur, tant de l'agent lui-même que de ses semblables. La solution du second problème constitue une théorie de la vertu que James Mill ébauche en s'inspirant de la théorie grecque des quatre vertus la solution du premier problème constitue une théorie de la vie mentale : et James Mill se trouve amené de la sorte, dans un essai pédagogique, à donner un résumé, sous forme historique, de la théorie de l'association des idées. Car les lois de succession des phénomènes mentaux sont les « lois de la nature humaine »sur lesquelles est fondée la science de l'éducation. « Puisque le bonheur, qui est la fin de l'éducation, dépend des actions des individus, et puisque toutes les actions de l'homme sont produites par ses sentiments ou ses pensées, l'affaire de l'éducation est d'amener la production de certains sentiments et de certaines pensées, au lieu d'autres. L'affaire de l'éducation est donc d'agir sur les successions mentales ». L'article de 1818 est une première ébauche du grand ouvrage de Mill, paru onze ans plus tard, qui fixera la doctrine psychologique du radicalisme philosophique, l'*Analyse des phénomènes de l'esprit humain*.

Mais, à l'instant même où Bentham et ses amis essaient de superposer, à un enseignement primaire réformé, un enseignement secondaire conçu sur le même plan, de graves difficultés menacent l'exécution de la première partie du programme elle-même. Car le problème pédagogique se complique d'un problème religieux. En opposition à l'« Institution Royale Lancasterienne pour l'éducation des pauvres », dirigée par des dissidents, des libéraux, des libres-penseurs, se fonde en 1811 la « Société Nationale pour promouvoir l'éducation des pauvres selon les principes de l'Église établie ». Au nom de Lancaster, qui applique les principes de Bell, on oppose le nom de Bell lui-même, membre de l'Église anglicane. Une vive polémique s'élève, entre l'*Edinburgh Review* et le *Quarterly Review*. James Mill est le polémiste attitré de l'Institution lancasterienne ; il écrit, en 1811, la brochure anonyme : *Schools for all, in preference to schools for Churchmen only*, et intervient, en février 1813, dans la *Revue d'Edimbourg* par un long article consacré à la question. La *Chrestomathie* de Bentham, en 1814, l'article « Éducation », de James Mill, en 1818, ne sont que la suite de cette polémique.

James Mill, dans l'essai de la *Revue d'Edimbourg*, rappelle, en Écossais fier de son origine, que l'idée de l'éducation populaire est une idée écossaise. Sur la question de savoir s'il faut faire de l'instruction du peuple un service public, il admet qu'il est conforme aux leçons de l'expérience et aux principes d'Adam Smith d'être aussi ménager que possible des interventions gouvernementales. Pourtant, lorsqu'il arrive par malheur que le peuple soit extrêmement ignorant et trop pauvre pour payer son instruction, il est nécessaire que l'État intervienne pour donner le branle à l'entreprise. Pour éviter que l'État abuse des pouvoirs qui lui sont confiés et établisse une sorte de despotisme intellectuel, une garantie suffit : la liberté de la presse. « Donnez, sur n'importe quel point du globe, un peuple qui sache lire et une presse qui soit libre, — et les préjugés sur lesquels se fondent les mauvais gouvernements disparaîtront graduellement et silencieusement ». Et il se déclare disposé, quoique avec quelques hésitations, à désirer que l'État vienne en aide à cette grande œuvre, du moins en ce qui concerne l'érection des maisons d'école, et la fixation des faibles traitements suffisants, et strictement suffisants, pour assurer la résidence d'un maître, choisi par les chefs de famille du district et principalement payé par les élèves. Une chose, en tout cas, est certaine et se démontre par « l'analyse des idées » : c'est que l'universalisation de l'instruction est bonne en soi. Si l'éducation consiste à communiquer l'art du bonheur, et si l'intelligence se compose de deux parties, la connaissance de l'ordre des événements de la nature d'où dépendent nos plaisirs et nos peines, et la sagacité qui découvre les meilleurs moyens d'atteindre les fins, la question de savoir si le peuple doit recevoir une éducation se ramène à la question de savoir s'il doit être heureux ou misérable. On objecte que, pour produire les aliments et autres objets de première nécessité, il faut qu'une grande partie du genre humain soit condamnée au travail, et par suite, faute de loisirs, à l'ignorance. Mais « c'est une chose aujourd'hui presque universellement reconnue, qu'il est désirable à tous égards que la grande masse du peuple ne soit pas misérablement pauvre ; que, lorsque le peuple est misérablement pauvre, toutes les classes sont vicieuses, toutes haïssables, toutes malheureuses. Si les hommes sont relevés au-dessus de la misère, au point d'être capables de vertu, quoiqu'il leur soit encore nécessaire de gagner leur pain à la sueur de leur front, ils ne sont pas liés à un travail assez incessant pour n'avoir pas le temps d'acquérir quelque savoir, et d'exercer leur intelligence ». C'est encore l'inspiration de Malthus : Mill semble pourtant compter sur la diminution de la misère pour augmenter l'aptitude à l'instruction, alors que Malthus comptait sur le progrès de l'instruction pour diminuer la misère. — Mais, pour que l'enseignement soit universel, il faut qu'il soit neutre. Ainsi le conçoivent les écoles lancasteriennes. Or, voici qu'un groupe d'individus veut supplanter ces écoles, parce qu'elles s'ouvrent à tous, sans distinguer entre les confessions, sans donner d'enseignement confessionnel. L'Église, après avoir si souvent reproché aux sectes leur intolérance, devient sectaire à son tour. James Mill fournit aux partisans des écoles lancasteriennes leurs arguments classiques. Le système anglican est financièrement dispendieux : « exclusif », « restrictif », il impose l'érection de deux écoles où une école suffirait. Dire que l'Église est en danger si tous les enfants des classes laborieuses sont élevés dans des établissements ouverts à tous, c'est avouer imprudemment qu'elle est perdue dès qu'elle se trouve sur un pied d'égalité avec les autres confessions. La doctrine de l'alliance de l'Église et de l'État est condamnée par l'opinion, avec la notion qu'elle implique d'un clergé, d'une corporation de prêtres, à qui des pouvoirs politiques sont confiés.

C'est au cours de cette polémique que s'accuse le caractère anticlérical et irréligieux de l'école de Bentham. — Bentham, libre-penseur au XVIIIᵉ siècle chez lord Lansdowne, dans un milieu dont l'incrédulité scandalisait Priestley, se retrouve libre-penseur, en alliance cette fois non plus avec une aristocratie dédaigneuse des superstitions plébéiennes, mais avec le parti populaire. James Mill, avant d'avoir connu Bentham, était-il déjà irréligieux, au sens où il allait le devenir ? Quoiqu'il eût volontairement renoncé à la carrière ecclésiastique, la chose est douteuse, en dépit d'une assertion de Stuart Mill. Une tradition de famille, recueillie par Bain, veut que ses vues irréligieuses n'aient pris une forme arrêtée qu'en 1808 et 1809 : Mill aurait été converti à l'irréligion, non par Bentham, mais par Miranda, ancien général de la Révolution française, et général révolutionnaire dans l'Amérique du Sud. La querelle des *Écoles pour tous* brouille décidément Bentham, James Mill, et tout le groupe, avec l'Église.

En 1818, Bentham publie son *Church of Englandism, and its Catechism examined*, dans lequel il trace le programme d'un christianisme moral simplifié à l'extrême ; et c'est vers le même temps qu'il rédige son *Not Paul but Jesus*, publié en 1823 seulement, dans lequel il s'attache à démontrer que Paul était un imposteur, un ambitieux, que sa doctrine est, sur presque tous les points, en divergence avec la doctrine de Jésus, qu'il est le véritable Antechrist. — Mais l'expression la plus directe de sa philosophie antireligieuse est contenue dans le petit ouvrage intitulé *Analyse de l'influence de la religion naturelle sur le bonheur temporel de l'humanité*, publié en 1822 : le jeune George Grote, qui a fait en 1818, par Ricardo, la connaissance de James Mill, et, par James Mill, la connaissance de Bentham, s'instituera cette fois, sous un pseudonyme, rédacteur des papiers du maître. Tout comme, vers la même époque, Bentham fondait une classification des sciences sur la considération de leur utilité relative, de même, dans ce petit ouvrage, il apprécie la valeur de l'idée religieuse au point de vue de l'*utilité*, distinct du point de vue de la *vérité*. « Si les raisonnements qui suivent paraissent concluants, on se fera une idée du profit ou du dommage temporels qui résultent de l'action de la religion naturelle. Quant à la question de savoir si les doctrines renfermées sous cette dénomination sont vraies ou fausses, c'est un point que je n'ai pas l'intention de toucher ». Fausses, elles pourraient être utiles ; vraies, elles pourraient être dangereuses. D'ailleurs, « le plus ardent partisan de la religion naturelle ne saurait nier que son influence n'ait produit, au moins de temps en temps, de mauvais effets. Personne d'ailleurs n'oserait nier qu'en d'autres circonstances elle n'ait produit de bons résultats. La question se ramène donc à une comparaison de la grandeur, du nombre et de la proportion de ces divers effets ». Bentham applique donc, à estimer l'efficacité de l'idée de peines et de récompenses posthumes, les règles de son arithmétique morale. « Tous les motifs sont des attentes, soit de plaisir soit de peine. La force avec laquelle toutes les attentes agissent sur le cœur de l'homme varie suivant qu'elles diffèrent par l'un des caractères suivants : l'intensité, la durée, la certitude, la proximité. Voilà les quatre éléments de valeur qui constituent et mesurent la force relative de tous les motifs humains ». Or, on nous dit bien que les plaisirs et les peines posthumes sont doués d'une *durée* et d'une *intensité* infinie ; mais c'est une infinité qu'on leur confère par une fiction, afin de faire contrepoids à leur manque réel de *proximité* et de *certitude*. Heureusement, car, « si l'impression d'effroi produite par les attentes réellement créées dans l'esprit se rapprochait de celle des tableaux de l'imagination, si le manque de certitude et de proximité se trouvait compensé, de sorte que ces attentes demeurassent seules en pleine possession de l'esprit, leur influence entraînerait la perte absolue de la raison et le sacrifice complet de toute jouissance sublunaire ».

Observons que la dialectique de Bentham présente toujours le même caractère : elle emprunte aussi peu d'éléments que possible à l'observation empirique. Ce n'est pas à l'histoire que Bentham demande des arguments contre les religions, examinées en détail. Il définit la religion *a priori*, et cherche quelles sont les conséquences nécessaires de la religion ainsi définie. La religion qu'il discute, c'est, il nous en prévient, la religion naturelle, non la religion révélée ; et on serait tenté de voir ici l'emploi d'une tactique courante chez les polémistes irréligieux, lorsqu'ils s'adressent à un public religieux : « si notre étude actuelle, écrit effectivement Bentham, démontre que la religion naturelle a produit une somme de mal temporel, qui excède de beaucoup le bien temporel, elle démontrera d'une façon encore plus convaincante la nécessité d'une révélation qui en corrige et en combatte les mauvais effets ». Mais la méthode de Bentham est plus subtile. Il ne se contente pas d'opposer la religion naturelle à la religion révélée, comme une religion simplifiée, débarrassée des croyances particulières et des preuves historiques accidentelles que lui ont ajoutées, d'un côté ou de l'autre, les révélations diverses : il propose de la religion naturelle une définition originale. Par le mot *religion*, il entend « la croyance à l'existence d'un Être tout-puissant, qui dispensera des peines et des plaisirs aux hommes pendant le cours d'une existence à venir d'une durée infinie » ; et c'est de cette notion abstraite de toute-puissance qu'il cherche à déduire les conséquences qui suivent logiquement, dans l'ordre pratique. La thèse de Bentham, c'est que « la religion naturelle pure conduit invariablement ses fidèles à attribuer à leur Dieu un caractère de caprice et de tyrannie, en même temps qu'ils lui adressent toutes les épithètes d'éloge et de vénération que contient leur langue ». Ce sont les religions révélées (Bentham parle ici sincèrement et sans artifice de polémiste) qui, pour éviter le scandale d'une pareille conception, ont travaillé à représenter Dieu comme une Providence se proposant pour fin le bien de l'ensemble, comme un juge bienfaisant, non comme un despote. Mais pourquoi un juge humain est-il bienfaisant ? Parce qu'il exerce un pouvoir délégué, parce qu'il est dépendant et responsable. Au contraire, à moins d'une révélation, Dieu ne peut être considéré que comme méchant, puisque son autorité est absolue.

Nous possédons dès lors, le moyen d'évaluer les dommages qui résultent d'une pareille croyance, pour l'individu considéré en soi, *souffrances sans profit ou privations inutiles.* Car « voulez-vous fournir la preuve de votre attachement à Dieu, en face de vos semblables, de façon à les convaincre ? Un seul genre de témoignage peut les convaincre : imposez-vous de la peine à cause de lui ; et si vous voulez réduire au silence les soupçons qui pourraient s'élever quant à la nature du motif, il faut que la peine dont vous ferez choix ne suggère pas la plus faible idée d'une récompense indépendante ». Faut-il énumérer les conséquences funestes de l'idée religieuse ? Censure des plaisirs par des scrupules préalables et par des remords subséquents. Terreurs indéfinies, pouvant, comme en témoigne l'expérience, conduire à la folie. Dégradation de l'intelligence, du moment où, par l'admission de « croyances extra-expérimentales », nous séparons la croyance d'avec l'expérience, du moment où, érigeant la croyance en mérite, l'incrédulité en crime, on nous donne d'autres motifs de croire ou de ne pas croire que la considération des preuves intrinsèques : « si donc la récompense a un effet, c'est d'entraîner l'homme à croire sur des preuves insuffisantes ; si le châtiment influe, c'est en le détournant de l'incrédulité appuyée sur une réfutation suffisante ». Enfin, conséquences sociales funestes, la religion est dommageable « non seulement au croyant lui-même, mais encore aux autres par lui ». Elle crée, au sein de la société, des antipathies factices entre hommes qui croient et hommes qui ne croient pas, entre hommes qui pratiquent et hommes qui ne pratiquent pas, ou encore entre hommes qui pratiquent d'une façon et hommes qui pratiquent d'une autre. Son pire effet, c'est ce qu'on pourrait appeler d'un seul mot le « cléricalisme », ce que Bentham appelle la « création d'une classe irrémédiablement opposée aux intérêts de l'humanité », composée des hommes qui sont tenus, dans l'hypothèse religieuse, pour capables d'interpréter les interventions surnaturelles de la main céleste. Les prêtres sont dès lors naturellement portés à s'allier aux chefs de l'État, car l'État et l'Église sont deux corps qui ont « un intérêt irrémédiablement opposé à celui de la collectivité, et tous les intérêts sinistres ont une tendance naturelle à se coaliser et à unir leurs efforts, puisque c'est pour chacun d'eux un moyen de s'assurer plus complètement et plus aisément la possession de l'objet qu'il poursuit. Mais entre l'intérêt particulier d'une aristocratie gouvernante et celui d'une classe sacerdotale, il semble qu'il y ait une affinité et une concordance d'un caractère spécial ; chacune emploie précisément l'instrument qui fait défaut à l'autre » : l'une, la force physique, l'autre, l'ascendant moral.

James Mill partage l'intransigeance de son maître. Il élève son fils dans l'ignorance de toute idée religieuse. Il tient pour impossible logiquement soit d'affirmer, soit de nier l'existence de Dieu ; et l'une de ses bizarreries intellectuelles, c'est sa sympathie pour l'hypothèse manichéenne : car ce qui lui paraît intolérable, c'est d'attribuer à Dieu la création d'un univers où le mal abonde. « je lui ai cent fois entendu dire, raconte Stuart Mill, que tous les siècles et toutes les nations ont représenté leurs dieux comme méchants, selon une progression toujours croissante, que l'humanité a continué d'ajouter trait sur trait jusqu'au moment où elle atteignit le plus parfait idéal de scélératesse que l'esprit humain puisse imaginer, lui donna le nom de Dieu, et se prosterna devant lui. Il considérait ce *nec plus ultra* de la scélératesse comme ayant pris corps dans ce que l'on présente communément à l'humanité comme constituant la croyance chrétienne. » Au fond, pour Bentham et James Mill, les opinions anticléricales se confondent avec les opinions démocratiques ; ils conçoivent le rapport de l'homme à Dieu comme le rapport de l'opprimé à l'oppresseur, la religion comme la servilité du faible envers le tout-puissant, de l'esclave envers le tyran. Dans l'argot du groupe, « calotin » se dit « *juggical* », du char de Juggernaut, sous les roues duquel les fidèles de Dieu se font écraser, dans les Indes.

Nombreux sont, d'ailleurs, autour de Bentham, les publicistes qui scandalisent, à cette époque, l'opinion par la prédication de l'athéisme. C'est le moment précis où, à la propagande déiste qui répandait le livre de Thomas Paine, sur l'*Age de la raison*, succède la propagande proprement athée. Bentham fait, probablement par Wooler, directeur du *Black Dwarf*, et éditeur du *Catéchisme de la réforme parlementaire*, la connaissance de Richard Carlile, dont le premier exploit a été le colportage clandestin du *Black Dwarf*, après l'*Habeas Corpus Act* de 1817. Bentham a également collaboré au *Reformer's Register* de Hone, et c'est Hone qui, en 1817, inaugure la publication de ses ouvrages blasphématoires et antichré-

tiens avec sa *Litanie politique*, illustrée par Cruikshank, où il paro-
die la litanie, le *credo* de saint Athanase et le catéchisme anglican,
et qu'imprime Carlile. En 1818, Richard Carlile publie les œuvres
théologiques de Paine ; en 1819 commence cet internement de sept
années dans la prison de Dorchester, où vont successivement le
rejoindre, en 1821, sa femme, puis sa fille, et d'où il réussit cependant, grâce à des collaborations diverses, à poursuivre sans arrêt la
publication de son périodique, le *Républicain*. L'emprisonnement
de Carlile soulève une fois de plus la question de la liberté d'opinion : Carlile, entré déiste dans sa prison, en sort athée. Les per-
sécutions créent « un fanatisme de l'incrédulité ». Les amis de
Bentham prennent la défense de Carlile : Ricardo par un discours
au Parlement, Stuart Mill par cinq lettres adressées au *Morning
Chronicle*, puis par un article de la *Revue de Westminster*. — C'est
par leur anticléricalisme forcené que les disciples de Bentham se
rendent le plus impopulaires. Romilly, toujours prudent, mais à
la direction de qui Bentham a décidément échappé depuis qu'il
connaît James Mill, fait tous ses efforts pour empêcher Bentham
de publier son *Church of Englandism*. C'est sous des pseudonymes
que paraissent la *Religion naturelle* et le *Not Paul but Jesus*. On ne
trouvera pas trace, dans l'édition complète des œuvres de Bentham
publiées par Bowring, du *Church of Englandism* ni du *Not Paul but,
Jesus* ; et Mrs. Grote dissimule soigneusement, dans la biographie
qu'elle consacre à son mari — on est toujours trahi par les siens
— la part prise par Grote à la publication de la *Religion naturelle* :
le fait n'a été révélé qu'à une date assez récente, dans une notice
biographique, par Alexandre Bain.

  Mais ce n'est pas seulement, à l'extérieur, la résistance de l'Église
anglicane qui menace la prospérité de la *British and Foreign Society* ;
elle est travaillée, à l'intérieur, par des dissensions religieuses. Chez
les promoteurs de l'éducation populaire entre 1810 et 1820, on rencontre à la fois des dissidents à tendances piétistes, et des libéraux
politiques à tendances laïques. William Allen, l'ami commun de
James Mill et de Robert Owen, ne se console pas de voir celui-ci
évoluer, pour les mêmes causes et dans le même temps que les
Benthamites, vers l'irréligion agressive. Les gens de la « confrérie
de Clapham » sont hostiles, dès le début, au « libéralisme » suspect
de la Société ; et leur grand homme, Wilberforce, dont Allen et Fox

auraient voulu faire le vice-président de la Société, décline cet honneur. Dans la *British and Foreign Society* elle-même, Place et James Mill obtiennent d'abord que, sur les statuts de la *West London Lancasterian Association*, on modifie la règle portant que les leçons de lecture seront empruntées seulement à la Bible, et qu'on supprime la règle portant que tous les enfants seront conduits, tous les dimanches, à des lieux de culte. Mais en 1814, Lancaster, expulsé, se venge en dénonçant l'athéisme de Place ; et sir Francis Burdett se venge également en accusant Place d'être un agent provocateur : Place quitte la *West London Lancasterian Association*. En 1815, les piétistes l'emportent définitivement dans la *British and Foreign School Society*, d'où Place se retire encore. — Le projet d'*École chrestomathique supérieure* avorte pareillement. Les fonds manquent : on voudrait quatre mille livres, et on n'a recueilli, en 1817, que deux mille cinq cents livres. L'enthousiasme de Bentham lui-même se refroidit : l'emplacement qu'il avait offert pour l'érection de l'école, il finit par le refuser en 1820. — Dix années d'efforts ne sont pas cependant consommées en pure perte. Le discours que Brougham, à qui James Mill fournit toutes ses idées, prononcera aux Communes en 1820, pour l'organisation d'un système complet d'instruction publique, sera le résultat direct de la propagande benthamique. La fondation, à Londres, de l'*University Collège* et celle du *Mechanics' Institute*, dues l'une à Mill et l'autre à Place, seront des formes nouvelles, modifiées et mieux adaptées aux circonstances, de l'institution chrestomathique.

IV. Renommée croissante de Bentham.

« Voici qu'aujourd'hui enfin, écrit Bentham en 1810, bien que je n'aie ni le temps ni la place de vous donner des détails, au moment où je suis près de descendre dans la tombe, ma renommée s'est répandue sur tout l'univers civilisé ; par un choix qu'un de mes amis fit, en 1802, dans mes papiers, et qu'il publia à Paris, je suis considéré comme ayant annulé tout ce qui a été écrit avant moi en matière de législation ». Cependant, en France, en Allemagne, l'influence de Bentham a été nulle, ou insignifiante. Mais, dans des pays plus barbares, auxquels font défaut une littérature et une tradition philosophiques propres, la renommée de Bentham s'est répandue sans obstacles. C'est le cas en Russie. « Auriez-vous pu croire, écrit en 1803 Dumont à Romilly, qu'on a vendu autant d'exemplaires de mon *Bentham* à Saint-Pétersbourg qu'à Londres ? Cent exemplaires ont trouvé acquéreur en très peu de temps, et le libraire fait une nouvelle commande ». Bentham et son frère ont gardé là-bas des relations ; Dumont lui-même y séjourne, de 1802 à 1803, fait lire et admirer l'ouvrage par Spéranski. « J'aspire, écrit en 1806, l'amiral russe Mordvinoff au général Bentham, à m'établir en Angleterre, et à faire la connaissance de votre frère. Il est, à mes yeux, un des quatre génies qui ont fait et qui feront le plus pour le bonheur du genre humain — Bacon, Newton, Smith et Bentham : chacun le fondateur d'une nouvelle science, chacun un créateur ». Un *Panopticon* est construit à Saint-Pétersbourg. En 1814, l'empereur Alexandre fait appel au concours de Bentham pour la rédaction d'un code, dans des conditions qui d'ailleurs n'agréent pas à Bentham. — Mais c'est en Espagne surtout que Bentham devient une sorte de demi-dieu. « Que pensez-vous, écrit Bentham à Eden, le 4 septembre 1802, de l'Espagne, qui enlève trois cents exemplaires ? Trois fois plus, il me semble, que je n'avais jugé à propos d'envoyer en Angleterre. C'est le nombre qui, selon les calculs du libraire français, devait trouver des acheteurs avant que l'Inquisition eût le temps de mettre la main sur les exemplaires ». Mais l'invasion française supprime, en Espagne, le tribunal de l'Inquisition ; puis l'Espagne libérale s'insurge contre l'envahisseur, appelle à l'aide les Anglais, et les livres de Bentham entrent dans la péninsule avec les troupes britanniques. Les éditions espagnoles des œuvres de Bentham se multiplient : les Cortès d'Espagne, de Portugal votent l'impression aux frais de la nation. Bentham intervient dans les discussions politiques qui séparent les Espagnols, préconise le système unicaméral, écrit au comte Toreno ses lettres sur le code pénal.

D'Espagne, la renommée de Bentham passe aux pays américains de langue espagnole. C'est d'abord le lieutenant-colonel Aaron Burr, ancien vice-président des États-Unis, exilé par un scandale en Angleterre, disciple de Bentham, qui entre en relations directes avec lui et lui propose de partir pour le Mexique : Burr sera empereur, Bentham législateur. Puis c'est le général Miranda, originaire du Venezuela, qui part pour organiser là-bas la révolution ;

et Bentham songe à le suivre à Caracas. « La température est déli-
cieuse, une température d'été pendant toute l'année. En vue de la
mer, on a, quoique presque sous l'équateur, une montagne coiffée
de glace, de sorte que l'on peut absolument choisir sa température,
et jouir en abondance des produits végétaux de tous les pays. Si
je vais là-bas, ce sera pour travailler un peu dans ma spécialité
— pour rédiger un corps de lois à l'adresse des gens du pays ». A
Buenos Aires et au Chili, Ridavavia est son disciple et son propagandiste. Au Guatemala, José del Vallé travaille à substituer les codes de Bentham aux codes espagnols. En Colombie, les *Traités de
législation* sont tour à tour adoptés et supprimés comme livres de
classe, selon que le parti libéral ou le parti réactionnaire, le parti de
Bolivar, est au pouvoir. La doctrine de Bentham se propage encore
dans la Méditerranée, en Italie, et jusqu'en Grèce. Le lieutenant de
marine Edouard Blaquiere, un enthousiaste, se fait, dans ces ré-
gions, l'« apôtre errant » de Bentham, le nouveau saint Paul du
nouveau Dieu. Il est en Sicile, puis en Espagne, puis en Grèce, où
l'envoie le *Greek Committee* qui a été organisé pour assister les insurgés de là-bas, et qui est aux mains des Benthamites. Un curieux
conflit s'élève entre lord Byron et le colonel Leicester Stanhope,
disciple fanatique de Bentham, et délégué du *Greek Committee*.
Byron demande des armes, des munitions ; Stanhope, sur cinq
cents livres environ qu'il dépense pour la cause, en emploie seulement une centaine à secourir ou armer les Grecs, dépense le reste
à acheter des presses, imprimer des journaux, fonder des écoles
lancasteriennes à Athènes et à Missolonghi. C'est l'éternelle querelle du philosophe avec l'homme d'action, de l'idéaliste avec le
réaliste. — « Jérémie Bentham, écrira Bentham lui-même quelques
années plus tard, est le plus ambitieux des ambitieux. Son empire
— l'empire auquel il aspire — comprend toute la race humaine, en
tous lieux, — dans tous les lieux habitables de la terre, dans tous
les temps futurs ». Enivré par les éloges que lui prodigue depuis
longtemps le zèle de ses disciples anglais, l'emphase de ses dévots
hispano-américains, Bentham, qui n'a jamais distingué bien nettement les domaines de la jurisprudence et de la morale, se sent
devenir l'égal du législateur antique, de Solon ou de Moïse. Il présente indifféremment au président des États-Unis ou à l'empereur
de Russie son projet d'un *Pannomion*, d'un *Corps complet de lois*.

Il rêve de partir pour la Suisse, pour l'Espagne, pour le Mexique, pour le Venezuela, de débarquer chez un peuple dont il ignorerait les préjugés traditionnels et locaux, comme Épiménide à Athènes, comme Platon à Syracuse. « Nul n'est prophète en son pays » ; mais n'est-il pas en voie de devenir prophète dans les pays lointains ?

« Dans mon propre pays, écrit Bentham dans la même lettre où il s'enorgueillit du progrès de sa doctrine hors d'Angleterre, on parle moins de moi que dans aucun autre ; cependant ma renommée s'étend : allusions et citations fréquentes dans les livres, de temps à autre un panégyrique au Parlement. » Les *Traités* de 1802 ont, en 1804, subi le jugement, anxieusement attendu, de la *Revue d'Edimbourg* ; et le *reviewer* a bien voulu déclarer qu'« un seul homme avait rarement produit une si grande quantité de raisonnements originaux ». Mais le principe de l'utilité a été condamné, et c'est assez pour que Dumont s'offusque « de la scandaleuse irrévérence » de l'article. En 1806 et en 1807, nous voyons Bentham échanger directement avec le ministère des vues sur la réforme des institutions judiciaires en Écosse. Enfin c'est en 1808 que Romilly, entré au Parlement, prend le parti de se consacrer à l'œuvre de la réforme juridique, ou plus exactement de la réforme du droit criminel. Déjà, en 1807, Romilly avait introduit un projet de loi, conforme aux idées de Bentham, pour diminuer les conditions inégales que le droit anglais impose à la transmission des biens mobiliers et des biens fonciers ; et déjà, en déposant le projet, Romilly avait défini quelle conception, opposée à la conception benthamique, il se faisait d'une politique de réformes : il ne faut point prendre pour point de départ un principe simple, et en tirer certaines conséquences, qui se trouveront vraies sans considération de temps ni de lieux, mais il suffit d'adapter constamment les lois à l'état changeant des mœurs et de la civilisation. L'influence de Bentham sur Romilly n'en a pas moins été directe et profonde : jamais filiation d'idées ne fut plus facile à suivre.

En effet, quoique Romilly paraisse s'être antérieurement occupé des réformes à apporter au droit pénal anglais, c'est à partir du moment où il fait, à Bowood, la connaissance de Bentham, qu'il s'intéresse d'une manière continue à cet ordre de sujets. L'amitié de Bentham et de Romilly, plus lente à se former que celle de Bentham et de Dumont, ne cesse de gagner en intimité. De la part de Romilly, c'est un dévouement sans borne, « l'affection presque filiale qu'un pupille éprouve pour son tuteur ». C'est Romilly qui a autrefois communiqué à Dumont les manuscrits de Bentham, qui a pressé Dumont, sans relâche, de les publier : il a même songé un instant, après la publication française, à entreprendre la traduction anglaise de l'ouvrage. Romilly, avocat célèbre, beaucoup plus répandu que Bentham, est son intermédiaire régulier avec les milieux politiques, communiquant à l'Attorney général, en 1801, un travail de Bentham, servant encore d'intermédiaire, en 1807, lors de la réforme des cours de justice écossaises. — Bentham, dans ses entretiens avec Bowring, parle avec un certain dédain de l'œuvre de Romilly, de ce qu'il appelle ses *reformatiuncules*, ses *réformes en miniature* ; « si elles avaient été considérables, elles auraient rencontré la résistance de toutes les forces de lord Eldon ». Et sans doute Romilly ne réclame que des réformes de détail ; cependant, lorsqu'à Cowes, en 1807, il prend la résolution de présenter deux *bills* tendant, le premier à donner aux cours criminelles le pouvoir d'indemniser les prévenus acquittés, le second à adoucir la sévérité du code criminel, c'est bien l'ami et le disciple de Bentham qui entre en scène. Dumont vient de lui apporter le manuscrit de la *Théorie des peines*, et les lettres privées de Romilly témoignent de l'impression profonde qu'a produite sur lui la lecture de cet ouvrage. C'est donc bien certainement de Bentham que Romilly s'inspire, lorsqu'il déclare évident entre tous ce principe, que c'est la certitude, beaucoup plus que la sévérité des peines, qui les rend efficaces. Il semble néanmoins éviter systématiquement de nommer Bentham, préfère invoquer l'autorité de Blackstone, « le grand commentateur », ou de Beccaria. Il semble même prendre à tâche de bien distinguer entre son point de vue et le point de vue de Bentham. « Ce serait, dit-il, une bien belle chose, que la loi pût être faite de telle manière qu'une peine définie fût proposée pour chaque délit individuel, sans rien laisser à la discrétion de ceux par qui la loi était administrée. Mais la chose serait tout à fait impraticable ». Son grief contre le droit pénal anglais, c'est qu'il n'est plus appliqué, que, par conséquent, il est en contradiction avec les mœurs ; or, c'est discréditer la loi de donner constamment raison aux mœurs contre la loi : il faut mettre les lois en harmonie avec les mœurs. Le succès vient-il du moins récompenser tant d'opportunisme ? Presque toutes les tentatives faites par Romilly, de 1808 à 1813, pour abolir quelques félonies capitales, avortent avant de quitter soit les Communes, soit les Lords.

On comprend, dès lors, pourquoi Romilly ne remplit pas les conditions nécessaires pour être le disciple idéal de Bentham. C'est un modéré, un conservateur, un opportuniste : en relation avec les milieux gouvernementaux, il ne saurait être, malgré tout le respect que lui inspire son ami, en complète sympathie de sentiments et d'idées avec Bentham méconnu, isolé, mécontent, révolutionnaire. Il a constamment pesé sur Bentham pour l'inviter à tempérer sa violence. Il l'a empêché de publier, en 1793, son *Truth versus Ashurst*, en 1802 sa lettre au duc de Portland, en 1809 ses *Elements of Packing*. Il voudrait obtenir de Bentham, en 1818, qu'il suspende l'impression, puis la vente du *Church of Englandism* : « le sujet est traité avec tant de légèreté et d'irrespect que le livre ne peut manquer de choquer quiconque a le moindre sentiment religieux. » Mais, à cette date, et pour la première fois, l'influence de James Mill est trop forte et prévaut sur celle de Romilly. D'ailleurs, Romilly est le contemporain de Bentham : lumière du barreau anglais, il est plus illustre, plus populaire que Bentham. — James Mill présente, à la différence de Romilly, toutes les qualités requises pour devenir le disciple, on pourrait dire l'apôtre de Bentham. Il est de vingt-cinq ans plus jeune. Il est l'obligé de Bentham. Journaliste et homme de lettres, il n'appartient encore à aucun corps constitué. D'un tempérament agressif et militant, il n'a pas tenu à lui que les *Elements of Packing* ne fussent publiés ; mais l'avis de Romilly a prévalu encore une fois. Il s'institue, à côté de Dumont, avec le même zèle, mais avec l'entêtement systématique qui lui est propre, le metteur au net et l'éditeur des manuscrits du maître. Dès 1803, Bentham est occupé à une tâche nouvelle, la théorie des preuves judiciaires ; en 1804, il considère, dans une lettre à Dumont, son travail comme à peu près terminé. Mais il manque, comme à son ordinaire, de l'esprit de suite nécessaire pour terminer. D'autres occupations le distraient, la question de la réforme des tribunaux d'Écosse détourne son attention. C'est alors qu'intervient James Mill ; et James Mill possède, au plus haut point, précisément, le génie de la ténacité. A partir de 1808, nous voyons occupés en même temps à extraire un ouvrage lisible des manuscrits illisibles de

Bentham, Dumont, à l'usage du continent, et James Mill, à l'usage des pays de langue anglaise. La terminologie et la philosophie de l'ouvrage remplissent déjà, en décembre 1809, un article que James Mill donne à la *Revue d'Edimbourg*. L'ouvrage anglais est terminé en 1812, sous le titre d'*Introduction à la théorie des preuves* ; mais le ton en est tellement âpre, que tous les libraires, malgré les efforts de Mill, trouvent dangereux de publier : une partie seulement est imprimée (en particulier le *Swear not at all*, critique de la formalité du serment judiciaire), et reste elle-même inédite. En 1814, James Mill révise la *Table des ressorts de l'action*, qui paraîtra en 1817.

Par d'autres voies, cependant, James Mill se rend peut-être encore plus utile à Bentham. Par l'intermédiaire, sans doute, de Jeffrey, le directeur, qu'il pouvait avoir connu jadis, à l'Université d'Edimbourg, au temps où ils y accomplissaient tous deux leurs études, James Mill est déjà devenu, lorsqu'il fait en 1808 la connaissance de Bentham, un collaborateur de la grande revue libérale, la *Revue d'Edimbourg*. A partir de 1808, il emploie systématiquement tous ses essais critiques à la propagation des idées de Bentham. L'émancipation des colonies espagnoles de l'Amérique du Sud, un ouvrage français de jurisprudence, le Code Napoléon, tout lui est prétexte pour appeler l'attention du public sur le nom, les œuvres, la doctrine du maître. Son zèle n'est pas sans rencontrer des obstacles : il arrive à Jeffrey de trouver que James Mill abuse de ses droits d'écrivain, de supprimer le nom de Bentham dans tel article de Mill, en respectant les idées, ce qui fait traiter Mill, à Holland House, de « plagiaire impudent ». — Il poursuit la même œuvre dans le *Philanthropist* de son ami William Allen ; la même œuvre encore dans le cinquième Supplément de l'*Encyclopédie britannique*, où tous ses articles sont autant d'essais pour fixer, sur des points divers, la doctrine benthamique. En matière de droit, il accepte à la lettre les doctrines de son maître, définit après lui la matière de la jurisprudence, les principes du droit des gens et les règles à suivre pour l'administration des prisons : ne s'était-il même pas d'abord excusé auprès de Napier d'avoir à se charger de cet article, tant il avait le sentiment de ne rien pouvoir ajouter au *Panopticon* ? Il s'excuse encore à la fin de l'article lui-même : « le seul mérite, écrit-il, que nous ayons à revendiquer, c'est (si notre tentative a été heureuse) d'ajouter la clarté à la solidité ». Il s'inspire du traité de Bentham sur *L'Administration des pauvres* dans ses articles « Beggar » et « Benefit Societies ». Seules, les idées qu'il expose dans l'article sur la « Liberté de la presse » lui étaient propres bien avant qu'il eût fait la connaissance de Bentham. Dans l'article « Colonies », il combine les idées de Malthus sur la question de la population avec les idées de Bentham sur la déportation pénale ; dans l'article « Education », il s'inspire autant d'Helvétius et de Hartley que de Bentham pour définir la pédagogie utilitaire ; enfin dans l'article « Government », vite devenu classique, il va énoncer, à côté de Bentham, les principes fondamentaux de la doctrine en matière constitutionnelle.

En 1807, paraît l'*Histoire de l'Inde britannique*, commencée en 1806, le grand ouvrage de James Mill, celui qui fonde sa réputation ; et l'*Histoire* peut être considérée, elle-même, en un certain sens, comme un instrument de propagande benthamique. Dans l'analyse des institutions de l'Hindoustan, James Mill ne sépare jamais le jugement critique de l'exposition historique, et c'est en les confrontant avec les principes de Bentham qu'il apprécie la valeur des institutions, suggère les réformes possibles. « Pendant de longues années, dira Bentham, un grand objet de son ambition a été de fournir à l'Inde britannique, à la place de l'abominable système existant, un bon système de procédure judiciaire, avec une organisation judiciaire capable d'en assurer l'administration ; et pour la composition de ce système, c'est sur moi qu'il a constamment compté, et qu'il continue à compter. » Et il dira encore, orgueilleux de l'œuvre accomplie, sous son inspiration, par son disciple : « Après ma mort, je serai le pouvoir législatif, Mill, le pouvoir exécutif vivant de l'Inde britannique. » Car Mill est à présent célèbre : les projets littéraires qu'il forme vers cette époque — écrire une histoire du Droit anglais, un système complet de jurisprudence —, il n'aura pas même le loisir de les entreprendre. Par les efforts de ses amis, et entre tous de Ricardo, il entre dans les bureaux de la Compagnie des Indes. Faut-il féliciter la puissante Compagnie d'avoir été magnanime en pardonnant à un critique acerbe ? ou se placer à un point de vue différent, et la féliciter d'avoir été habile, en fermant la bouche d'un adversaire dangereux ? Hazlitt remarquera, quelques années plus tard, avec ironie, que l'organe des utilitaires, la *Revue de Westminster*, ne ménage presque aucune des institutions existantes, excepté la Compagnie des Indes.

En 1813, se passe un événement considérable dans la vie de Bentham. Voilà deux ans qu'une Commission parlementaire de vingt et un membres (« sauf Abercromby, moi-même et Wilberforce, écrit Romilly à Bentham, pas un qui vous fût sympathique ») a publié son « second rapport sur les lois relatives aux maisons pénitentiaires ». La longue campagne philanthropique de Bentham va aboutir à l'érection, sur le bord de la Tamise, de la prison de Millbank, où plusieurs des idées de Bentham seront appliquées, mais non pas l'idée du *contract management*. Le rapport de la Commission reconnaît, d'ailleurs, que Bentham « a droit en toute justice à s'attendre non seulement que l'argent ainsi avancé soit restitué, mais qu'une rémunération libérale lui soit accordée pour prix de sa peine et de son désappointement final, à condition que Bentham tienne compte des bénéfices qu'il pourrait avoir retirés des terres ». La question de l'indemnité est réglée entre deux arbitres, John Hullock désigné par le Trésor, John Whishaw désigné par Bentham ; et ce dernier reçoit finalement, en 1813, une indemnité de 23 000 livres. Il redevient un homme riche, et va recommencer à dépenser son argent imprudemment, non seulement en expériences réformatrices et philanthropiques, mais aussi pour son agrément personnel. En 1814, il loue, et continuera à louer pendant quatre ans, jusqu'au moment où recommenceront pour lui les embarras d'argent, le château de Ford Abbey, dans le Devonshire. Le contraste du vieux philosophe radical avec la somptueuse habitation féodale divertit tous ses amis, qui nous ont laissé de nombreuses et abondantes descriptions de l'édifice. Bentham y jouit d'un bonheur pur. « C'est un théâtre de grande félicité pour un nombre, et un nombre assez considérable, de gens. On n'y entend pas un mot de colère. Mrs. S. (l'intendante) gouverne comme un ange. Les voisins tous cordiaux au plus haut degré, même quand on ne leur rend pas visite. Musique et danse, quoique je déteste la danse. Des hommes doux et simples s'y réunissent. Des foules viennent danser, Mrs S. en tête. » La réalité est plus austère, et correspond assez mal à cette description exaltée d'un lieu de délices. Le château, pendant les mois d'été que Bentham y passe, ressemble à un monastère laïque, où les heures d'étude, de repas, de promenade, sont fixées pour tous, pour Bentham et ses secrétaires, pour

James Mill, sa femme et ses enfants, pour Francis Place en 1817 et 1818. Le maître travaille jusqu'au dîner ; il déjeune seul, et écoute, en déjeunant, la lecture du *Morning Chronicle*. Pendant ce temps, James Mill, levé dès six heures, se partage entre son *Histoire de l'Inde britannique* et l'éducation de ses enfants. Puis, après le dîner, vient l'heure des promenades et des conversations, les hôtes se relayant, de jour en jour, pour accompagner Bentham. James Mill est grave ; Bentham bouffonne, et scandalise son secrétaire Colls, qui plus tard le trahira, par ses facéties sacrilèges. Francis Place admire, et fait à sa femme, dans de longues lettres, le récit de cette vie de labeur. « Tous les jours se ressemblent ; en raconter un, c'est les raconter tous ».

La vie de Bentham reste donc ce qu'elle a toujours été : une vie solitaire et réglée. Bentham reste « l'ermite de Queen Square Place », « le reclus paisible, laborieux, inoffensif, en qui nul homme n'a un compagnon, en qui tout homme a un ami, et qui, quoique Anglais de naissance, est un citoyen du monde par naturalisation », « un reclus, qui ne fait pas partie de la société, et dont la destinée garde la personne aussi complètement que s'il était muré dans une cellule solitaire ». La maison de Romilly a été, pendant longtemps, la seule maison, et a été la dernière maison qu'il fréquentât. Dans sa propre maison, il est d'un abord difficile : quand Mme de Staël et Benjamin Constant visitent l'Angleterre, il refuse de s'exhiber. James Mill, puis le Dr Bowring qui, après 1820, prendra graduellement auprès de Bentham le poste de confiance antérieurement occupé par James Mill, ont leurs entrées. Divers récits nous disent comment, par leur entremise, des jeunes gens, des inconnus obtiennent une audience du maître, la faveur de dîner avec lui, ou de l'accompagner, après dîner, dans sa promenade hygiénique, au pas de course. A écrire, toujours seul, des manuscrits qu'il sait ne pas devoir être lus du public, tout au moins avant d'avoir été revus et corrigés par un disciple, il écrit une langue de plus en plus obscure, il se crée une terminologie nouvelle, qu'il peut bien appeler *naturelle* par opposition à la terminologie *technique*, en cours dans les tribunaux, mais qui, constituant en réalité une nouvelle terminologie technique, aussi inintelligible pour le profane que le jargon de Westminster Hall, décourage ses lecteurs et ses rédacteurs. Dumont, qui travaille à l'édition française de la *Théorie des preuves*, en gémit ; Brougham et Francis Place s'en plaignent à James Mill. L'article consacré par le *Quarterly Review*, en 1818, au *Plan of Parliamentary Reform* est une longue satire du jargon benthamique. Romilly lui-même, dans la *Revue d'Edimbourg*, proteste contre le style obscur employé par Bentham dans ses *Codification Papers*. Ce n'est pas à dire que la phrase de Bentham ne soit pas toujours riche, vivante, expressive, ni que les mots nouveaux qu'il fabrique d'après des analogies anglaises ne soient pas souvent pittoresques, ceux qu'il fabrique d'après des analogies latines souvent utiles et destinés à faire fortune. Il reste que sa syntaxe abuse des incidents, son vocabulaire des néologismes. Il devient obscur à force de vouloir être précis.

Ce n'est pas seulement l'obscurité, c'est aussi la violence du langage que Romilly regrette dans les *Codification Papers* : il s'afflige de voir « un des premiers philosophes du temps » parler la langue « de cette classe infortunée d'hommes de lettres, que la nécessité oblige, ou que l'appétit capricieux du public invite à exagérer, à déformer, à calomnier, en quête d'une subsistance à la fois déshonorante et précaire », Bentham descendre au rang de Cobbett. Humilié longtemps par l'indifférence de ses concitoyens, par l'insolence des bureaux, il tourne au satirique, lui qui, dans son *Introduction*, avait réprouvé l'esprit de satire : ses attaques contre les institutions et les hommes deviennent plus âpres, de jour en jour. Il n'épargne ni les magistrats, « gavés d'épices » (*fee-fed*), ni les aristocrates — écume de la population, car, qu'il s'agisse d'un pot-au-feu ou d'un royaume, ce qui est en haut n'est-ce pas l'écume ? — ni les prêtres. Rien de caustique comme sa critique du système technique et corporatif, dans le *Rationale of Judicial Evidence*. Mais il atteint surtout le paroxysme de la violence satirique, dans les *Indications concerning Lord Eldon*, ouvrage pour lequel ses amis, en 1824, craindront des poursuites judiciaires, avec le long parallèle de Jefferies et du lord Chancelier. La mort des victimes *expédiées* par Jefferies était rapide ; la mort des victimes de lord Eldon est lente comme ses propres desseins. Les morts des victimes de lord Jefferies étaient publiques, et les patients étaient soutenus par la sympathie des personnes présentes par milliers ; les victimes de lord Eldon meurent loin des yeux de tous, dans la tristesse de cet isolement que laisse derrière elle la richesse évanouie. Lord Jefferies était un assassin, non un voleur ; c'est en volant ses victimes que lord Eldon les tue. Les souffrances de ses victimes faisaient bondir de joie le cœur de Jefferies ; elles n'altèrent pas l'immuable bonne humeur de lord Eldon. Jefferies était un tigre ; lord Eldon est une pierre... Mais, dans ces procédés de rhétorique, peut-être y a-t-il du système. Bentham ne pense pas, avec Romilly, « qu'on affaiblisse tout ce qu'on exagère » : il croit que les hommes pèchent plus par excès de modération que par excès de violence et d'indignation. Son objet est de frapper, de scandaliser, de brouiller l'imagination publique avec les institutions existantes ; la tâche de sa vie est de livrer « le système d'abomination sous lequel il a le malheur de vivre », « à ce sentiment d'horreur pleine et universelle qui doit se produire avant qu'une réforme effective puisse s'accomplir ».

L'obscurité des écrits de Bentham n'est pas sans avoir ajouté au caractère oraculaire et sibyllin des paroles du vieux maître. La violence de ses attaques peut lui avoir gagné la faveur des mécontents ; car il avait le génie de la boutade. Mais, c'est, avant tout, à James Mill que ce solitaire, ce maniaque, doit d'être devenu le chef populaire d'un parti demi-philosophique et demi-politique. « Les disciples de M. Bentham, écrira quelques années plus tard Mackintosh, en essayant de définir les caractères du groupe, ressemblent plus aux auditeurs d'un philosophe athénien qu'aux élèves d'un professeur moderne, ou aux froids prosélytes d'un écrivain moderne. Ce sont, en général, des hommes d'âge mûr, d'intelligence supérieure, qui embrassent volontairement l'étude laborieuse de sciences utiles et nobles ; qui empruntent leurs opinions moins à la froide lecture de ses écrits, qu'à la conversation familière avec un maître sur les lèvres de qui ces opinions sont recommandées par la simplicité, le désintéressement, l'originalité et la vivacité, appuyées plutôt qu'atténuées par des faibles qui ne sont pas sans charme, récemment renforcées par l'autorité de l'âge et de la renommée, et en tous temps par cette imperturbable confiance en son propre jugement qui augmente puissamment l'ascendant d'un tel homme sur ceux qui l'approchent. » Or, ce jugement a été contesté par Stuart Mill qui déclare « simplement ridicule » cette conception de l'influence exercée par Bentham. « C'est, dit-il, par ses écrits que Bentham exerce son influence. C'est par eux qu'il a produit, et continue à produire, sur la condition de l'humanité, des effets plus étendus et plus profonds que l'on n'en peut, assurément, attribuer à mon père. Son nom est beaucoup plus grand dans l'histoire. » Mais c'est James Mill qui exerce, à la différence de Bentham, un ascendant personnel. « C'est *lui* qu'on recherchait pour la vigueur et le caractère instructif de sa conversation, qu'il employa largement pour la diffusion de ses opinions... Ce sont les opinions de mon père qui ont donné son caractère distinctif à la propagande benthamique ou utilitaire de l'époque. Elles tombaient une à une, jetées par lui en plusieurs directions ». Stuart Mill va plus loin, nie que James Mill ait été le disciple exclusif de Bentham, montre en lui un penseur indépendant, dont la philosophie est faite de pièces empruntées à Hartley, à Malthus, à Ricardo, et non pas seulement à Bentham. Nous croyons ces remarques fondées.

Si, en effet, il va exister, aux approches de 1832, un radicalisme philosophique, sans doute la formation de ce dogmatisme collectif s'explique par des raisons générales. Certaines réformes, dans l'ordre politique, dans l'ordre économique, dans l'ordre juridique, sont réclamées par certaines sections distinctes de l'opinion publique, depuis la fin du XVIIIᵉ siècle. En 1815, on peut dire qu'une fraction considérable et chaque jour croissante de l'opinion les réclame toutes avec une égale intensité. Il est, dès lors, nécessaire que l'homme, être intellectuel, éprouve le besoin de systématiser tous ces besoins particuliers de réformes par rapport à un principe unique. Il est même presque nécessaire que ce principe soit le principe de l'utilité, parce que ce principe est le fond même de l'entendement anglais, et que tous les penseurs, conservateurs ou démocrates, communistes ou partisans de la propriété individuelle et héréditaire, partisans du libre-échange ou protectionnistes, se référent d'instinct à ce principe. Et par là, en un sens, Bentham se trouve élu pour prendre la tête du mouvement. Mais, abandonné à son propre génie, Bentham aurait-il jamais réalisé ce qui de longue date fut son rêve ? Bentham a fondé la science de la morale et la science du droit sur le principe de l'utilité, ou, plus précisément, sur le principe de l'identification artificielle des intérêts. Il a adopté les notions économiques d'Adam Smith, dérivées du principe de l'identité naturelle des intérêts. Mais en 1808, il n'est encore ni radical, ni malthusien. C'est James Mill qui le convertit au libéralisme politique avancé.C'est James Mill qui, étant devenu benthamite, aperçoit le lien logique qui existe entre les idées de Bentham et celles de Malthus, devient malthusien, et emploie Ricardo à incorporer les idées de Malthus à la tradition d'Adam Smith. James Mill, par les qualités de son esprit, est le logicien, le scolastique attendu pour achever la formation de la doctrine, en même temps que, par son caractère moral, il est le disciple idéal, désigné pour déterminer l'existence du groupe, de l'école.

« La connaissance des faits généraux de l'histoire moderne, écrit James Mill en 1810 dans la *Revue d'Edimbourg*, n'est, après tout, qu'une introduction à cette connaissance exacte des affaires que l'on ne peut obtenir que de l'étude de la biographie. C'est à la biographie que se ramènent tous les détails de l'annaliste, et beaucoup des spéculations de ceux qui écrivent la philosophie de l'histoire. Pour des périodes de temps très étendues, ou dans certaines conjonctures critiques, l'opération des causes générales peut être suivie avec un haut degré de certitude ; mais, dans les détails des événements particuliers, les opinions et les actions d'un petit nombre d'individus éminents sont généralement tout à fait décisives ; et, tandis que les yeux de la multitude sont fixés sur les grands mouvements de la politique ou de la guerre, les ressorts qui les gouvernent sont, en général, dissimulés à leur vue ». James Mill croit à l'action des individus sur l'histoire, et c'est cette conviction qui explique, aux côtés de Bentham, son zèle de sectaire. Car, s'il est ambitieux, c'est pour Bentham, non pour lui-même : en Bentham, il a trouvé un grand homme, *son* grand homme, et il a proposé pour but à sa vie de donner à Bentham une influence sur son temps et sur son pays. Dans ses rapports avec Bentham, il est systématiquement docile, et résolu, sans jamais abdiquer sa dignité personnelle, à ne jamais permettre qu'aucun mouvement d'humeur, de la part de Bentham, ne vienne refroidir ou éteindre une amitié qu'il considère comme une alliance nécessaire au bien de l'humanité. En 1814, il arrive que Bentham reproche à James Mill avec une vivacité offensante, de faire des promenades à cheval avec Joseph Hume, au lieu d'accompagner le philosophe dans ses promenades à pied. James Mill comprend qu'il s'est laissé aller à vivre sur un trop grand pied d'intimité avec Bentham, et qu'il a commis une faute en acceptant de lui des services d'argent. Il lui explique, dans une longue, grave et belle lettre, que sur ces deux points il va réformer son existence. Mais il sait, et explique dans la même lettre, que sa présence est nécessaire aux côtés de Bentham, parce qu'il a plus pleinement que personne adhéré à ses principes, parce qu'il a consacré plus d'années que personne à s'entraîner au métier de disciple, parce que, plus que personne, il est en état de consacrer sa vie tout entière à la propagation du système. C'est dans l'intérêt de leur amitié qu'il la veut moins intime. « Je ne pourrais partir soudainement, sans proclamer au monde qu'il y a eu querelle entre nous ; et c'est ce que, selon moi, dans l'intérêt de nous deux, et plus spécialement de la cause qui a été le grand lien d'union entre nous, nous devons soigneusement travailler à éviter. Le nombre n'est pas petit de ceux qui épient notre brouille. C'est par les faiblesses de leur caractère que les philosophes ont toujours donné prise à ceux qui contestent leurs principes ; et on laissera entendre que nos faiblesses sont bien graves si, dans nos relations, nous n'évitons pas de montrer au monde que nous ne pouvons nous accorder ». James Mill a la conscience justifiée d'être l'intermédiaire indispensable entre Bentham et le monde extérieur. Serviteur volontaire de Bentham, il devient, partout ailleurs que chez Bentham, un tyran. Tyran domestique, lorsqu'il s'agit d'élever ses enfants. Tyran social, lorsqu'il s'agit de développer, d'organiser, de créer le groupe benthamite. Il en est — tel Roebuck — à qui toujours il inspirera une aversion profonde. George Grote, après sa première entrevue avec celui dont il va subir si profondément l'influence, est sensible à ses défauts. « Son esprit a tout ce cynisme et toute cette âpreté qui appartiennent à l'école de Bentham, et ce qui me déplaît principalement en lui, c'est sa disposition à insister sur les fautes et les travers d'autrui, même du plus grand homme ». Il se fait craindre, plus qu'il ne se fait aimer ; mais la sorte d'antipathie qu'il inspire fait peut-être elle-même partie de son prestige. A part Bentham, Ricardo est le seul homme qu'il ait vraiment aimé ; mais Ricardo est pour lui un autre grand homme, un maître bien plus qu'un disciple, ou un agent de diffusion des idées de Bentham. Tous les autres, il les apprécie selon qu'ils sont plus ou moins utilisables, en vue de la fin, d'ailleurs désintéressée, qu'il poursuit.

Le succès récompense ses efforts. Les œuvres françaises de Bentham commencent à se traduire en anglais, et c'est son fils John que James Mill va charger de publier l'édition anglaise du *Rational of Judicial Evidence*, après que Dumont a publié la *Théorie des preuves judiciaires*. Toute une sphère d'influence se crée, grâce à James Mill, autour de Bentham. La boutique de Francis Place, dont Mill a fait un benthamite, est, à Charing-Cross, un centre d'action politique : c'est là qu'on prépare, en 1818, l'élection de Hobhouse à Westminster ; c'est là qu'on prépare, en 1824, l'abrogation des *Combination Laws*. Au Parlement, il a poussé Ricardo. Joseph Hume, d'esprit pesant, mais qui va acquérir une réputation par son entêtement à discuter les budgets et à obtenir les économies nécessaires, est, en quelque sorte, une création de James Mill. Dans la presse, le grand organe radical, le *Morning Chronicle*, appartient, à partir de 1817, et surtout à partir de 1823, à John Black, ami intime de Mill : on y fait campagne activement pour la réforme juridique. Au *Scotsman*, à Edimbourg, Mac Culloch, autre ami de Mill, propage les principes d'Adam Smith et de Ricardo. Un nouveau type d'humanité, avec ses vertus et ses travers, commence à se dessiner autour de Bentham, grâce à James Mill et non à Bentham. — Bentham, malgré ses mouvements d'impatience, est jovial, aimable, plaisant. Il aime la campagne, il aime la musique, il aime la bonne chère. Il n'est ni solennel, ni grave. Il se définit lui-même « un drôle de vieux monsieur ». Il est, dit Francis Place, rectifiant cette définition, « l'homme le plus affable qui existe, d'une bonne humeur parfaite, patient, indulgent, avec des lectures solides, une instruction solide, un raisonneur au premier chef, et cependant simple comme un enfant ». Ce qu'il y a, chez Bentham, d'enfantin et de naïf fait défaut chez James Mill. Il ne reste plus que l'homme à convictions abstraites, exemplaire vivant de la morale de l'utilité et de l'identification absolue de l'intérêt privé avec le bien de l'humanité, type de l'homme de foi — car l'homme de foi est celui qui ne sépare pas son existence d'avec ses idées — et de l'homme de parti — car ce sont les idées qui unissent les hommes, — sans yeux et sans oreilles pour les beautés de la nature et de l'art, ayant systématiquement détruit en soi les impulsions spontanées du sentiment, bref l'*utilitaire* dont la caricature va bientôt devenir populaire.

Faut-il attacher de l'importance à la date précise où, chez les benthamites de la seconde génération, âgés de quinze à vingt ans vers 1820, contemporains et amis de Stuart Mill, formés par James Mill, la dénomination devient en quelque sorte officielle ?

— Dès 1781, nous voyons Bentham se réjouir de trouver en John Townshend un homme dont les études « avaient suivi la même voie que les siennes : un *utilitaire*, un naturaliste, un chimiste, un physicien ». Vingt ans plus tard, Dumont cherchant un nom pour la nouvelle doctrine, et proposant *Benthamite*, Bentham proteste : « Benthamite ? quelle sorte d'animal est-ce là ? Si vraiment une religion nouvelle s'est fondée, et si cette religion veut un nom, qu'on dise *Utilirarian* en anglais, et, en français, *Utilitaire* ». Mais le mot, dont l'usage se répand, garde une acception péjorative. Ainsi dans le *Sense and Sensibility* de Miss Austen. Ainsi dans les *Annals of the Parish*, sorte de roman historique où l'auteur, Galt, racontant l'histoire d'une paroisse anglaise à travers les événements des trente dernières années, fait dénoncer en 1793, par le pasteur de l'endroit, les révolutionnaires sous le nom *d'utilitaires*. C'est là que John Mill, dans l'hiver de 1822 à 1823, lorsque, sous la direction de son père, il fondera une société de jeunes gens pour la discussion des problèmes de morale et de politique, ira chercher le mot impopulaire, et, par une sorte de sans-culottisme philosophique, donnera à la Société le nom de *Société utilitaire*. « Moi-même et quelques autres, nous nous désignâmes pendant quelques années par cette appellation sectaire ; et l'expression se trouva être adoptée par quelques autres qui partageaient les opinions qu'elle voulait désigner ».

Bibliographie

BIBLIOGRAPHIE
(nouvelle édition)

COMPLÉMENTAIRE

The Works of Jeremy Bentham, published under the super-intendence of. John Bowring, VolumeX — *Memoirs of Bentham*, by John Bowring, *including autobiographical conversations and correspondence*, Edinburgh, 1842.

THE COLLECTED WORKS OF JEREMY BENTHAM

Chrestomathia, edited by M. J. Smith and W. H. Burston, *The Collected Works of Jeremy Bentham*, General Editor : J. R. Dinwiddy, Oxford, Clarendon Press, 1983.

Constitutional Code, for the use of all nations and all governments professing liberal opinions, vol. 1, edited by F. Rosen and J. H. Burns, *The Collected Works of Jeremy Bentham* (Constitutional Law), General Editor : J. R. Dinwiddy, Oxford, Clarendon Press, 1983. [Reprend le plan de Bentham d'un *Constitutional Code* en trois volumes. Ces trois volumes correspondent au second livre du *Constitutional Code* de l'édition *Bowring* ; le premier livre de cette édition ayant, pour sa part, été construit par Richard Doane (le dernier secrétaire de Bentham) à partir de manuscrits divers, et ne correspondant donc pas à un passage du *Constitutional Code* de Bentham].

A Fragment on Government ; BEING AN EXAMINATION OF WHAT IS DELIVERED ON THE SUBJECT OF GOVERNEMENT IN GENERAL, IN THE INTRODUCTION TO SIR WILLIAM BLACKSTONE'S COMMENTARIES : WITH A PREFACE IN WHICH IS GIVEN A CRITIQUE ON THE WORK AT LARGE [éditions de 1776 et 1823], edited by J. H. Burns and H. L. A. Hart, *The Collected Works of Jeremy Bentham* (*Principles of Legislation*), General Editor : J. H. Burns, University of London, The Athlone Press, 1977.

An Introduction to the Principles of Morals and Legislation [édition de 1823 augmentée des addenda et corrigenda de Jeremy Bentham], edited by J. H. Burns and H. L. A. Hart, *The Collected Works of Jeremy Bentham* (*Principles of Legislation*), General Editor : J. H. Burns, University of London, The Athlone Press, 1970.

A Table of the Springs of Action [1815-1817], edited by Amnon Goldworth, *The Collected Works of Jeremy Bentham* (*Philosophy*), General Editor : J. R. Dinwiddy, Oxford, Clarendon Press, 1983.

Correspondence, Volume 2 : 1777-1780 [lettres numérotées de 195 à 382], edited by Timothy L. S. Sprigge, in *The Collected Works of Jeremy Bentham*, General Editor : J. H. Burns, Univer-sity of London, The Athlone Press, 1968.

Correspondence, Volume 3 : January 1781 to October 1788 [lettres numérotées de 383 à 626], edited by Ian R. Christie, in *The Collected Works of Jeremy Bentham*, General Editor : J. H. Burns, University of London, The Athlone Press, 1971.

Correspondence, Volume 4 : October 1788 to December 1793 [lettres numérotées de 627 à 936], edited by Alexander Taylor Milne, in *The Collected Works of Jeremy Bentham*, General Editor : J. H. Burns, University of London, The Athlone Press, 1981.

Correspondence, Volume 5 : January 1794 to December 1797 [lettres numérotées de 937 à 1305], edited by Alexander Taylor Milne, in *The Collected Works of Δeremy Bentham*, General Editor : J. H. Burns, University of London, The Athlone Press, 1981.

Correspondence, Volume 6 : January 1798 to Decemher 1801 [lettres numérotées de 1306 à 1683], edited by J. R. Dinwiddy, in *The Collected Works of Jeremy Bentham*, General Editor : J. H. Burns, Oxford, Clarendon Press, 1988.

Correspondence, Volume 7 : January 1802 to December 1808 [lettres numérotées de 1684 à 2021], edited by J. R. Dinwiddy, in *The Collected Works of Jeremy Bentham*, General Editor : J. H. Burns, Oxford, Clarendon Press, 1988.

Correspondence, Volume 8 : January 1808 to December 1816 [lettres numérotées de 2022 à 2374], edited by Stephen Conway, in *The Collected Works of Jeremy Bentham*, General Editor : F. Rosen, Oxford, Clarendon Press, 1988.

Correspondence, Volume 9 : January 1817 to June 1820 [lettres numérotées de 2375 à 2652], edited by Stephen Conway, in *The Collected Works of Jeremy Bentham*, General Editor : J. H. Burns, Oxford, Clarendon Press, 1989.

Deontology together with a Table of the Springs of Action and Article on Utilitarianism, edited by Amnon Goldworth, *The Collected Works of Jeremy Bentham (Philosophy)*, General Editor : J. R. Dinwiddy, Oxford, Clarendon Press, 1983.

Jeremy Bentham's Economic Writings. Critical Edition based on his Printed Works and Unprinted Manuscripts, by W. Stark, Vol. 1, 2, 3, London, Allen & Unwin, 1952-1954.

Official Aptitude Maximised ; Expense Minimised, edited by Philip Schofield, *The Collected Works of Jeremy Bentham*, Oxford, Clarendon Press, 1993.

DAVID HUME

Enquête sur l'entendement humain, Paris, GF-Flammarion, 1983.

Enquête sur les principes de la morale, Paris, GF-Flammarion, 1991.

Essais politiques, introd. par R. Polin, Paris, Vrin, 1972.

Traité de la nature humaine, trad. Leroy, Paris, Aubier, 1946.

DAVID RICARDO

The Works and Correspondence of David Ricardo, edited by Piero Sraffa, with the collaboration of M. H. Dobb, Cambridge University Press, 1951-1952 :

Volume I — *On the Principles of Political Economy, and Taxation*, éditions 1, 2 et 3 (1817-1821).

Volume III — *Pamphlets and Papers 1809-1811*.

Volume IV — *Pamphlets and Papers 1815-1823*.

Volume VI — *Letters 1810-1815*.

Volume VII — *Letters 1816-1818*.

Volume VIII — *Letters 1819-June 1821*.

Volume IX — *Letters July 1821-1823*.

ADAM SMITH

The Glasgow Edition of the Works and Correspondence of Adam Smith, General Editor : R. H. Campbell and A. S. Skinner, Oxford, Clarendon Press, 1976 :

Volume II — *An Inquiry into the Nature and Causes of the Wealth of Nations*, 1776, edited by W. B. Todd.

Traduction française :

Recherches sur la nature et les causes de la richesse des nations (2 vol.), trad. de Germain Garnier revue par Adolphe Blanqui, Paris, Flammarion, 1991. [Les citations que l'on trouve dans les notes, n'ayant pas, pour la plupart, été traduites par Elie Halévy, sont reprises de cette édition. En revanche, les citations que l'on trouve dans le texte ont toutes été traduites par Elie Halévy ; nous indiquons cependant les références correspondantes dans la traduction de Germain Garnier. Il est également à noter qu'une nouvelle traduction des *Recherches sur la nature et les causes de la richesse des nations réalisée* par Paulette Taieb paraîtra en 1995 aux Presses Universitaires de France.]

BIBLIOGRAPHIE DE E. HALÉVY (édition originale)

Les ouvrages de Bentham non mentionnés dans notre premier volume et dont il est particulièrement traité dans le présent volume sont :

L'Essay on Political Tactics. Bowring, vol. II, p. 301 sq. — V. *Tactique des Assemblées législatives, suivie d'un Traité des sophismes politiques.* Ouvrages extraits des mss. de l'auteur, par Et. Dumont, 1ʳᵉ éd., Genève, 1816, 2ᵉ éd., Paris, 1822.

Le *Draught of a Code of Judicial Establishment*, 1790, *Bowring*, vol. IV, p. 30 sq. — Des fragments paraissent dans *Le Courrier de Provence*, nᵒˢ CXXI, CXXIII, CXXV, mars 1790. — V. *De l'organisation judiciaire et de la codification*, extrait.... par Et. Dumont, Paris, 1828.

Anarchical Fallacies. Bowring, vol. IV, p. 491 sq. — Traduit par

Dumont dans le *Traité des sophismes politiques* (v. plus haut). — Autre trad. faite sur l'édition Bowring, par Elias Regnault, Paris, 1840.

A protest against law taxes. — *Supply without Burden*, 1795. — *Bowring*, vol. II, p. 573 sq.

Outline of a work to be called Pauper Management improved. *Bowring*, vol. VIII, p. 369 sq. — V. *Esquisse d'un ouvrage en faveur des pauvres*, trad. de l'angl. par A. Duquesnoy, Paris, 1802.

A Plan for saving all trouble and expense in the transfer of stock. *Bowring*, vol. III, p. 105 sq.

Panopticon versus New South Wales, etc., 1802. *Bowring*, vol. IV, p. 173 sq. — Voir *Lettres à lord Pelham*, renfermant un parallèle du système de colonisation pénale, adopté par la Nouvelle-Galles du Sud, et de celui des maisons de repentir érigées dans la métropole, dont l'exécution a été prescrite par deux actes du Parlement des années 1794 et 1799, trad. de l'anglais et publiées en français par Ad. Duquesnoy, Paris, an XII (1804).

A Plea for the Constitution, etc., 1803. *Bowring*, vol. IV, p. 249 sq.

Scotch Reform ; considered with reference to the Plan proposed in the late Parliament, for the Regulation of the Courts and the Administration of Justice in Scotland, 1808. *Bowring*, vol. V, p. 1 sq.

Defence of Economy, etc., 1810-1817. *Bowring*, vol. V, p. 278 sq.

The Elements of the Art of Packing, etc. *Bowring*, vol. V, p. 61 sq.

Swear not at All, etc. *Bowring*, vol. V, p. 187 sq.

Table of the Springs of Action, etc., 1815-1817. *Bowring*, vol. 1, p. 197 sq.

Chrestomathia, 1816-1817. *Bowring*, vol. VIII, p. 1 sq. — V. Essai sur la nomenclature et la classification des principales branches d'art et de science ; ... extrait... par Geo. Bentham, Paris, 1823.

Papers relative to Codification and Public Instruction, 1817. *Bowring*, vol. IV, p. 535 sq. — V. De l'organisation judiciaire et de la codification, extrait... par Et. Dumont, Paris, 1828.

Plan of Parliamentary Reform, 1809-1817. *Bowring*, vol. III, p. 343 sq.

Church of Englandism, its Catechism examined, etc., 1817-1818.

(Ne se trouve pas dans l'édition Bowring.)

Not Paul but Jesus, by Gamaliel Smith, 1823. (Ne se trouve pas dans l'édition Bowring.)

Letters to Count Toreno, on the proposed Penal Code, delivered in by the Legislation Committee of the Spanish Cortes. *Bowring*, VIII, 487-554. — Voir : *Essais sur la situation politique de l'Espagne, sur la constitution et le nouveau Code espagnol, sur la constitution du Portugal*, etc., traduit de l'anglais de Jer. Bentham [par M. Philarète Chasles], etc., Paris, 1823.

Analysis of the influence of the natural religion on the temporal happiness of mankind, by Philip Beauchamp, 1822. — (Ne se trouve pas dans l'édition Bowring.) — Tr. fr. par E. Cazelles, Paris, 1875.

Pour l'histoire générale de cette période de l'histoire d'Angleterre (1789-1815), les ouvrages manquent. L'Histoire de Lecky s'arrête en 1792 ; l'Histoire de Massey à la paix d'Amiens. Consulter Leslie Stephen, *History of the English Thought in the XVIIIth Century*, vol. II, 1876 ; et *The English Utilitarians*, vol. I, Bentham ; vol. II, James Mill, 1900. — Adolf Held, *Zwei Bücher zur socialen Geschichte Englands*, 1881. — Edwin Cannan, *A History of the theories of production and distribution in English political economy, from 1776 to 1848*, 1894 (sur l'évolution des théories économiques). — E. Boutmy, *Le développement de la constitution et de la société politique en Angleterre*, 2ᵉ éd., 1897.

Nous avons pratiqué, pour ce second volume comme pour notre premier volume, l'abondante littérature biographique qui se trouve à notre disposition. Nous signalons sur Edmund Burke : Sir James Prior, *Memoirs of the Life and Character of the Right Hon. Edmund Burke*, 5ᵉ éd., 1854. — John Morley, *Edmund Burke : an historical study*, 1867 ; et *Burke*, 1879. — Sur Mackintosh, *Life by his son*, 2 vol., 1836. — Sur Thomas Paine, Daniel Moncure Conway, *Life of Paine*, 1892. — Sur William Godwin, Charles Kegan Paul : *William Godwin : his friends and contemporaries*, London, 1876. — Sur Malthus, outre sa biographie par Otter, placée en tête de son *Économie politique* (éd. de 1836), et l'article d'Empson de la Revue d'Edimbourg, l'excellente monographie de J. Bonar, *Malthus and his work*, London, 1855.

En ce qui concerne, à partir des environs de 1808, le groupe des benthamites, consulter : John Stuart Mill, *Autobiography* ; A. Bain, les biographies de *James Mill*, 1882 et de *Stuart Mill*, 1882 ; consulter enfin l'excellente biographie de *Francis Place*, par Graham Wallas. Nous avons cherché s'il ne serait pas possible de trouver, au *British Museum*, dans la correspondance de Place avec James Mill, des indications nouvelles sur la formation des opinions radicales des utilitaires : malheureusement, les lettres écrites de Ford Abbey par James Mill à Francis Place ont été données en 1872 par le fils de Place à Stuart Mill ; et les *Place papers* ne contiennent, à la place des originaux, que des résumés très succincts et, dans beaucoup de cas, visiblement incorrects. — Cependant, dans les lettres adressées par Place à James Mill, nous avons trouvé quelques documents intéressants pour l'histoire de la formation de leurs opinions économiques. — Consulter encore *The Personal Life of George Grote*, par Mrs. Grote, 1873 ; et la vie de Roebuck par Leader (1897). — Sur Ricardo, il n'existe pas de monographie ; mais les trois volumes constitués par ses lettres à Malthus (éd. Bonar, Oxford, 1887) à Trower (éd. Bonar et Hollander, Oxford, 1899) ; à Mac Culloch (éd. Hollander, New York, 1895) constituent des documents importants sur l'homme et la doctrine. — V. aussi la biographie de Ricardo en tête de l'édition Mac Culloch de ses œuvres.

Nota bene de l'Éditeur

Nous avons conservé la manière dont Elie Halévy cite la collection de manuscrits de Bentham.

Ainsi, les références aux manuscrits du British Museum, dans l'édition originale, sont notées « add. mss. Brit. Mus. (ou Brit. Mus. Add. Mss.) X, XX (numéro de la collection), ff. Y (numéro du folio) ». Comme les références du British Museum sont devenues depuis celles de la British Library, la présentation correcte de la référence serait aujourd'hui : « British Library Additional Manuscripts » suivie d'un numéro de la collection et du numéro du folio, abrégée sous la forme « BL Add. ms x, x, fo. Y ».

Les références aux manuscrits conservés dans la collection d'University College à Londres sont citées, dans l'édition originale, comme : « Mss. Univ. Coll. n° X ». La présentation correcte de la référence serait aujourd'hui : « Bentham Collection at University College n° X (le numéro de la boîte), f Y (le numéro du folio) », abrégée sous la forme : UC X. Y.

ISBN : 978-3-98881-984-0

Milton Keynes UK
Ingram Content Group UK Ltd.
UKHW030837021124
450589UK00006B/711

9 783988 819840